本书受国家社科基金青年项目"微观质量评估导向下的就业促进政策组合优化问题研究"(13CGL098),及社会保障国家级教学团队、中央高校基本科研业务费资助。

国有企业社会责任信息披露问题研究
——基于2005-2011面板数据的实证分析

李锐 著

长江出版传媒
湖北人民出版社

图书在版编目(CIP)数据

国有企业社会责任信息披露问题研究:基于2005-2011面板数据的实证分析/李锐著.武汉:湖北人民出版社,2014.12
ISBN 978-7-216-08438-3

Ⅰ.国… Ⅱ.李… Ⅲ.国有企业—企业责任—社会责任—信息管理—研究—中国 Ⅳ.F279.241

中国版本图书馆CIP数据核字(2014)第267570号

出 品 人:袁定坤
责任部门:高等教育分社
责任编辑:陈晓东
封面设计:董 昀
责任校对:范承勇
责任印制:王铁兵
法律顾问:王在刚

出版发行:湖北人民出版社	地址:武汉市雄楚大道268号
印刷:武汉市福成启铭彩色印刷包装有限公司	邮编:430070
开本:880毫米×1230毫米 1/32	印张:8.125
字数:210千字	插页:3
版次:2014年12月第1版	印次:2014年12月第1次印刷
书号:ISBN 978-7-216-08438-3	定价:26.00元

本社网址:http://www.hbpp.com.cn
本社旗舰店:http://hbrmcbs.tmall.com
读者服务部电话:027-87679656
投诉举报电话:027-87679757
(图书如出现印装质量问题,由本社负责调换)

序言

从2001年到2004年，中国每年仅有几家企业发布报告，2005年到2007年，每年有几十家企业发布报告，2008年中国发布了169份报告。2009年1月1日至10月31日，中国大陆发布社会责任报告582份。2010年1月到10月，中国已经发布663份社会责任报告，较2009年同期增长14%。中国企业社会责任报告进入了持续、较快、稳定的发展轨道。2008年5月，上交所颁布了《上海证券交易所上市公司环境信息披露指引》，对上市公司环境信息披露的内容提供了指导意见。2010年7月，环境保护部在《关于加强上市公司环保核查后督查工作的通知》中明确指出，上市环保核查的一项重要内容是上市公司必须主动披露环境信息并且发布年度环境报告书。目前我国企业环境信息披露的总体水平较差，披露内容尚不全面，方式也不规范。截至2013年，中国发布社会责任报告的企业中国有企业占了70%以上。作为政府参与和干预经济的工具和手段，国有企业背后同时存在经济目标和非经济目标，其社会责任体系远比一般企业复杂，履行社会责任是国有企业的重要目标。国有企业的本质属性是国有性，它不像私有企业那样仅追求经济目标。尤其在转轨时期，国有企业肩负着多重目标。国有企业的独有特性决定了其社会责任信息披露行为的独特性。构建国有企业社会责任信息披露行为合理严密的分析框架不仅可以为后续研究提供统一的分析范式，还对实践具有重要的指导意义。因此，本研究将深入分析国有企业的环境信息披露行为,为规范企业环境信息披露行为政策制定提供依据。

本研究将综合运用统计学、微观计量经济学、信息经济学、会计学、管理学、社会学等学科理论研究国有企业社会责任信息披露问题。本研究分四部分:首先,概述国有企业性质,界定其社会责任目标与内容体系,揭示国有企业社会责任信息披露现状;其次,构建国有企业社会责任信息披露综合评价指标体系;再次,构建微观计量模型,分析国有企业社会责任信息披露的影响因素;最后,在 Rubin 因果模型的框架下对国有企业社会责任信息披露政策绩效进行评估。

本研究主要创新体现在:其一,结合信号发送和多目标决策理论,采用面板数据进行动态研究,构建国有企业社会责任信息披露的信息经济学分析框架。其二,在内容分析和指数法的基础上对信息披露水平分层,运用潜在类别模型进行综合评价。其三,将微观计量经济学引入国有企业社会责任信息披露影响因素分析,从时间与空间角度分析国有企业信息披露行为。其四,在国有企业社会责任信息披露政策评估中引入 Rubin 因果模型。其五,将信息经济学与微观计量经济学结合研究具体会计问题,为分析式会计提供一种新的研究范式。

本书系作者在博士后出站报告《国有企业社会责任信息披露问题研究》基础上修改而成。其博士后报告在答辩过程中得到了答辩委员的一致好评。相信本书的出版,对于国有企业社会责任信息披露理论以及实务领域具有一定的参考价值。

当然,作为一名青年学者,本研究的缺点或不足之处也是难免的,个别论证或论点有待进一步完善,希望该研究领域的专家学者多提宝贵意见。

目录

第一章 绪论 / 1
    1.1 研究背景 / 1
    1.2 研究意义与应用前景 / 2
    1.3 研究内容 / 4
    1.4 研究目标与主要创新之处 / 6
    1.5 采取的研究方法 / 6

第二章 国有企业社会责任目标与内容界定 / 8
    2.1 国有企业的性质 / 8
    2.2 国有企业社会责任目标 / 11
    2.3 国有企业社会责任内容界定 / 13

第三章 国有企业社会责任信息披露现状 / 16
    3.1 问题的提出 / 16
    3.2 研究样本和数据来源 / 17
    3.3 企业社会责任报告形式和结构的现状分析 / 18
    3.4 企业社会责任信息披露内容分析 / 25
    3.5 企业社会责任信息披露质量影响因素分析 / 27

3.6 结论 / 32

附录1 企业名称及相关数据说明 / 33

附录2 研究数据库构建 / 41

第四章 国有企业社会责任信息披露质量综合评价研究 / 44

4.1 引言 / 44

4.2 文献综述 / 44

4.3 指标体系 / 46

4.4 评价模型 / 48

4.5 实证分析 / 49

附录 综合分类评价结果 / 88

第五章 国有企业社会责任信息披露影响因素分析 / 110

5.1 引言 / 110

5.2 文献综述 / 111

5.3 分析框架 / 112

5.4 影响因素选择 / 116

5.5 方法与模型 / 120

5.6 国有企业SRD各指标披露质量的影响因素分析 / 123

5.7 结论 / 180

第六章 国有企业社会责任信息披露政策有效性评估 / 187

6.1 引言 / 187

6.2 文献综述 / 188

6.3 企业社会责任信息披露规范 / 189

6.4 政策评估方法与模型 / 196

6.5 国有企业社会责任信息披露政策有效性评估实证分析／207

6.6 结论及建议／215

附录 信息披露模型估计结果／219

参考文献／236
致谢／251

第一章 绪论

1.1 研究背景

国有企业在我国经济体系中一直占据主导地位。2010年国家统计局公布的数据表明，国有及国有控股工业企业资产总计109422亿元，占全部规模以上工业的22.2%。电力、热力的生产和供应业工业总产值中，国有及国有控股企业产值所占比重为88.9%，在交通运输设备制造业占54.8%，在石油加工、炼焦及核燃料加工业和有色金属冶炼及压延加工业等领域，国有及国有控股企业产值所占比重分别为62.1%、44.3%。可见国有企业已逐步成为市场经济条件下独立的市场竞争主体。

2006年3月10日，国家电网主动正式对外发布了我国国有企业的第一份社会责任报告。深圳证券交易所在2006年9月25日发布的《深圳证券交易所上市公司社会责任指引》中对深交所上市企业应当承担的社会责任进行了详尽的说明，鼓励上市企业建立社会责任制度，定期评价其社会责任的履行情况，并根据评价情况编写上市企业社会责任评价报告，可与年度报告全文同时在指定网站上披露。2008年1月4日国有资产监督管理委员会发布《关于中央企业履行社会责任的指导意见》，要求中央企业必须坚持以人为本、科学发展，在追求经济效益的同时,要对利益相关者和环境负责,实现企业发展与社会、环境的协调统一。2008年5月14日上海证券交易所发布了上市企业环境信息披露指引。据来自2008年度"中国企业社会责任报告国际研讨会"的消息显示,截至2008年11月22日,中国发布社会责任报告的企业共有134家,其中国有企业占了70%以上。作为政府参与和干预经济的工具和手段,国有企业背后同时存在着经济目标和非经济目标两股力量,其社会责任体系远比一般企业复杂,履行社会责任是国有企业的重要目标。然而,国有企业信息披露的现状不容乐观:企业为追求经济目标而弱化社会责任目标和不顾效率盲目做出社会责任决策两种现象同时存在;披露内容的不规范、不真实;信息考核指标的缺失等。

通过对我国国有企业社会责任目标和内容的分析研究,运用会计、统计等信息披露手段,构建企业社会责任披露的理论和方法以及企业履行社会责任的评价方法,以解决企业履行社会责任的计量、信息披露问题和对企业的考核评价问题,是落实中央的有关精神,促进国有企业改革发展的必由之路。

1.2 研究意义与应用前景

1.2.1 国有企业独特性质及其社会责任信息披露行为的独特性

国有企业的本质属性是国有性,它不像私有企业那样仅追求经济目标(Vernon, 1979; Aharoni, 1981; Zif, 1981; Ramamurti, 1987; Ramanadham, 1991;吕政等,1995;金碚,1999;黄速建,余菁,2006)。在我国,国有企业不仅是政府干预经济的重要手段,还是政府参与经济的重要手段。在很多情况下,国有企业的经济目标和非经济目标交织在一起。不能简单地将适合于一般企业的社会责任理论运用到分析和解决国有企业社会责任问题上,而应该深入地研究我国国有企业社会责任行为的特有性质及规律。尤其在转轨时期,我国国有企业肩负着维护社会稳定、提供就业机会、促进经济增长等多重目标(白重恩,2000、2006、2007)。因此,在分析和研究我国国有企业行为规律时,应该注意到这是一个在经济转轨环境下的多目标决策问题。以上国有企业的独有特性决定了其社会责任信息披露行为的独特性。因此,不能简单照搬一般企业社会责任问题的西方理论分析框架。构建关于我国国有企业社会责任信息披露行为合理严密的理论分析框架不仅可以为后续研究提供统一的分析范式,还对实践具有重要的指导意义。

1.2.2 当前实证研究中缺乏科学的研究工具

现代实证经济分析强调基于个体行为分析来构建模型分析问题,不同的个体行为存在不同的计量模型和方法,这种范式更加科学。当前国内外大量社会责任实证研究中并未引入最先进的微观计量经济学理念和方法,更确切地说并未引入与实际问题相结合的方法。所得结果的正确性与合理性均受到影响。并且我国国有企业社会责任披露研究应该建立一套自我适应的微观计量模型和在此基础上的参数估计、假设检验方法体系。

1.2.3 当前披露研究范围不全面

目前国内外的研究主要是基于年报数据,事实上目前其他形式(如网络信息)的披露已相当普遍,因此将年报数据与其他方式披露的数据结合已经成为研究国有企业社会责任信息披露行为的必要,忽略其他形式的信息披露将会在研究中扭曲国有企业社会责任信息披露行为的一般规律。国外在这方面已有相关研究(Manuel Castelo Branco 2008),我国在此方面的研究则还是空白。本研究将综合运用内容分析法、指数分析法、分类潜变量模型,将年报内容与其他形式的信息披露综合考虑,并建立数据库。

1.2.4 本研究将为国有企业社会责任决策与监督提供坚实基础

刘玲(2007)认为,国有企业之所以被指责为不履行社会责任,其深层次的原因是国有企业在既有的制度框架下对责任的自我认知与社会期望发生了冲突。造成当前我国国有企业社会责任缺失的主要原因有以下三个方面:第一,国有企业一味追求经济利益最大化,缺乏对履行社会责任重要意义的充分认知;第二,政府对国有企业社会责任的监督和指导体系尚不完整,政府放松监督使得国有企业社会责任履行尚处于不规范状态;第三,在社会当中没有形成科学有效的外部监督机制。要增强国有企业管理层的社会责任意识和履行能力仅仅提出一套完善的国有企业社会责任体系是远远不够的,还必须建立起完善、有效的国有企业履行社会责任的监督机制。具体而言,国有企业社会责任监督机制建设包括两方面:(1)我们必须建立起国有企业履行社会责任的法律、法规约束体系;(2)必须建立、健全国有企业履行社会责任的目标评价体系。

1.3 研究内容

本研究将综合运用统计学(综合评价、探索性数据分析)、会计学(分析式会计理论、社会责任会计理论、环境会计理论、利益相关者理论)、微观计量经济学(嵌套选择模型、面板数据模型)、社会学、信息经济学(机制设计、信号发送理论)、管理学等学科理论分析研究国有企业社会责任信息披露问题。本研究共分四部分:

第一部分概述了国有企业的性质与分类,对国有企业社会责任的目标与内容体系进行界定,并对以往有关国有企业社会责任信息披露的现状进行了分析。

第二部分构建国有企业社会责任信息披露评价指标体系,并引入潜在类别模型对信息披露水平进行综合评价。

第三部分将在前两个部分的理论分析的基础上构建了与社会责任信息披露问题相匹配的微观计量模型。采用面板数据模型、离散选择模型,从多层次和多维度的角度动态分析了国有企业社会责任信息披露的各类影响因素。

第四部分基于非实验数据的评估方法,在 Rubin 因果模型的框架下对国有企业社会责任信息披露政策绩效进行评估。

本研究还将借鉴 ICAEW Research Board(1986)建立我国国有企业社会责任信息数据库,该数据库将为我国社会责任研究提供便利。

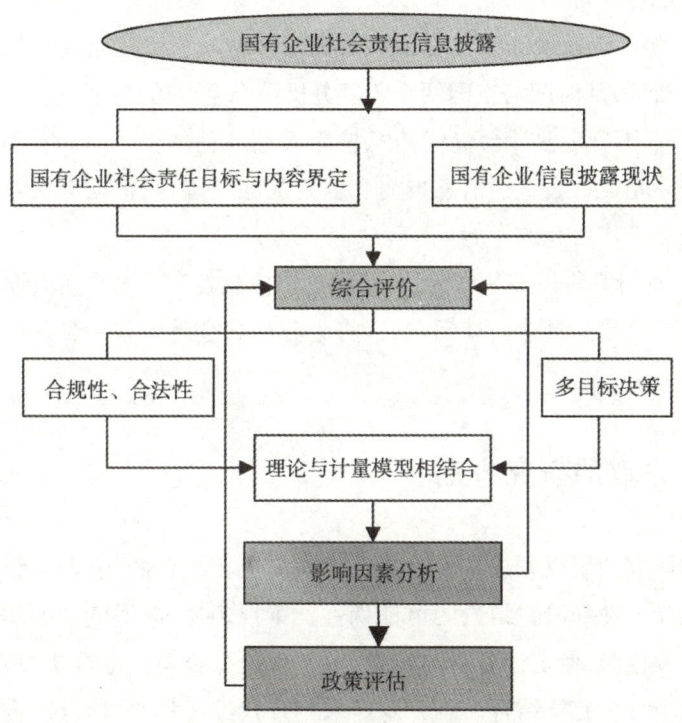

图 1.1　国有企业社会责任信息披露研究技术路线图

1.4 研究目标与主要创新之处

1. 构建国有企业社会责任信息披露的信息经济学分析框架,采用中国国有企业面板数据,结合信号发送以及多目标决策理论,从动态角度研究了国有企业社会责任信息披露问题,为国有企业社会责任信息披露研究提供一个一般意义上的分析范式。

2. 在内容分析和指数法的基础上,对信息披露水平进行分层,构建信息披露综合评价的指标体系。运用分类潜变量模型对信息披露水平进行综合评价。

3. 将微观计量经济学理论引入国有企业社会责任信息披露影响因素分析,将从时间与空间两个角度分析国有企业信息披露行为。

4. 在国有企业社会责任信息披露政策评估中引入 Rubin 因果模型。完善企业社会责任信息披露和监管的相关理论,推动有关理论研究和实务操作研究的发展。

5. 本研究将以该领域为依托,尝试将信息经济学与微观计量经济学进行结合研究具体会计问题,这将为分析式会计带来一种新的研究范式。

1.5 采取的研究方法

本研究的研究方法基本上是理论与实证相结合的,强调假设前提的现实相关性和研究结论的可证伪性。重视理论、数据模型的实践导向和经验检验,使定性分析与定量分析、理论分析与实证分析、历史分析与逻辑分析有机结合。研究普遍采用现代经济学符号系统,在借鉴国际研究成果的基础上,立足国情研究体制、机制和制度创新,并保证最终研究成果的可操作性。

本研究将倚重一线调研的数据优势及信息经济学、微观计量分析、探索性数据分析、分析式会计的工具比较性优势,对各种方法进行组合运用,各有侧重。

1. 理论分析部分:国有企业异质性行为理论、披露成本理论、信号传递理论、信号甄别理论、我国国有企业多目标决策理论(白重恩)、资源视角下的战略理论、合法性理论、最优决策理论、综合评价理论、机制设计理论等进行理论基础研究。

2. 实证分析部分:应用国内外有关文献和数据检索、问卷调查、案例分析、实地调研等方法以及内容分析法、指数法、分类潜变量模型、自选择微观计量理论、面板数据分析方法、探索性数据分析、属性数据分析、动态综合评价等进行实证研究。

第二章 国有企业社会责任目标与内容界定

2.1 国有企业的性质

2.1.1 国有企业的分类

我国经历了多年的经济体制改革,初步建立了社会主义市场经济体制。尽管国有企业改革仍然是我国经济体制改革的中心环节,但其内在含义已经发生了深刻变化。"新型国有企业"是在国有企业改革进程中逐步形成的具有显著中国特色的体制现象,是渐进式改革推进到一定阶段的必然产物。我们要科学认识新型国有企业,发现新现象,解决新问题,总结新经验,推进更深层次的改革。

金培(2004)认为,新型国有企业是随着我国计划经济体制向市场经济体制转变而形成的市场化导向的国有企业,它与老国有企业的本质区别在于前者是市场经济条件下独立的市场竞争主体,这也是新型国有企业的本质特征。

如何衡量国有企业的市场化程度呢?我们认为可以将各种复杂现象简化为两个维度:企业的产权制度和企业的管理体系,具体表现如表所示。企业的产权制度可以具体分为股权结构的法律形式、企业治理结构的规范程度、经营管理者选择的市场化程度、政府与企业的关系等描述指标来具体分析国有企业作为市场竞争主体的独立性程度。企业的管理体系被细分为是否以追逐利润为主要目标、战略管理意识、人力资源管理制度、组织文化导向等描述指标来衡量国有企业经营管理行为的市场化程度。

简言之,典型的"新型国有企业"就是位于竞争性市场环境中,具有现代企业产权制度和市场化企业管理体系的国有企业。

本研究对新型国有企业社会责任信息披露问题进行了研究。其原因有:首先,新型国有企业具有广泛的代表性,并且已经成为国有企业的盈利主体;其次,中央关于企业管理的方针是抓大放小,而新型国有企业是主要抓的对象;最后,新型国有企业的信息更容易被获取。

本研究将对三类新型国企进行比较研究。第一类企业大致对应典型"新型国有企业"。属于全面改革先进型国有企业,具有股权多元化的产权结构,以股份制为主,企业治理结构相对规范,这类企业面对激烈的市场竞争,逐步建立起完善的市场导向管理体系。第二类企业是产权改革相对滞后、但已经建立起市场导向的企业管理体系的国有企业。这类企业产权改革滞后的原因有很多,如规模巨大、国家战略利益考虑等。然而,其下属的具体经营单位的经营管理行为完全是以市场为导向的。第三类企业产权改革推进力度较大,形式上已经形成了企业制的产权制度,但还没有真正形成市场导向的经营管理体系。这类企业主要处于自然垄断性行业或部分战略性竞争行业,数量往往只有几家,由于占有资源的垄断性,没有竞争压力和动力来推进建立市场导向的经营管理体系。

2.1.2 国有企业的性质

国有企业是政府参与和干预经济的工具与手段,是政府针对出现或可能出现的市场失效问题而代表公众利益所采取的诸多政策举措的一种。在市场经济较不发达的国家尤其是经济转轨国家,在配套的市场机制、法律制度和行为规范供给不足的环境里,政府其他影响经济的手段往往不成熟。这种情况下,为达成特定的施政目标,政府通过国有企业这种方式干预和参与经济活动,就有可能起到其他政策手段所没有的效果,其成本也相对较低。

社会主义市场经济体制中的国有企业与发达市场经济体制中的国有企业之间存在区别。这种区别集中表现为,在社会主义市场经济体制中,国有企业不仅是政府干预经济的手段,还是参与经济的手段。两者相比较,前者在数量上更多、分布领域更广、企业组织形态也要更为复杂。虽然当前两种体制下国有企业的区别是显而易见的,但是区别的程度到底有多大,是本质上的差异,还是仅仅是表现形式上量的差异?区别的存续期到底有多长?是仅仅存在于近些年的经济体制转轨的过渡时期,还是将长期存在?关于这些问题,国内学者在认识上是有分歧的。有影响力的观点大致可以概括为以下三类:第一类观点认为,我国的国有企业与其他国家的国有企业的性质相同。因此,我国国有企业改革的目标完全可以参照国外国有企业的成熟模式,充分借鉴国外国有企业私有化改革的经验。第二类观点认为,我国的国有企业与其他国家的国有企业的性质大体上一致,虽然在经济转轨的过渡时期,我国国有企业改革会有一定的特殊性,规模和数量更大,分布领域更广,企业形态更复杂,但总体而言,我国国有企业的发展方向和发达市场经济国家是一致的,我们可以借鉴国外国有企业私有化改革的经验来解决大多数的问题。第三类观点认为,我国的国有企业与发达市场经济体制下的国有企业的性质有本质的差异,不能简单地将二者等同起来(钱津,2000),必须探索和建立"具有社会主义内涵"(纪宝成,2004)和体现社会主义市场经济特性的现代国有企业制度(陈佳贵,1999)。

2.2 国有企业社会责任目标

国有企业社会责任的发展经历了三个阶段。从 1949 年新中国成立到 1978 年,是国有企业办社会的阶段。这一时期我国虽然没有明确提出企业社会责任的概念,但事实上企业一直承担着大量具有社会责任的社会职能。1978 年改革开放到 20 世纪末,我国国有企业总体上处于社会职能与社会责任的双重缺失阶段。1978 年开始实施的一系列改革措施显著增强了国有企业的盈利欲望,由于政府放松了企业管制,以及非国有企业迅速成长而形成的巨大压力等原因,直接或间接导致了国有企业片面追求利润而放弃社会职能的结果。20 世纪 90 年代以来,随着西方社会责任思潮的兴起,我国国有企业不得不直面起社会责任问题,为改善国有企业的公众形象、提高国有企业的竞争力和经济效益,社会责任意识引起了国有企业尤其是大型国有企业的广泛关注。我们称这一时期为国有企业社会责任意识的建立与发展阶段。

自 2006 年 3 月 10 日国家电网发布的第一份国有企业社会责任报告以来,政府、社会和国有企业自身已经越来越重视国有企业社会责任的承担和履行问题,并真正将社会责任的履行纳入到了企业的日常工作范畴。而在社会责任履行的过程中,国有企业的身后总是同时存在着两股力量:一股是非经济的、出于政治或意识形态考虑的力量,另一股是经济的、出于实用主义考虑的力量。正是在这两股力量的交互作用下,国有企业成为了一种同时拥有非经济目标和经济目标的特殊的企业组织。

2.2.1 国有企业的经济目标

任何政府都有通过设立国有企业谋取经济利益的现实考虑。在很多国家和地区,从垄断性行业的国有企业中获取的稳定收益,是这个国家或地区政府财政收入的重要来源。随之而来的一个问题是,国有企业的经济目标与一般企业的经济目标是同质的吗?这个问题的答案是否定的。因为国有企业经济目标的产生所依托的企业制度基础与一般企业的有着根本性的差异。一般企业的经济目标来源于其企业制度属性,而国有企业的经济目标来源于"国有"这一制度属性。一般企业是天生逐利的,而国有企业的逐利动机是其非逐利天性的衍生物。在发达市场经济体制中,国有企业作为公共财政的组成内容,其经营活动中内生的盈利可能性是非常有限的。在社会主义市场经济体制中,仅就现状而言,国有企业不是从属于公共财政,而是与公共财政相并列的。作为参与经济的重要手段,社会主义市场经济体制中国有企业经营活动的范围要比发达市场经济体制中的宽泛很多,其中所蕴含的国有企业参与经营性活动及盈利的可能性要大得多。正因为如此,我国国有企业的目标选择及其行为问题,也要复杂得多。

2.2.2 国有企业的非经济目标

无论是发达市场经济体制下的国有企业,还是像我国这样的社会主义市场经济体制下的国有企业,作为国家干预经济或参与经济的一种手段,它们在开展经营活动时,时常会显现出不经济性。就政府代表公众利益影响经济活动的初衷而言,国有企业作为一个相对独立的行为主体,开展种种不经济的经营活动,其目的是要在一个更为长远的时间段里实现国家、公众的大经济。因此,实现国家社会经济发展战略、改变经济结构失衡的状况、平抑经济周期波动、体现社会主义市场经济的特性成为了国有企业的非经济目标。

国有企业的社会责任中既有非经济目标的内容,也有经济目标的内容。从总体上看,国有企业的社会责任更多地是要着眼于非经济目标的实现,经济目标的实现是为非经济目标的实现服务的。这是很多人都持有"国有企业应该比民营企业更讲社会责任"这类观念的原因。

2.3　国有企业社会责任内容界定

国有企业的社会责任,是社会对国有企业行为的客观期望,它由国有企业的性质所决定,具体体现为国有企业的非经济目标和经济目标。国有企业的社会责任有两种常见的认识倾向。一种倾向认为,只有国有企业才有社会责任。因为有了社会责任,国有企业的市场化能力与动力会被大大降低。另一种倾向是把国有企业等同为一般企业或其他非企业组织,以衡量一般企业是否履行社会责任的标准来判断国有企业是否履行社会责任。本研究认为,这两种认识都是错误的。

2.3.1　一般企业社会责任

按照卡罗尔的定义,企业社会责任是某一特定时期社会对企业组织所寄托的经济、法律、伦理和自由决定(慈善)的期望。这个定义所界定的企业社会责任,更侧重于微观层次的企业社会责任。当企业自然成长到规模足够大的时候,它的行为关系到社会的许多方面,此时,该企业对社会的责任问题就会凸显出来。全社会对这个企业的非经济性期望,应该被相应地纳入它的目标体系之中。

塔尔科特·帕森对组织制度合法性(Legitimacy)的定义,可以更好地反映宏观层次的企业社会责任。帕森认为,组织是否合法,在很大程度上取决于这些组织的活动是否与这些组织所在的社会体制的目标和价值一致。企业作为一种组织制度形式,它的合法性和有效性在于受这种制度约束的企业及相关行为主体的行为方式是否符合客观上的社会规范。

我们需要把握好以下三点:一是企业的性质是追求经济目标的组织,企业的首要目标(很多情况下是惟一目标)是经济目标,企业的社会责任正是在企业经济目标实现的过程中衍生出来的。二是企业的社会责任中包含了追求经济目标的内容,任何一个企业在履行微观层面的社会责任时,都不可避免地要依附于企业的经济目标。三是无论在理论上还是实践中,微观层次和宏观层次的一般企业的社会责任,都是统一的。

2.3.2 国有企业社会责任

与一般企业相比较,国有企业社会责任的问题要更为复杂。

从宏观层面看,国有企业的社会责任是由国有企业的性质决定的,具体体现为国有企业的非经济目标和经济目标。国有性质是理解国有企业制度内涵的起始点,也是定义国有企业非经济目标和经济目标的原点。以帕森的语义来阐释,即一个国家的社会经济体制,从根本上决定了国有企业的历史使命、存在意义和应尽的社会承诺。

从微观层面看,根据前文的阐述,第一种认识混淆了社会责任与非经济目标这两个概念;它容易带来一种错觉,即竞争性领域的国有企业不应该有社会责任,有社会责任的国有企业难以参与竞争。第二种认识容易引导人们将国有企业社会责任的关注点,放在国有企业如何在实现经济目标的前提下来实现非经济目标这一问题上。对于竞争性行业及专注于经营性活动的国有企业而言,这种微观层次的国有企业社会责任有可能与宏观层次的、客观的国有企业的社会责任相一致;而对于垄断性行业及专注于非经营性活动的国有企业而言,这种微观层次的国有企业社会责任在很多情况下则是与之偏离甚至背离的。

从理论上说,微观和宏观层次的国有企业社会责任应该是统一的,而在实践中,受人们在认识上的差异的影响,两个层次的国有企业社会责任有相互背离的可能。

2.3.3 国有企业社会责任内容体系

与一般企业相比,国有企业的社会责任体系有其特殊性。国有企业除了应该主动承担和履行一般性社会责任外,还应该承担和履行一般企业不承担的特定社会责任。国有企业的国有本质,决定了其社会责任的特殊内容。国有企业的社会责任,可分为社会义务和社会期望两个层次。社会义务,是国有企业必须要履行的社会责任,包括经济责任、法律责任、政治责任;社会期望或企业自愿履行的社会责任,包括道德、慈善责任和促进和谐发展的责任。此外,国有企业还必须承担起民族精神塑造、创建自主品牌、引领我国工业化升级、民营资本健康发展等社会责任。

国有企业改革所建立起来的国有企业社会责任体系,应该全面包括前文所归纳的社会责任内容,尤其是必须包含其所应当承担的社会义务方面的责任内容,国有企业必须承担比一般企业更多的社会义务。从总体上看国有企业应当承担的社会责任有:对员工、消费者、供应商、债权人、社区、环境与资源保护与合理利用、慈善责任以及对政府的责任。但不同企业所承担的社会责任的具体内容将有所不同。

为推动国有企业实质性地全面履行其合理必要的社会责任,作为国有企业投资与监督主体的政府,应将国有企业社会责任的履行制度化、规范化,并以政策要求或指导性文件的形式向国有企业明确提出需要承担和履行的社会责任内容,从而形成具体、规范、具有强制性特征的国有企业社会责任体系。在具体操作上,可以考虑由国务院国资委发布《国有企业社会责任指引》来明确规范国有企业的社会责任体系。虽然国务院国资委已经在2007年12月29日对外发布了《关于中央企业履行社会责任的指导意见》,但文件的规范对象仅仅局限于特大型的中央企业,对其他国有企业并没有提出履行社会责任的明确要求。而且从指导意见中所规定的社会责任内容看,并没有完全包括国有企业应该履行的社会责任。

第三章 国有企业社会责任信息披露现状

3.1 问题的提出

2006年9月,中国深圳证券交易所颁布了《深圳证券交易所上市企业社会责任指引》,对在深交所上市的企业社会责任披露提出了规范性的指导要求,鼓励上市企业根据指引要求建立社会责任制度,定期检查和评价企业社会责任制度的执行情况和存在问题,形成社会责任报告。2008年5月,上海证券交易所颁布了《上海证券交易所上市企业环境信息披露指引》,对在上交所上市的企业社会责任披露提出了规范性要求,明确了企业在关注自身及全体股东经济利益的同时,充分关注包括企业员工、债权人、客户、消费者及社区在内的利益相关者的共同利益,促进社会经济的可持续发展。同时,鼓励企业根据《证券法》、《上市企业信息披露管理办法》的相关规定,及时披露企业在承担社会责任方面的特色做法及取得的成绩,并在披露企业年度报告的同时在本所网站上披露企业的年度社会责任报告。本研究所要研究的是:我国国有企业社会责任信息披露的现实情况;在《深圳证券交易所上市公司社会责任指引》和《上海证券交易所上市公司环境信息披露指引》颁布后,我国企业社会责任信息披露质量的特征以及变化趋势。

3.2 研究样本和数据来源

本研究选取 2005 年到 2011 年在中国企业社会责任网上发布企业社会责任报告的国有企业作为研究样本。基于以下三个方面的考虑：

3.2.1 样本企业的全面性

从行业上看，样本企业包含 14 个不同行业类型：制造业、金融、保险业、公用事业、交通运输、仓储业、综合业、建筑业、采掘业、信息技术业、农林牧渔业、电力、煤气及水的生产和供应业、房地产业、批发、零售和贸易、社会服务业、传播与文化产业。从地区上看，包含东中西部 30 个地区的企业：安徽、辽宁、上海、北京、四川、广东、福建、广西、贵州、黑龙江、山东、海南、河北、河南、湖北、湖南、香港、澳门、台湾、吉林、江苏、内蒙古、青海、山西、陕西、云南、新疆、天津、浙江、重庆。从企业规模上看：包括大型企业和中小企业。从上市情况看包括上市企业和非上市企业。

3.2.2 样本期间的特殊性

由于企业社会责任报告发布是近年来逐渐兴起的，所以选择的研究期间是能够获得数据的 2005 年至 2011 年。此外，选取 2005 年至 2011 年作为研究样本的期间，可以比较在 2006 年 9 月《深圳证券交易所上市公司社会责任指引》和 2008 年 5 月《上海证券交易所上市公司环境信息披露指引》出台前后，企业有关社会责任信息披露的差异和变化。

3.2.3 信息披露来源的特殊性

本研究选择企业社会责任报告及上市企业年报附件作为获取企业社会责任信息披露的来源。在深交所指引和上交所指引出台后，上市企业需要发布专门的企业社会责任报告或者作为年报附件发布社会责任方面的信息。本研究使用企业社会责任报告作为企业社会责任信息披露的来源,主要由于以下几点:(1)企业社会责任报告披露的信息最为全面。(2)一般而言,企业社会责任报告会按照一定格式、规定和时间要求公开披露,因此较容易获得大量且可比的数据来进行分析,并可以在不同的企业和年份间进行比较。

样本企业的确定以及社会责任报告数据大部分来自企业社会责任网企业社会责任报告数据库。剔除个别数据不全的企业及年份后,得到142家企业的426个观察值。

3.3 企业社会责任报告形式和结构的现状分析

3.3.1 报告名称概况

由于企业社会责任报告是舶来品,在我国,它有很多别称,主要包括可持续发展报告、环境报告、健康安全环境报告、企业公民报告等。下表列出了所选142个样本企业2005年至2011年间426份企业社会责任报告名称的情况:

表3.1 报告名称情况

报告名称	频数	百分比	累积百分比
社会责任报告	394	92.49	92.49
可持续发展报告	22	5.16	97.65
环境报告	3	0.70	98.36
健康安全环境报告	3	0.70	99.06
企业公民报告	4	0.94	100.00
总计	426	100.00	

从表 3.1 中可以看出,排在第一位的名称是社会责任报告,所占百分比为 92.49%,其次是可持续发展报告,所占百分比为 5.16%,环境报告、健康安全环境报告、企业公民报告等所占百分比非常小,可以忽略不计。

为了进一步了解报告名称随着时间的变化情况,我们做了一个报告名称与时间年份的交互表,如表 3.2 所示:

表 3.2　报告名称与年份的交互表

报告名称	2005	2006	2007	2008	2009	2010	2011
社会责任报告	0	2	10	32	120	125	105
可持续发展报告	0	2	3	3	5	6	3
环境报告	0	1	1	1	0	0	0
健康安全环境报告	1	1	0	1	0	0	0
企业公民报告	1	1	1	1	0	0	0
总计	2	7	15	38	125	131	108

从表 3.2 中可以看出,报告名称随着时间的推移有着明显的变化,2005 年,名称为企业社会责任报告的报告篇数为 0。而在 2007 年,名称为企业社会责任报告的篇数从 2006 的 2 篇变为 10 篇,这可能与 2006 年颁布的深交所企业社会责任披露指引有关,2009 年篇数由 2008 年的 32 篇变为 120 篇,所占比例 2005 年为 0,2006 年为 28.5%,2007 年为 66.7%,2008 年为 84.2%,2009 年为 96%,2010 年为 95.4%,2011 年为 97.2%,所占百分比呈现逐年上升的局面,基本上形成了企业社会责任报告这一个统一的名称。

3.3.2　报告介质概况

报告介质分为纸质版和电子版,报告介质类型对于企业社会责任报告的传递即企业社会责任信息传播起到了很大的影响。本研究统计了所选的 142 个样本企业 2005 年至 2011 年间的 426 份企业社会责任报告介质的类型：

表 3.3 报告介质

报告介质	频数	百分比	累积百分比
纸质版	73	17.14	17.14
电子版	353	82.86	100.00
总计	426	100.00	

如表 3.3 所示，电子版的百分比为 82.86%，占到绝大部分的数量，但是纸质版的百分比为 17.14%，也占到了不小的比例。为了进一步了解报告年份，做出报告介质与年份交互表：

表 3.4 报告介质与年份交互表

报告介质	2005	2006	2007	2008	2009	2010	2011
纸质版	1	3	3	11	22	25	8
电子版	1	4	12	27	103	106	100

由表 3.4 可知，纸质版的比例逐年下降，由 2006 年的 75% 下降至 2011 年的 7.4%；而电子版介质的企业社会责任报告比例逐年提高，由 2006 年的 25% 提高到 2011 年的 92.6%。可见，电子版的企业社会责任报告由于其良好的传播性能，能够迅速地将企业社会责任信息传递给利益相关者，将会成为主导性的报告介质。

3.3.3 报告语言类型概况

报告语言类型也是报告使用者关心的问题，这涉及能否满足不同语言类型的利益相关者公平地获取相关企业社会责任信息。对样本企业报告的统计如下：

表 3.5 报告语言类型

语言类型	频数	百分比	累积百分比
中文	421	98.83	98.83
英文	0	0	98.83
中英文对照	5	1.17	

如表 3.5 所示,纯中文的企业社会责任报告比例为 98.83%,占到绝大部分,纯英文的比例为零,中英文对照的比例为 1.17%。这个很好理解,因为本研究选取的样本企业均为本国的企业,当然随着中国的企业走向世界,可以预见,中英文对照报告的比例会呈现出递增的趋势。

3.3.4 报告篇幅概况

报告篇幅长度会影响到企业社会责任信息披露的完整性和全面性,为了观察报告篇幅长度对报告信息披露的影响程度,统计如下表所示:

表 3.6 报告篇幅概况

报告篇幅	频数	百分比	累积百分比
10 页及以下	167	39.29	39.29
11~30 页	108	25.41	64.71
31~50 页	54	12.71	77.41
61~80 页	67	15.76	93.18
80 页以上	29	6.82	100.00
总计	425	100.00	

如表 3.6 所示,报告篇幅在 10 页及以下的频数为 167,百分比为 39.29%;30 页以下的频数为 275,百分比为 64.71%,占到报告篇幅的大部分。80 页以上的频数为 29,百分比为 6.82%,只占到总数的很小

一部分。为了进一步了解报告篇幅和报告质量的关系,我们对两个变量进行相关性分析,结果如下表所示:

表 3.7 报告篇幅和报告质量的关系

报告质量 \ 报告篇幅	10 页及以下	11~30 页	31~50 页	61~80 页	81 页以上
较差	81	7	2	1	0
合格	82	64	8	4	0
良好	4	35	16	28	5
优秀	0	2	27	30	19
非常优秀	0	0	1	4	5

Pearson chi2(16) = 376.3366 Pr = 0.000

如表 3.7 所示,皮尔逊相关系数为 376.3366,说明报告篇幅和报告质量之间存在很强的相关性,10 页及以下的优良率仅为 2.4%,11~30 页的优良率为 34.3%,31~50 页的优良率为 81.5%,61~80 页的优良率为 92.5%,81 页以上的优良率为 100%。若从优秀率方面看,31~50 页的优秀率为 51.9%,61~80 页的优秀率为 50.7%,81 页以上的优秀率为 82.8%。从而可以看出,报告篇幅跟报告质量呈现正相关关系,报告篇幅过短会影响披露信息的完整性,从而影响报告的质量,其中 10 页及以下的报告接近一半是不合格的。当然也不是篇幅越长越好,如 31~50 页的优秀率为 51.9%,而 61~80 页的优秀率为 50.7%,比之还略低。因此,笔者认为,报告确保达到合格水平,篇幅应该在 10 页以上,而如果要达到较高的优秀率,报告篇幅为 31~50 页较为适宜。

3.3.5 报告时效概况

报告时效关系到利益相关者能否及时地获取企业社会责任方面的信息,对于利益相关者的决策也会产生比较大的影响。

表 3.8 报告时效

报告时效	频数	百分比	累积百分比
距财年截止日 4 个月以内	293	68.78	68.78
距财年截止日 6 个月以内	114	26.76	95.54
距财年截止日 6 个月以上	19	4.46	100.00
总计	426	100.00	

从表 3.8 中可以看出,有 68.78% 的企业社会责任报告的发布时间是在距财年截止日 4 个月以内,有 95.54% 的企业社会责任报告的发布时间是距财年截止日 6 个月以内,在 6 个月以上的比率仅为 4.46%。说明企业社会责任信息的披露还是比较及时的。

3.3.6 报告发布周期概况

报告周期发布对于报告使用者或者对于企业社会责任信息的关注者来说是相当重要的,这种规范化、固定性的安排对于利益相关者监督企业社会责任的履行情况具有重要的意义。

表 3.9 报告周期

报告周期	频数	百分比	累积百分比
年度	425	99.77	99.77
多年度	1	0.23	100.00
总计	426	100.00	

从表 3.9 中可以看出,99.77% 的企业社会责任报告为年度报告,说明样本企业基本上形成了每年度发布企业社会责任报告的惯例。

3.3.7 报告独立性

报告独立性是指企业是单独发布企业社会责任报告还是将企业社会责任报告信息以年报附件的形式发布给利益相关者。对样本企业统计如下:

表 3.10 报告独立性

报告独立性	频数	百分比	累积百分比
年报附件	62	14.55	14.55
完全独立报告	364	85.45	100.00
总计	426	100.00	

从表 3.10 中可以看出,以年报附件形式发布的报告比例为 14.55%,以完全独立报告发布的报告比例为 85.45%,进一步的统计如下表:

表 3.11 报告独立性与年份交互表

报告独立性	2005	2006	2007	2008	2009	2010	2011
年报附件	0	0	0	0	30	16	16
完全独立报告	2	7	15	38	95	115	92

从表 3.11 中可以看出,年报附件形式的报告呈现先增后减的趋势,2009 年之前为 0 篇,2009 年突然增加到 30 篇,2010 年和 2011 年均为 16 篇。可能的原因是与 2008 年颁布的《上海证券交易所上市公司环境信息披露指引》有关,指引颁布后,因为对于发布报告具有强制性,同时准备的时间较短,所以一部分企业用年报附件的形式发布。而经过一段时间的适应后,年报附件的数量呈现减少的趋势,原因在于完全独立报告的篇幅限制较少,能够披露更多更全的社会责

任信息。

3.4 企业社会责任信息披露内容分析

3.4.1 披露内容的覆盖

我们将企业社会责任信息内容按照不同利益相关者分为 12 类：出资人、员工、客户、环境、社区、政府、供应商、同行、社会组织、媒体、金融机构、监管机构。按照企业社会责任报告是否披露相关内容，统计如下：

表 3.12 企业社会责任披露信息覆盖

利益相关者	披露频数	百分比	未披露频数	百分比
出资人	424	99.53	2	0.47
员工	426	100	0	0
客户	417	97.89	9	2.11
环境	426	100	0	0
社区	422	99.06	4	0.94
政府	424	95.3	2	0.47
供应商	314	73.71	112	26.29
同行	97	22.77	329	77.23
社会组织	183	42.96	243	57.04
媒体	92	21.6	334	78.40
金融机构	103	24.18	323	75.82
监管机构	199	227	53.29	46.71

从表 3.12 中可以看出：与出资人、客户、环境、社区、政府相关的信息披露比较多，其次是对于供应商、监管机构、社会组织的信息，对于同行、媒体、金融机构有关的信息很少披露。

3.4.2 高管声明

高管声明是企业社会责任报告的重要部分,是披露企业最高领导对于企业社会责任的认识、承诺以及企业社会责任计划信息的重要渠道。经过对样本的统计,如下表所示:

表3.13 企业社会责任高管声明情况

高管声明	频数	百分比	累计百分比
有	172	40.38	40.38
无	254	59.62	100

由表3.13可知,接近60%的企业社会责任报告没有高管声明的内容,这对企业社会责任信息披露的完整性是大打折扣的。

3.4.3 审验报告

审验报告是专业审计机构对于企业社会责任报告的审计结果,对于报告的可信性、权威性有比较大的提升。它也应该是企业社会责任报告的重要组成部分。

表3.14 审验报告情况

是否审验报告质量	否	DNV	中国企业社会责任评级委员会	安永	BV	立信	毕马威	专家点评	第三方评价	中国企业评价协会	总计
较差	90	1	0	0	0	0	0	0	0	0	91
合格	154	0	0	0	0	3	0	1	0	0	158
良好	72	7	0	0	1	0	0	3	5	0	88
优秀	44	11	1	1	4	2	6	6	3	1	79
非常优秀	3	3	0	2	1	0	1	0	0	0	10
总计	363	22	1	3	6	5	7	10	8	1	426

Pearson chi2 (36) = 189.1598   Pr = 0.000

表 3.14 显示,总体而言,85.2%的企业社会责任报告没有出具审验报告,即没有经过任何机构的审验,如果扣除专家点评和第三方评价的报告,这一比例达到 89.4%,即接近 90%的企业社会责任报告没有经过专业审计机构的审验,也没有出具审验报告。这说明企业社会责任报告在大体上都是企业的自我赞美,报告中披露数据的可靠性程度也大为降低。在经过专业审计机构审验的 45 份企业社会责任报告中,外国审计机构的审验比例达到 83%,其中 DNV(挪威船级社)的比例高达 50%,而国内审验机构的比例仅为 17%。

3.4.4 反馈方式

反馈方式及反馈问卷是报告使用者(利益相关者)与企业进行沟通的重要渠道,它也是企业社会责任报告的重要组成部分。对于反馈方式的统计如下:

表 3.15 反馈方式统计结果

反馈方式	频数	百分比	累计百分比
有	121	28.40	28.40
无	305	71.60	100

由表 3.15 可以看出,接近 71.6%的企业社会责任报告报告没有反馈方式的内容,这对企业社会责任信息披露的完整性以及与报告使用者的沟通都产生了很大影响。

3.5 企业社会责任信息披露质量影响因素分析

3.5.1 企业社会责任信息披露质量和时间的关系

表 3.16 列出了所选 142 个样本企业 2005 年至 2011 年间 426 份企

业社会责任报告质量的情况。根据企业社会责任报告中披露信息的情况划分为七个层次:非常差、差、较差、合格、良好、优秀、非常优秀。纵向表示报告质量,横向表示时间,以反映不同年份企业披露社会责任信息的变化情况。

表 3.16　2005—2011 年企业社会责任报告质量情况

时间 报告质量	2005	2006	2007	2008	2009	2010	2011	总计
较差	0	0	5	11	37	22	16	91
合格	1	3	4	8	49	55	38	158
良好	1	3	4	13	22	23	22	88
优秀	0	1	2	6	14	28	28	79
非常优秀	0	0	0	0	3	3	4	10
总计	2	7	15	38	125	131	108	426

Pearson chi2（24）= 33.5182　Pr = 0.094

从表 3.16 中可以看出,皮尔逊系数为 33.5182,说明报告质量与时间直接存在较强的关系。从报告质量来看,随着时间的推移,优秀报告的比例在提高,但并不是提高得非常快,原因在于企业社会责任报告的撰写具有一定的延续性,对于报告框架及覆盖指标很多都借鉴以往年份的报告,导致企业社会责任报告在创新性、完善性方面具有一定的固化。从发布社会责任报告的篇数来看,2009 年以前发布的报告篇数很少,2008 年为 38 篇,而 2009 年突然猛增到 125 篇。可见 2008 年颁布的《上海证券交易所上市企业环境信息披露指引》对于企业社会责任报告的发布起到了巨大的推动作用。

3.5.2　企业社会责任信息披露的质量和企业规模的关系

以企业总资产规模 93 亿元为界,将企业划分为大型企业和中小企业,以反映企业规模与企业社会责任报告质量的关系。

表3.17 不同规模的企业报告质量

报告质量 \ 企业规模	大型企业	中小企业	总计
较差	10.6%	36.1%	21.5%
合格	27.6%	50%	37.1%
良好	28.0%	10.6%	20.7%
优秀	29.7%	3.3%	18.6%
非常优秀	4.1%	0	4.1%
总计	100%	100%	100%

Pearson chi2 (4) = 107.3611　Pr = 0.000

表3.17显示,皮尔逊系数为107.3611,P值为0.000,说明报告质量与企业规模存在比较强的相关性,大型企业的社会责任报告质量要明显高于中小企业。数据显示大型企业发布的报告良好及以上的比率达到61.8%,报告质量较高;中小企业的合格及以下的比率达到86.1%,质量高的报告的比率较低,需要进一步地提升报告质量。总体而言,报告的合格率接近80%,大部分报告的质量都是在合格及以上,反映出《深圳证券交易所上市公司社会责任指引》和《上海证券交易所上市公司环境信息披露指引》的颁布,对于企业社会责任报告的撰写规范具有较好的指导作用。

企业规模之所以会影响企业社会责任信息披露的质量可能是因为以下几点:(1)较大的企业比小企业受到更多的公众关注,而且小企业也可能不需要通过企业社会责任报告的形式来同股东沟通其社会责任信息。(2)企业规模越大,其发生事故所产生的影响也就越大,因而大企业会更倾向于披露社会责任信息来体现他们对这类社会责任问题的重视。(3)大企业具备更多的可用资源,因此很可能从事并报告更多的社会责任事业。

3.5.3 企业社会责任信息披露的质量和所在行业的关系

将所有样本企业分为 14 个行业:制造业,金融、保险业,公用事业,交通运输、仓储业,综合业,建筑业,采掘业,信息技术业,农林牧渔业,电力、煤气及水的生产和供应业,房地产业,批发、零售和贸易,社会服务业,传播与文化产业。

表 3.18 不同行业的企业报告质量

行业	制造业	金融、保险业	公用事业	交通运输、仓储业	综合业	建筑业	采掘业	信息技术业	农林牧渔业	电力、煤气及水的生产和供应业	房地产业	批发、零售和贸易	社会服务业	传播与文化产业
较差	30.3%	3.6%	7.1%	10%	29.2%	0	11.1%	15.4%	90%	8.6%	50%	28.6%	33.3%	0
合格	44.2%	19.6%	35.7%	27.5%	70.8%	40%	25.9%	23.1%	10%	31.4%	35.7%	42.9%	66.7%	100%
良好	16.4%	25%	35.7%	25%	0	20%	37%	15.4%	0	37.1%	14.3%	25.6%	0	0
优秀	9.1%	41.%	21.4%	32.5%	0	40%	25.9%	30.8%	0	22.9%	0	0	0	0
非常优秀	0	10.7%	0	5%	0	0	15.4%	0	0	0	0	0	0	0

Pearson chi2（52）= 178.3455　Pr = 0.000

表 3.18 显示,皮尔逊系数为 178.3455,P 值为 0.000,说明报告质量与所在行业存在很强的相关性。农林牧渔业、综合业、传播与文化产业、社会服务业的企业社会责任报告良好及以上的比例为零,可能的原因主要是这些行业抽取的样本比较少,企业规模一般也不是很大,而且这些企业较少有环境方面的污染,所以披露的社会责任信息也比较少。金融、保险业,公用事业,交通运输、仓储业,采掘业,信息技术业,电力、煤气及水的生产和供应业行业的企业社会责任报告质量较好,良好及以上的比率基本都在 60% 以上。金融保险业及信息技术业的报告质量较好比较容易理解,但是采掘业的报告质量如此高,这个是没想到

的。一个可能的原因是他们是对环境有明显影响的企业,可能为了扩散股东关注的事件和抵御法律的威胁,会自愿提供更多关于社会责任的信息。

3.5.4 企业社会责任信息披露的质量和编制依据的关系

根据对样本企业编制依据的统计,主要有上交所指引、深交所指引、GRI 可持续发展报告指南、中国工经联指南、国资委指导意见、行业指引、金融机构社会责任指引以及其他一些依据。具体如表 3.19 所示:

表 3.19　不同编制依据的企业报告质量

编制依据 报告质量	上交所指引	深交所指引	GRI 可持续发展报告指南	中国工经联指南	国资委指导意见	行业指引	金融机构社会责任指引	其他	总计
较差	35	44	1	1	3	2	0	5	91
合格	68	75	6	0	1	0	0	8	158
良好	28	21	20	1	10	2	1	5	88
优秀	20	3	41	0	12	2	1	0	79
非常优秀	1	0	8	0	0	0	1	0	10
总计	152	143	76	2	26	6	3	18	426

Pearson chi2 (28) = 205.1900　Pr = 0.000

表 3.19 显示,从总体而言,企业社会责任报告的编制依据多种多样,没有形成统一的依据。其中上交所指引和深交所指引以及 GRI 可持续发展报告指南排在前三位,然后是国资委指导意见。因此,本研究认为形成一个统一的编制依据是有必要的,对于规范企业社会责任报告撰写大有裨益。皮尔逊相关系数为 205.1900,P 值为 0.000,表明企业社会责任报告与编制依据存在比较强的相关关系。在排在前四位的

编制依据中,GRI可持续发展报告指南的优良率为90.8%,国资委指导意见的优良率为84.6%,上交所指引的优良率为32.2%,深交所指引的优良率16.8%。

3.5.5 企业社会责任信息披露的质量和总部所在地的关系

表3.20 不同总部所在地的企业信息披露质量

总部所在地 报告质量	东部	中部	西部
较差	67	13	11
合格	106	15	37
良好	72	6	10
优秀	74	2	3
非常优秀	10	0	0

Pearson chi2 (8) = 31.7281 Pr = 0.000

由表3.20可知,东部地区的优良率为45%,而中部地区为22%,西部地区为21%。即中西部地区企业社会责任报告的合格及以下的比率接近80%,其中中部地区质量较差的报告达到36%,说明中西部地区的报告质量有待改进。

3.6 结论

企业社会责任报告既反映了企业信息披露的充分程度,也反映了企业对社会责任的重视程度以及在社会责任方面的表现。本研究通过分析样本企业2005年至2011年的年报,得出以下结论:(1)从企业社会责任报告的形式来看,报告名称、发布周期、报告介质、报告语言类型、报告独立性等逐步规范。(2)从企业社会责任报告的质量来看,我国上市企业社会责任信息的披露水平在《深圳证券交易所上市公司社会责任指引》和《上海证券交易所上市公司环境信息披露指引》出台后有了明显的改善;(3)从企业社会责任报告内容来看,上市企业披露的企业社会责任信息主要集中在与出资人、客户、环境、社区、政府相关的方面,而对监管机构、社会组织、同行、媒体、金融机构有关的信息披露则较少;(4)从企业信息披露水平的影响因素来看,时间、所在行业、企业规模、编制依据、总部所在地等都会对企业信息披露产生很大影响。

附录1　企业名称及相关数据说明

企业名称:

1. 安徽鑫科新材料股份有限公司
2. 鞍钢股份有限公司
3. 宝山钢铁股份有限公司
4. 北京首钢股份有限公司
5. 北京燕京啤酒股份有限公司
6. 北京银行
7. 长沙中联重工科技发展股份有限公司
8. 东方电气
9. 佛山电器照明股份有限公司
10. 福建发展高速公路股份有限公司
11. 福建福晶科技股份有限公司

12. 福建七匹狼实业股份有限公司
13. 福建三钢闽光股份有限公司
14. 福建三木集团股份有限公司
15. 广东美的电器股份有限公司
16. 广东韶钢松山股份有限公司
17. 广东省高速公路发展股份有限公司
18. 广东塔牌集团股份有限公司
19. 广深铁路股份有限公司
20. 广西梧州中恒集团股份有限公司
21. 广州海鸥卫浴用品股份有限公司
22. 国家电网公司
23. 国家开发银行
24. 国酒茅台
25. 哈药集团
26. 三精制药股份有限公司
27. 青岛海尔股份有限公司
28. 海虹企业有限公司
29. 海通证券股份有限公司
30. 河北钢铁股份有限公司
31. 河南双汇股份有限公司
32. 湖北凯乐科技股份有限公司
33. 湖南山河智能机械股份有限公司
34. 华润集团
35. 华闻传媒投资股份有限公司
36. 吉林敖东药业集团股份有限公司
37. 江苏连云港港口股份有限公司
38. 江苏扬农化工股份有限公司

39. 交通银行股份有限公司
40. 经纬纺织机械股份有限公司
41. 莱芜钢铁股份有限公司
42. 联想(中国)
43. 泸州老窖股份有限公司
44. 马鞍山钢铁股份有限公司
45. 闽东电机(集团)股份有限公司
46. 内蒙古包钢稀土高科技股份有限公司
47. 攀枝花新钢钒股份股份有限公司
48. 浦发银行
49. 青岛海尔股份有限公司
50. 青海盐湖钾肥
51. 山东晨鸣纸业集团股份有限公司
52. 山东东阿阿胶股份有限公司
53. 山东好当家海洋发展股份有限公司
54. 山东南山铝业股份有限公司
55. 山西关铝股份有限公司
56. 陕西省国际信托股份有限公司
57. 上海大众公用事业(集团)股份有限公司
58. 上海电气集团股份有限公司
59. 上海机电股份有限公司
60. 上海浦东路桥建设股份有限公司
61. 申能股份有限公司
62. 深圳发展银行
63. 深圳高速公路股份有限公司
64. 深圳能源集团股份有限公司
65. 深圳市飞亚达股份有限公司

66. 深圳市机场股份有限公司
67. 深圳市振业（集团）股份有限公司
68. 深圳一致药业股份有限公司
69. 神华集团
70. 沈机集团昆明机床股份有限公司
71. 沈阳鼓风机集团股份有限公司
72. 四川长虹电器股份有限公司
73. 四川新希望农业股份有限公司
74. 太钢不锈
75. 特变电工股份有限公司
76. 天津泰达股份有限公司
77. 天威保变电气股份有限公司
78. 万科企业股份有限公司
79. 五矿发展股份有限公司
80. 西安开元控股集团股份有限公司
81. 西宁特殊钢股份有限公司
82. 厦门国贸集团股份有限公司
83. 新疆中基实业股份有限公司
84. 新兴铸管股份有限公司
85. 徐工集团工程机械股份有限公司
86. 一汽轿车股份有限公司
87. 宜宾五粮液股份有限公司
88. 用友软件股份有限公司
89. 岳阳兴长石化股份有限公司
90. 云南白药集团股份有限公司
91. 云南铜业股份有限公司
92. 湛江市商业银行

93. 招商银行
94. 浙江报喜鸟服饰股份有限公司
95. 郑州宇通客车股份有限公司
96. 中储股份
97. 中国长江电力股份有限公司
98. 中国储备粮管理总公司
99. 中国第二重型机械集团公司
100. 中国东方航空股份有限公司
101. 中国东方红卫星股份有限公司
102. 中国葛洲坝集团股份有限公司
103. 中国工商银行股份有限公司
104. 中国国电
105. 中国国际航空股份有限公司
106. 中国海洋石油总公司
107. 中国华电集团公司
108. 中国华能集团公司
109. 中国建设银行
110. 中国建筑股份有限公司
111. 中国交通建设股份有限公司
112. 中国联合通信股份有限公司
113. 中国铝业公司
114. 中国民生银行股份有限公司
115. 中国南车股份有限公司
116. 中国南方电网公司
117. 中国南方航空股份有限公司
118. 中国平安
119. 中国人寿保险股份有限公司

120. 中国石油化工股份有限公司
121. 中国石油天然气股份有限公司
122. 中国太平洋保险(集团)股份有限公司
123. 中国铁建股份有限公司
124. 中国武夷实业股份有限公司
125. 中国移动通信集团公司
126. 中国远洋控股股份有限公司
127. 中国中煤能源股份有限公司
128. 中国中铁股份有限公司
129. 中海集装箱运输股份有限公司
130. 中炬高新技术实业股份有限公司
131. 中牧实业股份有限公司
132. 中青旅控股股份有限公司
133. 中体产业集团股份有限公司
134. 中信银行股份有限公司
135. 中远集装箱运输有限公司
136. 重庆涪陵电力实业股份有限公司
137. 重庆钢铁股份有限公司
138. 重庆三峡水利电力股份有限公司
139. 重庆宗申动力机械股份有限公司
140. 株洲时代新材料科技股份有限公司
141. 珠海格力电器股份有限公司
142. 珠海华发实业股份有限公司

相关数据说明：

发布报告的时间：2005——1，2006——2，2007——3，2008——4，2009——5，2010——6，2011——7。

发布报告的次数：1 次——1，多次——0。

发布周期：年度——1，多年度——0。

报告篇幅：5页及以下——1，6~10页——2，11~20页——3，21~30页——4，31~40页——5，41~50页——6，51~60页——7，61~70页——8，71~80页——9，81~100页——10，100页以上——11。

报告时效：距财年截止日4个月以内——1，

距财年截止日6个月以内——2，

距财年截止日6个月以上——3。

总部所在地：

安徽——1，辽宁——2，上海——3，北京——4，四川——5，广东（深圳）——6，福建——7，广西——8，贵州——9，黑龙江——10，山东——11，海南——12，河北——13，河南——14，湖北——15，湖南（长沙）——16，港澳台——17，吉林——18，江苏——19，内蒙古——20，青海——21，山西——22，陕西——23，云南——24，新疆——25，天津——26，浙江——27，重庆——28。

所在行业：

制造业——1，金融、保险业——2，公用事业——3，交通运输、仓储业——4，综合业——5，建筑业——6，采掘业——7，信息技术业——8，农林牧渔业——9，电力、煤气及水的生产和供应业——10，房地产业——11，批发、零售和贸易——12，社会服务业——13，传播与文化产业——14。

企业规模：

大（营业额93亿以上）——1，中小（营业额93亿以下）——2。

企业性质：

国有及国有控股企业——1，民营及其他——0。

企业上市情况：

是——1，否——0。

报告名称：

社会责任报告——1,可持续发展报告——2,环境报告——3,健康安全环境报告——4,企业公民报告——5。

编制依据：

上交所指引——1,深交所指引——2,GRI 可持续发展报告指南——3,中国工经联指南——4,国资委指导意见——5,行业指引——6,金融机构社会责任指引——7,其他——8。

报告审验：

是,DNV——1,中国企业社会责任评级委员会——2,安永——3,BV——4,立信——5,毕马威——6,专家点评——7,第三方评价——8,中国企业评价协会——9,否——0。

反馈意见渠道：

有——1,无——0。

内容覆盖区域：

非国别报告(中资、外资及港澳台)——1,其他——0。

报告介质：

电子版——1,纸质版——0。

语言类型：

中文——1,英文——2,中英文——3。

报告独立性：

完全独立报告——1,年报附件——0。

已经纳入的管理考核指标：

环境指标——1,无——0。

跨年度绩效可比：

是——1,否——0。

宏观经济环境：

利用 GDP 值进行的排名。

附录 2　研究数据库构建

Guthrie, Mathews and Parker 的研究成果对于社会责任信息披露的理论与实务产生了巨大的影响(Cowen et al., 1987; Guthrie and Mathews, 1985; Guthrie and Parker, 1989, 1990; Mathews, 1993)。同时他们也指出社会责任研究中普遍存在的困难:CSR 的定义与范畴;数据的缺乏;难以获得追踪研究;国内与国际间的比较研究困难;研究方法的多样性等。

本部分期望讨论和构建国有企业社会责任信息披露数据库。为了具有广泛的适用性社会责任信息披露数据库应该具有以下两个特点:

(1) 定义、框架结构和模型必须尽可能的与 CSR 主流文献一致;

(2) 研究工具和方法必须具备透明性与可重复性。

1986 年,由 ICAEW 研究局拨款的数据库出台,该项目尝试建立英国公司社会披露的数据库。它是这样设计的:使用内容分析的方法来分析超过十年期间的 500 强企业。研究局(正确地)认为这很有雄心,并资助对 1979—1987 年数据的试点调查。当一篇随同的文章(Gray 等人,1995)在会议上发表并和一份末等奖的报告一起提交给 ICAEW(该文章提供了短得多的版本)时,基础研究也在 1990 年完成了。从那时起,整理数据,检测研究工具可信度,以及评估 1979—1987 年的数据(非)普遍性方法的实验,这些工作都继续着。在完成了 1979—1987 年样本后,一个关于排名前 100 位英国公司的新样本开始绘制,观察值增加为 1988—1991 年数据(被称为"不断完善的数据库")。

本数据库的构建主要吸收和借鉴 ICAEW Research Board(1986)的

经验,并结合我国社会责任理论与实务研究现状。数据库将采用 SQL/SAS 建立。对于数据的采集将主要采用内容分析法、指数法和属性数据分析。

以下是数据库构建参考表 1、表 2。

表 1　企业社会责任数据表

主题	根据	金额	审计	新闻
自愿的				
环境(下面的例子中将详细介绍)				
能量				
消费者	货币性			好
团体				
附加值	非货币性定量	一定比例	这些陈述能得到证实吗	坏
健康和安全				
其他雇员				中立
其他	声明			
机会均等				
必须的				
慈善捐款				
雇佣数据				
与员工磋商				
残疾人就业				
职工股权计划				

表2 企业社会责任的数据的结构

主题	证据	数量	审计	消息
自愿性的				
环境(在后期的样本中将引入更为详细的分析)	货币的	报告中占的百分比	声明是否可变(增加到后期的样本中)	积极的
能源	非货币的			消极的
消费者	定量的			中性的
社区	陈述的			
增加值				
健康与安全				
其他员工				
其他一般				
机会平等				
强制性的				
慈善捐赠				
雇佣数据				
养老金数据				
与雇员协商				
残疾人雇佣				
员工持股计划				

第四章 国有企业社会责任信息披露质量综合评价研究

4.1 引言

从 2001 年到 2004 年,中国每年仅有几家企业发布报告,2005 年到 2007 年,每年有几十家企业发布报告,2008 年中国发布了 169 份报告。2009 年 1 月 1 日至 10 月 31 日,中国大陆发布社会责任报告 582 份。2010 年 1 月到 10 月,中国已经发布 663 份社会责任报告,较 2009 年同期增长 14%。中国企业社会责任报告进入了持续、较快、稳定的发展轨道。企业的社会责任报告是企业非财务报告的一种,其所包含的信息无论在内容还是形式上与财务报告都有较大区别。我国企业披露社会责任信息主要采用独立的社会责任报告或者可持续发展报告的形式,这给那些习惯了评价规范性较高的财务报告的利益相关者带来了难度,本研究将对企业社会责任信息披露质量综合评价进行研究,试图从某种程度上缓解这种难度。关于此方面的研究详见有许家林(2010,2011),本研究主要针对国有企业。

4.2 文献综述

企业社会责任信息披露的评价方法主要有四种:社会责任会计方

法、声誉评分法、内容分析法、指数法。社会责任会计方法是把企业从事社会责任活动所产生影响的项目纳入到正式的会计系统中,把社会责任信息分为社会资产、社会负债、社会成本、社会收益等四个类别,并对他们分别进行分析。Dierkes(1979)根据德国企业 Stage 所披露的社会责任报告,对其社会资产、社会负债分别进行了分析。会计方法分析社会责任信息披露的缺点是衡量社会资产、社会负债等项目的标准无法得到统一。声誉评分法是通过向被调查人发放问卷考察对企业的评价,即对企业各指标打分,企业得分总和就是它的声誉分值。该方法的缺点是评分结果受到企业是否接近大众传媒、问卷应答者经历及偏好等影响。内容分析法根据企业文件或报告披露的信息字数、句子数或页数来衡量信息披露的质量。Zeghal & Ahmed(1990),Campbell & Craven & Shrives(2003)使用字数。Guthrie & Parker(1989)使用页数。Joyce & AjayAdhikari & Rasoul(2005)使用了字数、页数、句子数。但该方法的可靠性值得怀疑,企业会对有利信息进行充分披露,对不利信息披露很少。指数法是研究企业社会责任信息披露的主要方法。但仅使用指数法不全面,直接加总得分不客观。国内对企业会计年报社会责任信息的内容分析,多采用指数法。如沈洪涛等(2006、2007)对年报中的社会责任信息质量采用三值打分法,这种方法考虑了信息数量和信息质量。龚明晓(2007)采用内容分析的方法和信息质量特征的概念框架对我国上市企业的会计年报中披露的社会责任信息的质量和决策价值进行了整体评价。此研究在信息质量度量方面,以信息质量特征的多维度框架为依据,程度打分以专家问卷的结果作为权重赋值。李正(2008)用指数分析法对上海证交所 624 家上市企业的年度报告所披露的社会责任信息进行了指数评分,李诗田(2010)以 2005—2007 年中国上市企业的社会责任报告作为研究样本,利用内容分析法建立了中国上市企业社会责任信息披露指数。综合来看,国内外研究主要针对会计年报社会责任信息进行评价,采用方法也比较单一,特别是综合评价时没有考虑到属性得分数据的特性,方法缺乏科学客观性。尤其是国内目前缺少以独立的社会责任报告为对象,并对其信息质量进行深入研究的文献。本研究综合采用指数法和内容分析法对426份独立的社会责任报告的不同维度分别进行分析。本研究样本量大、覆盖面广。本研究选取14个不同行业、东中西部的28个省份、不同规模等的企业(详见第三章)。在对指标体系中各维度评价基础上,采用潜变量模型对信息披露质量进行综合评价。

4.3 指标体系

本研究将信息披露分为两个层面:第一层面包括信息披露的规范性与丰富性,信息披露的规划与设置完整性,信息披露的可信性、可读性和可比性、信息披露的核心内容完备性;第二层面包括利益相关方的信息披露、环境信息披露、政府信息披露以及社会组织信息披露。

4.3.1 第一层面

信息披露的规范性与丰富性:内容的丰富性、形式的规范性、报告参数信息披露的规范程度、报告参数内容的丰富性。

信息披露的规划与设置完整性:是否有关于社会责任的内容、已经纳入的管理考核指标、社会责任管理机构设置情况、防治商业腐败及贿赂的措施、加入的企业社会责任组织、企业高层管理者对企业社会责任的认识、企业高层管理者对企业社会责任的承诺、企业高层管理者对企业社会责任的主要实践及计划、识别利益相关方、企业所面临的机遇、企业所面临的风险、经济责任、社会责任、环境责任、企业对履行社会责任的规划、下一年度社会责任工作的计划。

信息披露的可信性、可读性、可比性:负面信息披露、中立客观表达、利益相关方评价、企业社会责任专家评价、第三方审验、标注信息来源、信息清晰定位、信息清晰表达、信息饱和度、色彩、版式、跨年度绩效可比、绩效实现程度、行业内可比以及跨行业可比。

信息披露的核心内容完备性：是否包括出资人、员工、客户、环境、社区、政府、供应商、同行、社会组织、媒体、金融机构以及监管机构。

4.3.2 第二层面

员工信息：劳动合同签订情况、工资支付情况、薪酬增加制度建设情况、员工薪酬合理规划倡导情况、提供健康安全用具与设施、健康安全设施与劳保用品的预算和支出、职业健康安全管理体系、研发降低健康安全风险的技术或措施、依法参与社会保障情况、缴纳社会保障费用、符合当地文化习俗的必要福利、对困难员工提供额外帮助、成立工会、工会经费、保障工会在民主管理、重大决策方面的权益、分享工会活动经验、员工培训发展经费、员工技能培训和升迁制度、职业生涯规划和职业教育。

客户信息：产品和服务、产品/服务质量、产品/服务价格、产品/服务质量的制度体系、营销信息、提供产品/服务信息的情况、营销成本情况、信息的渠道情况。

环境信息：环境管理、实施环境影响评价、实施环境成本核算、建立环境管理体系、环境保护意识和能力建设、环境保护意识培训、设立环保培训经费、建立环保培训制度、降污减排、减少垃圾和废弃物的排放、有控制废弃物排放的资金、清污减排制度、资源节约与利用、资源使用和能耗符合国家规定、有支持资源节约与利用的专项资金、资源废弃物品综合再利用制度及措施、生态系统保护、依法保护珍稀动植物物种、生态保护资金、生态系统保护制度。

政府信息：遵守法律法规及政策情况、纳税情况、响应政府倡导的产业投资活动、响应政府号召的慈善公益活动。

社会组织信息：行业标准与规范的遵守情况、实施行业标准与规范的预算、行业标准与规范制定的参与情况、促进行业发展的活动情况、回应民间组织的诉求、与民间组织合作。

4.4 评价模型

本研究选择评价模型的基本原则：变异性、客观性、科学性。

与以往研究不同的是本研究将引入概率信息披露判别模型，以分类潜在变量的方式对信息披露水平进行综合评价。

潜在类别模型的统计学原理建立在概率的多元分析之上。潜在类别模型由外显变量与潜在变量所构成，外显变量的不同水平是指实际测量时的各受测者所属的不同类别，潜在变量的不同水平是指估计之后所得的不同潜在类别。潜在变量很好的综合了各显分类变量的信息。对于任何一个观测对象，可归属于潜在变量的若干个潜在类别中的某一水平，各水平是完全互斥且独立，因此每一个观测数据仅可能被归属于某一水平。模型建立如下：

A、B、C 三个项目的信息披露

$$\pi_{ijk}^{ABC} = \sum_{t=1}^{T} \pi_t^X \pi_{it}^{AX} \pi_{jt}^{BX} \pi_{kt}^{CX}$$

π_{ijk}^{ABC} 是信息披露联合概率。

π_t^X 表示观察数据属于某一个潜在变量的特定潜在类别的概率。潜在类别变量模型优点在于处理分类数据，对信息能够更好的综合，具有较直观的意思。即 $p(x=t), t=1,2,\cdots,T$ 表示企业社会责任信息披露水平概率。利用概率模型进行综合评价更客观。

π_t^{AX} 则表示属于第 T 个潜变量类别，样本对于第 A 个指标上信息披露水平为 i 的概率。即 $p(A=i|x=t), t=1,2,\cdots,T$ 表示企业社会责任信息披露水平概率。现实中我们将根据样本数据求出 $p(x=t|A,B,C), t=1,2,\cdots,T$。

潜在类别分析的最后步骤是将所有观察值分类到适当的潜在类别当中,亦即创造一个新的类别变量来说明观察值的后验类别属性。分类的原理是利用贝叶斯定理,分类概率的计算程序如下:

$$\hat{\pi}_{tijk}^{XABC} = \frac{\hat{\pi}_{ijkt}^{ABCX}}{\sum_{t=1}^{T} \hat{\pi}_{ijkt}^{ABCX}}$$

传统的聚类分析原理,是计算观察值在多指标反映上的相似性,高相似性者被视为同一类,但聚类的数目与性质均是未知的(Kaufman & Rousseeuw,1990),并且聚类分析主要以连续变量为基础;而潜在类别分析的分类则是在一定的概率模型之下,利用概率的估计与比较来进行分类。

基于研究的目的不同,潜在类别模型可以区分为探索性与验证性两种不同的操作形式。其中探索性模型是指进行潜在类别分析时,对于潜在类别的数目没有预设的假定,对参数也没有特殊的设限,纯粹由观察数据来决定潜在变量模型,以未设定的方式来进行参数估计,因此又称为数据驱动取向。相对之下,验证性模型则是由研究者基于不同理论观点或特殊需要,在进行分析之前先提出一个先验的假设模型,然后与观察数据进行对比,据此决定研究者的假设模型是否被支持,这又称为理论驱动模型(Vermunt & Magidson,2005)。本研究将采用两者相结合的方式,在企业社会责任理论的基础上构建潜在类别模型。

4.5 实证分析

4.5.1 基础信息综合判别模型(规范性与丰富性)

模型中外显指标包括内容的丰富性、形式的规范性、报告参数信息披露的规范程度、报告参数内容的丰富性,本研究将确立潜在类别模型对信息披露的规范性与丰富性进行综合评价。

该综合评价指标分为三类,表示社会责任信息披露总体的基本评价,第一类表示基本符合要求;第二类表示信息披露比较好;第三类表示信息披露表现非常令人满意。该指标属于第一层次综合评价的范畴。

表 4.1　潜变量载荷表

载荷	相关性	解释程度
内容的丰富性	0.8884	0.8739
形式的规范性	0.8981	0.8870
报告参数信息披露的规范程度	0.9742	0.9491
报告参数内容的丰富性	0.9731	0.9469

规范性与丰富性综合指标与内容的丰富性、形式的规范性、报告参数信息披露的规范程度、报告参数内容的丰富性各指标的相关性分别为 0.8884、0.8981、0.9742、0.9731;对各项显性指标的解释程度分别为 0.8739、0.8870、0.9491、0.9469。该估计结果表明综合得分很好地反映了各项指标的信息,并且具有较好的区分度。

表 4.2　分指标信息披露质量判别概率表

	第一类	第二类	第三类
各类占比	0.5031	0.3428	0.1541
分类指标			
内容的丰富性			
0	0.0120	0.0000	0.0063
1	0.0038	0.0000	0.0025
2	0.3943	0.0145	0.3141
3	0.3653	0.0577	0.3580
4	0.1062	0.0723	0.1280
5	0.0752	0.2203	0.1115

	第一类	第二类	第三类
6	0.0411	0.5181	0.0749
7	0.0022	0.1171	0.0048
形式的规范性			
0	0.0126	0.0000	0.0043
1	0.0040		0.0020
2	0.6876	0.0353	0.5204
3	0.1845	0.0501	0.2089
4	0.0334	0.0479	0.0566
5	0.0694	0.5263	0.1757
6	0.0085	0.3403	0.0322
报告参数信息披露的规范程度			
0	0.9975	0.0000	0.0109
2	0.0025	0.0000	0.5514
3	0.0000	0.0065	0.4241
4	0.0000	0.2251	0.0136
5	0.0000	0.4148	0.0000
6	0.0000	0.3468	0.0000
7	0.0000	0.0068	0.0000
报告参数内容的丰富性			
0	0.9975	0.0000	0.0109
2	0.0025	0.0000	0.6573
3	0.0000	0.0066	0.3181
4	0.0000	0.2251	0.0136
5	0.0000	0.4080	0.0000
6	0.0000	0.3536	0.0000
7	0.0000	0.0068	0.0000

该估计结果表明分别有 0.5031、0.3428、0.1541 的企业规范性与丰富性信息披露质量分属于第一类、第二类、第三类。其中第一类以

75.96%的概率内容的丰富性处于水平2、3;第二类以85.55%的概率内容的丰富性处于水平5、6、7;第三类以67.21%的概率内容的丰富性处于水平2、3。其中第一类以87.21%的概率形式的规范性处于水平2、3;第二类以86.66%的概率形式的规范性处于水平5、6;第三类以90%的概率形式的规范性处于水平2、3、5。其中第一类以99.75%的概率报告参数信息披露的规范程度处于水平0;第二类以98.67%的概率报告参数信息披露的规范程度处于水平4、5、6;第三类以97.55%的概率报告参数信息披露的规范程度处于水平2、3。其中第一类以99.75%的概率报告参数内容的丰富性处于水平0;第二类以98.67%的概率报告参数内容的丰富性处于水平4、5、6;第三类以97.5%的概率报告参数内容的丰富性处于水平2、3。

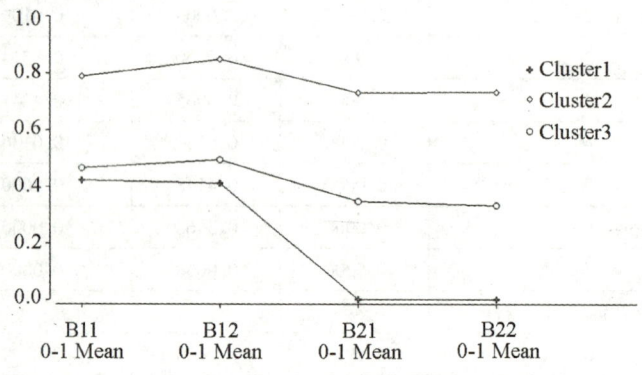

图 4.1　分指标分类显示图

由图4.1可以看出,企业信息披露的规范性与丰富性,第一类与第二类相比,区分度较高,尤其体现在报告参数信息披露的规范程度、报告参数内容的丰富性这两个指标上;第二类和第三类相比,每一个指标的区分度都比较大;第一类和第三类相比,内容的丰富性、形式的规范性这两个分指标上的区分度较小,而报告参数信息披露的规范程度、报告参数内容的丰富性的区分度较大。总之,该判别方法可以较好的对企业规范性与丰富性信息披露质量进行合理分类。

4.5.2 基础信息综合判别模型(规划与设置完整性)

此模型中外显指标包括在企业发展战略中,是否有关于社会责任的内容、已经纳入的管理考核指标、社会责任管理机构设置情况、防治商业腐败及贿赂的措施、加入的企业社会责任组织、企业高层管理者对企业社会责任的认识、企业高层管理者对企业社会责任的承诺、企业高层管理者对企业社会责任的主要实践及计划、识别利益相关方、企业所面临的机遇、企业所面临的风险、经济责任、社会责任、环境责任、企业对履行社会责任的规划、下一年度社会责任工作的计划。本研究将确立潜在类别模型对信息披露的规划与设置的完整性进行综合评价。

该综合评价标准分为两类,表示社会责任信息披露总体的基本评价,第一类表示基本符合要求;第二类表示信息披露比较好。该指标属于第一层次综合评价的范畴。

表 4.3 潜变量载荷表

载荷	相关性	解释程度
是否有关于社会责任的内容	0.7281	0.5164
已经纳入的管理考核指标	0.7434	0.5526
社会责任管理机构设置情况	0.7386	0.5455
防治商业腐败及贿赂的措施	0.7320	0.5010
是否加入企业社会责任组织	0.7223	0.5217
企业高层管理者对企业社会责任的认识	0.9092	0.8267
企业高层管理者对企业社会责任的承诺	0.9217	0.8495
企业高层管理者对企业社会责任的主要实践及计划	0.9656	0.9324
识别利益相关方	0.6859	0.4705
企业所面临的机遇	0.7138	0.5457
企业所面临的风险	0.7508	0.6629

载荷	相关性	解释程度
经济责任	0.8000	0.7000
社会责任	0.8000	0.7000
环境责任	0.8000	0.7000
企业对履行社会责任的规划	0.8033	0.7107
下一年度社会责任工作的计划	0.8144	0.7717

表4.4 分指标信息披露质量判别概率表

	第一类	第二类
各类占比	0.6354	0.3646
分类指标		
是否有关于社会责任的内容		
0	0.0440	0.0001
1	0.9560	0.9999
已经纳入的管理考核指标		
0	0.9243	0.1985
1	0.0114	0.0185
2	0.0643	0.7830
社会责任管理机构设置情况		
0	0.9814	0.3036
1	0.0186	0.6964
防治商业腐败及贿赂的措施		
0	0.2741	0.2448
1	0.7259	0.7552
是否加入企业社会责任组织		
0	0.9776	0.3166
1	0.0224	0.6834
企业高层管理者对企业社会责任的认识		
0	0.9306	0.0022
1	0.0694	0.9978

	第一类	第二类
企业高层管理者对企业社会责任的承诺		
0	0.9452	0.0086
1	0.0548	0.9914
企业高层管理者对企业社会责任的主要实践及计划		
0	0.9992	0.0425
1	0.0008	0.9575
识别利益相关方		
2	0.0146	0.0001
3	0.4975	0.0281
4	0.3980	0.2206
5	0.0853	0.4650
6	0.0044	0.2353
7	0.0001	0.0510
企业所面临的机遇		
0	1.0000	0.9298
1	0.0000	0.0702
企业所面临的风险		
0	0.9999	0.9042
1	0.0001	0.0958
经济责任		
0	0.0000	0.0000
1	1.0000	1.0000
社会责任		
0	0.0000	0.0000
1	1.0000	1.0000
环境责任		
0	0.0000	0.0000
1	1.0000	1.0000

	第一类	第二类
企业对履行社会责任的规划		
0	0.5380	0.4307
1	0.4620	0.5693
下一年度社会责任工作的计划		
0	0.8533	0.4630
1	0.1467	0.5370

该估计结果表明分别有0.6354、0.3646的企业规划与设置完整性信息披露质量分属于第一类、第二类。其中第一类以95.60%的概率是否有关于社会责任的内容处于水平1；第二类以99.99%的概率是否有关于社会责任的内容处于水平1。其中第一类以92.43%的概率已经纳入的管理考核指标处于水平0；第二类以78.3%的概率已经纳入的管理考核指标处于水平2。其中第一类以98.14%的概率社会责任管理机构设置情况处于水平0；第二类以69.64%的概率社会责任管理机构设置情况处于水平1。其中第一类以72.59%的概率防治商业腐败及贿赂的措施处于水平1；第二类以75.52%的概率防治商业腐败及贿赂的措施处于水平1。其中第一类以97.76%的概率是否加入企业社会责任组织处于水平0；第二类以68.34%的概率是否加入企业社会责任组织处于水平1。其中第一类以93.06%的概率企业高层管理者对企业社会责任的认识处于水平0；第二类以99.78%的概率企业高层管理者对企业社会责任的认识处于水平1。其中第一类以94.52%的概率企业高层管理者对企业社会责任的承诺处于水平0；第二类以99.14%的概率企业高层管理者对企业社会责任的承诺处于水平1。其中第一类以99.92%的概率企业高层管理者对企业社会责任的主要实践及计划处于水平0；第二类以95.75%的概率企业高层管理者对企业社会责任的主要实践及计划处于水平1。其中第一类以89.55%的概率识别利益相关方处于水平3、4；第二类以92.09%的概率识别利益

相关方处于水平 4、5、6。其中第一类以 100% 的概率企业所面临的机遇处于水平 0;第二类以 92.98% 的概率企业所面临的机遇处于水平 0。其中第一类以 99.99% 的概率企业所面临的风险处于水平 0;第二类以 90.42% 的概率企业所面临的风险处于水平 0。其中第一类以 100% 的概率经济责任处于水平 1;第二类以 100% 的概率经济责任处于水平 1。其中第一类以 100% 的概率社会责任处于水平 1;第二类以 100% 的概率社会责任处于水平 1。其中第一类以 100% 的概率环境责任处于水平 1;第二类以 100% 的概率环境责任处于水平 1。其中第一类以 53.8% 的概率企业对履行社会责任的规划处于水平 0;第二类以 56.93% 的概率企业对履行社会责任的规划处于水平 1。其中第一类以 85.33% 的概率下一年度社会责任工作的计划处于水平 0;第二类以 53.7% 的概率下一年度社会责任工作的计划处于水平 1。

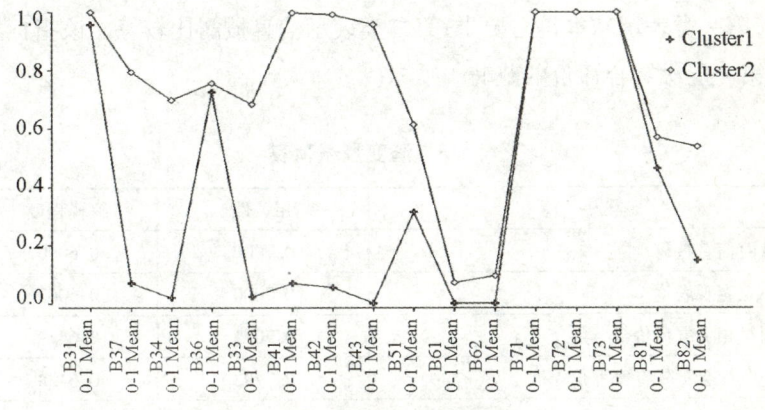

图 4.2　分指标分类显示图

由图 4.2 可知,信息披露的规划与设置完整性在某些分指标上区分度较低,比如:在企业反战战略中,是否有关于社会责任的内容、防止商业腐败及贿赂的措施、经济责任、社会责任、环境责任;在已经纳入的管理考核指标、社会责任管理机构设置情况、企业高层管理者对企业社会责任的认识、企业高层管理者对企业社会责任的承诺、企业高层管理者对企业社会责任的主要实践及计划等分指标上区分度较高。总之，该判别方法可以较好地对各企业规划与设置完整性信息披露质量进行合理分类。

4.5.3 满足基本原则程度(可信性、可读性、可比性)

模型中的外显指标从信息披露的可信性、可读性、可比性出发，主要包括：负面信息披露、中立客观表达、利益相关方评价、企业社会责任专家评价、第三方审验、标注信息来源、信息清晰定位、信息清晰表达、信息饱和度、色彩、版式、跨年度绩效可比、绩效实现程度、行业内可比以及跨行业可比，本研究将确立潜在类别模型对信息披露的满足基本原则程度进行综合评价。

该综合评价指标分为两类，表示社会责任信息披露总体的基本评价，第一类表示基本符合要求；第二类表示信息披露比较好。该指标属于第一层次综合评价的范畴。

表4.5 潜变量载荷表

载荷	相关性	解释程度
负面信息披露	0.7000	0.6000
中立客观表达	0.7000	0.6000
利益相关方评价	0.7071	0.6429
企业社会责任专家评价	0.7792	0.6438
第三方审验	0.7346	0.6012
标注信息来源	0.8535	0.7235
信息清晰定位	0.7344	0.5393
信息清晰表达	0.7203	0.5188
信息饱和度	0.6985	0.4879
色彩	0.5947	0.3536
版式	0.6248	0.3904

载荷	相关性	解释程度
跨年度绩效可比	0.9977	0.9953
绩效实现程度	0.9977	0.9953
行业内可比	0.9977	0.9953
跨行业可比	0.9977	0.9953

如表 4.5 所示,满足基本原则程度综合指标与负面信息披露、中立客观表达、利益相关方评价、企业社会责任专家评价、第三方审验等各个指标的相关性分别为 0.7000、0.7000、0.7071、0.7792、0.7346、0.8535、0.7344、0.7203、0.6985、0.5947、0.6248、0.9977、0.9977、0.9977、0.9977;对各项显性指标的解释程度分别为 0.6000、0.6000、0.6429、0.6438、0.6012、0.7235、0.5393、0.5188、0.4879、0.3536、0.3904、0.9953、0.9953、0.9953、0.9953。该估计结果表明综合得分很好的反映了各项指标的信息,并且具有较好的区分度。

表 4.6　分指标信息披露质量判别概率表

	第一类	第二类
各类占比	0.5314	0.4686
分类指标		
负面信息披露		
0	1.0000	1.0000
1	0.0000	0.0000
中立客观表达		
0	0.0000	0.0000
1	1.0000	1.0000
利益相关方评价		
0	0.9124	0.9999
1	0.0876	0.0001

企业社会责任专家评价		
0	0.7240	0.9947
1	0.2760	0.0053
第三方审验		
0	0.9904	0.9960
1	0.0060	0.0031
2	0.0036	0.0009
标注信息来源		
0	0.9080	0.9800
1	0.0920	0.0200
信息清晰定位		
2	0.0124	0.4038
3	0.1482	0.5035
4	0.2207	0.0780
5	0.3782	0.0139
6	0.1880	0.0007
7	0.0526	0.0000
信息清晰表达		
2	0.0359	0.5364
3	0.1652	0.3747
4	0.1986	0.0683
5	0.3649	0.0190
6	0.2004	0.0016
7	0.0351	0.0000
信息饱和度		
2	0.0003	0.0594
3	0.2200	0.9195

第四章 国有企业社会责任信息披露质量综合评价研究

	4	0.2450	0.0206
	5	0.3066	0.0005
	6	0.2237	0.0000
	7	0.0044	0.0000
色彩			
	2	0.3224	0.8780
	3	0.0921	0.0846
	4	0.0310	0.0096
	5	0.1285	0.0135
	6	0.3914	0.0138
	7	0.0347	0.0004
版式			
	2	0.1004	0.5975
	3	0.3147	0.3644
	4	0.1134	0.0256
	5	0.2407	0.0106
	6	0.2264	0.0019
	7	0.0044	0.0000
跨年度绩效可比			
	0	0.0010	0.9987
	1	0.9990	0.0013
绩效实现程度			
	0	0.0010	0.9987
	1	0.9990	0.0013
行业内可比			
	0	0.0010	0.9987
	1	0.9990	0.0013

跨行业可比		
0	0.0010	0.9987
1	0.9990	0.0013

该估计结果表明分别有0.5314和0.4686的企业满足基本原则程度信息披露质量分属于第一类和第二类。其中第一类以100%的概率负面信息披露处于水平0;第二类以100%的概率负面信息披露处于水平0。其中第一类以100%的概率中立客观表达处于水平1;第二类以100%的概率中立客观表达也处于水平1。其中第一类以91.24%的概率利益相关方评价处于水平0;第二类以99.99%的概率利益相关方评价处于水平0。其中第一类以72.40%的概率企业社会责任专家评价处于水平0;第二类以99.47%的概率企业社会责任专家评价处于水平0。其中第一类以99.04%的概率第三方审验处于水平0;第二类以99.60%的概率第三方审验处于水平0。其中第一类以90.80%的概率标注信息来源处于水平0;第二类以98.00%的概率标注信息来源处于水平0。其中第一类以78.69%的概率信息清晰定位处于水平4、5、6;第二类以90.73%的概率信息清晰定位处于水平2、3。其中第一类以76.39%的概率信息清晰表达处于水平4、5、6;第二类以91.11%的概率信息清晰表达处于水平2、3。其中第一类以99.53%的概率信息饱和度处于水平3、4、5、6;第二类以91.95%的概率信息饱和度处于水平3。其中第一类以71.38%的概率色彩处于水平2、6;第二类以87.80%的概率色彩处于水平2。其中第一类以78.18%的概率版式处于水平3、5、6;第二类以96.19%的概率版式处于水平2、3。其中第一类以99.90%的概率跨年度绩效可比处于水平1;第二类以99.87%的概率跨年度绩效可比处于水平0。其中第一类以99.90%的概率绩效实现程度处于水平1;第二类以99.87%的概率绩效实现程度处于水平0。其中第一类以99.90%的概率行业内可比处于水平1;第二类以99.87%

的概率行业内可比处于水平 0。其中第一类以 99.90% 的概率跨行业可比处于水平 1;第二类以 99.87% 的概率跨行业可比处于水平 0。

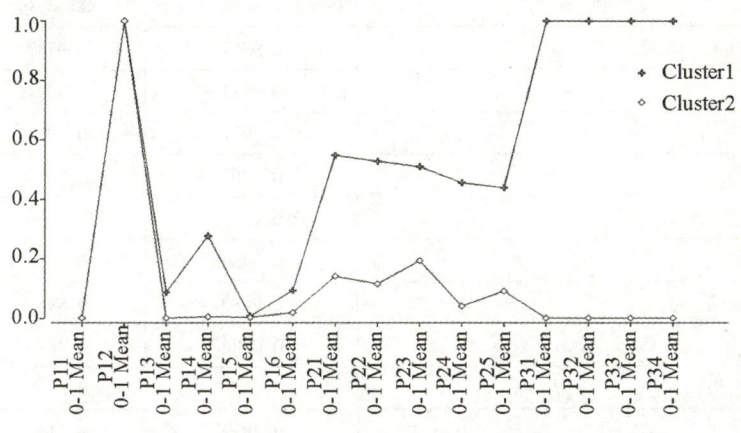

图 4.3 分指标分类显示图

由图 4.3 可知,信息披露满足基本原则程度在某些分指标上区分度较低,比如:负面信息披露、中立客观表达、第三方审验;在信息清晰定位、跨年度绩效可比、绩效实现程度、行业内可比、跨行业可比等分指标上区分度较高。总之,该判别方法可以较好地对各企业满足基本原则程度信息披露质量进行合理分类。

4.5.4 核心内容完备性

模型中外显指标包括出资人、员工、客户、环境、社区、政府、供应商、同行、社会组织、媒体、金融机构以及监管机构。本研究将确立潜在类别模型对信息披露的核心内容完备性进行综合评价。

该综合评价指标分为三类,表示社会责任信息披露总体的基本评价,第一类表示基本符合要求;第二类表示信息披露比较好;第三类表示信息披露表现非常令人满意。该指标属于第一层次综合评价的范畴。

表 4.7 潜变量载荷表

载荷	相关性	解释程度
出资人	0.9867	0.9737
员工	0.9971	0.9941
客户	0.9971	0.9941
环境	0.9765	0.9536
社区	0.9765	0.9536
政府	0.9480	0.8987
供应商	0.9480	0.8987
同行	0.6986	0.4880
社会组织	0.9353	0.8748
媒体	0.7839	0.6146
金融机构	0.7537	0.5681
监管机构	0.8202	0.6728

如表4.7所示,核心内容完备性综合指标与出资人、员工、客户、环境、社区等各个指标的相关性分别为 0.9867、0.9971、0.9971、0.9765、0.9765、0.9480、0.9480、0.6986、0.9353、0.7839、0.7537、0.8202,对各项显性指标的解释程度分别为 0.9737、0.9941、0.9941、0.9536、0.9536、0.8987、0.8987、0.4880、0.8748、0.6146、0.5681、0.6728。该估计结果表明综合得分很好的反映了各项指标的信息,并且具有较好的区分度。

表 4.8 分指标信息披露质量判别概率表

	第一类	第二类	第三类
各类占比	0.6705	0.1838	0.1456
分类指标			
出资人			

	0	0.9996	0.0029	0.0355
	1	0.0004	0.9971	0.9645
员工				
	0	0.9996	0.0028	0.0036
	1	0.0004	0.9972	0.9964
客户				
	0	0.9996	0.0028	0.0036
	1	0.0004	0.9972	0.9964
环境				
	0	0.9996	0.0535	0.0036
	1	0.0004	0.9465	0.9964
社区				
	0	0.9996	0.0535	0.0036
	1	0.0004	0.9465	0.9964
政府				
	0	0.9996	0.1294	0.0037
	1	0.0004	0.8706	0.9963
供应商				
	0	0.9996	0.1294	0.0037
	1	0.0004	0.8706	0.9963
同行				
	0	0.9999	0.9415	0.4021
	1	0.0001	0.0585	0.5979
社会组织				
	0	0.9999	0.9985	0.1063
	1	0.0001	0.0015	0.8937
媒体				
	0	0.9929	0.9928	0.3053
	1	0.0071	0.0072	0.6947

金融机构			
0	0.9999	0.9996	0.3927
1	0.0001	0.0004	0.6073
监管机构			
0	0.9893	0.4195	0.0693
1	0.0107	0.5805	0.9307

  该估计结果表明分别有0.6705、0.1838、0.1456的企业核心内容完备性信息披露质量分属于第一类、第二类和第三类。其中第一类以99.96%的概率出资人处于水平0;第二类以99.71%的概率出资人处于水平1;第三类以96.45%的概率出资人处于水平1。其中第一类以99.96%的概率员工处于水平0;第二类以99.72%的概率员工处于水平1;第三类以99.64%的概率员工处于水平1。其中第一类以99.96%的概率客户处于水平0;第二类以99.72%的概率客户也处于水平1;第三类以99.64%的概率客户处于水平1。其中第一类以99.96%的概率环境处于水平0;第二类以94.65%的概率环境处于水平1;第三类以99.64%的概率环境处于水平1。其中第一类以99.96%的概率社区处于水平0;第二类以94.65%的概率社区处于水平1;第三类以99.64%的概率社区处于水平1。其中第一类以99.96%的概率政府处于水平0;第二类以87.06%的概率政府处于水平1;第三类以99.63%的概率政府处于水平1。其中第一类以99.96%的概率供应商处于水平0;第二类以87.06%的概率供应商处于水平1;第三类以99.63%的概率供应商处于水平1。其中第一类以99.99%的概率同行处于水平0;第二类以94.15%的概率同行处于水平0;第三类以59.79%的概率同行处于水平1。其中第一类以99.99%的概率社会组织处于水平0;第二类以99.85%的概率社会组织处于水平0;第三类以89.37%的概率社会组织处于水平1。其中第一类以99.29%的概率媒体处于水平0;第二类以99.28%的概率媒体

处于水平 0;第三类以 69.47%的概率媒体处于水平 1。其中第一类以 99.99%的概率金融机构处于水平 0;第二类以 99.96%的概率金融机构处于水平 0;第三类以 60.73%的概率金融机构处于水平 1。最后,第一类以 98.93%的概率监管机构处于水平 0;第二类以 58.05%的概率监管机构处于水平 1;第三类以 93.07%的概率监管机构处于水平 1。

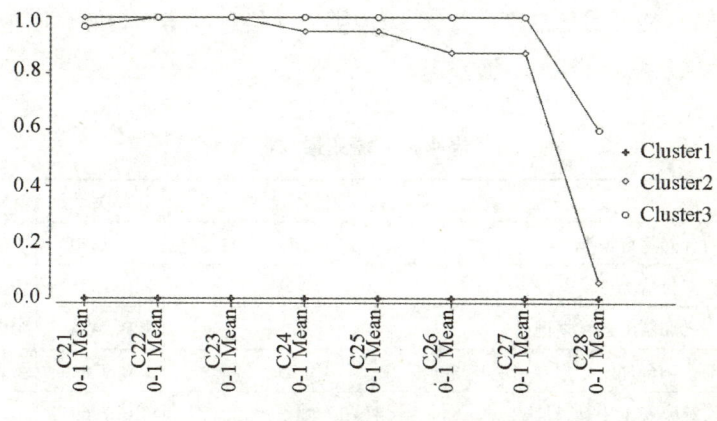

图 4.4　分指标分类显示图

由图 4.4 可以看出,核心内容完备性的第一类和第二、三类相比区分度较高。而第二类和第三类相比较,某些分指标的区分度较低,比如:出资人、员工、客户,尤其是员工、客户这两个分指标,相反,在同行这一分指标上的区分度较高。总之,该判别方法可以较好地对各企业核心内容完备性信息披露质量进行合理分类。

4.5.5　员工

此模型中外显指标包括劳动合同签订情况、工资支付情况、薪酬增加制度建设情况、员工薪酬合理规划倡导情况、提供健康安全用具与设施、健康安全设施与劳保用品的预算和支出、职业健康安全管理体系、研发降低健康安全风险的技术或措施、依法参与社会保障情况、缴纳社会保障费用、符合当地文化习俗的必要福利、对困难员工提供额外帮助、成立工会、工会经费、保障工会在民主管理、重大决策方面的权益、分享工会活动经验、员工培训发展经费、员工技能培训和升迁制度、职业生涯规划和职业教育。本研究将确立潜在类别模型对利益相关者——员工的信息披露进行综合评价。

该综合评价指标分为两类,表示社会责任信息披露总体的基本评价,第一类表示基本符合要求;第二类表示信息披露比较好。该指标属于第二层次综合评价的范畴。

表4.9 潜变量载荷表

载荷	相关性	解释程度
劳动合同签订情况	0.7290	0.6008
工资支付情况	0.7595	0.6254
薪酬增加制度建设情况	0.7434	0.6206
员工薪酬合理规划倡导情况	0.7787	0.6319
提供健康安全用具、设施	0.7969	0.6881
健康安全设施、劳保用品的预算和支出	0.8468	0.7202
职业健康安全管理体系	0.7094	0.6438
研发降低健康安全风险的技术或措施	0.7420	0.6202
依法参与社会保障情况	0.7469	0.6022
缴纳社会保障费用	0.7323	0.6010
符合当地文化习俗的必要福利	0.8017	0.70103
对困难员工提供额外帮助	0.8340	0.7180
成立工会	0.9936	0.9872
工会经费	0.7729	0.6299
保障工会在民主管理、重大决策方面的权益	0.9832	0.9667
分享工会活动经验	0.6045	0.3654
员工培训发展经费	0.8263	0.7160
员工技能培训,升迁制度	0.8584	0.7251
职业生涯规划,职业教育	0.6234	0.5005

如表4.9所示,利益相关者—员工的信息披露这一综合指标与劳动合同签订情况、工资支付情况、薪酬增加制度建设情况等各个指标的相关性分别为0.7290、0.7595、0.7434、……,对各项显性指标的解释程度分别为0.6008、0.6254、0.6206、……。该估计结果表明综合得分很好的反映了各项指标的信息,并且具有很好的区分度。

表4.10 分指标信息披露质量判别概率表

分类指标	第一类	第二类
各类占比	0.5108	0.4892
劳动合同签订情况		
0	0.2693	0.2954
1	0.7307	0.7046
工资支付情况		
0	0.4750	0.3188
1	0.5250	0.6812
薪酬增加制度建设情况		
0	0.5244	0.3816
1	0.4756	0.6184
员工薪酬合理规划倡导情况		
0	0.2278	0.0957
1	0.7722	0.9043
提供健康安全用具、设施		
0	0.4287	0.1576
1	0.5713	0.8424
健康安全设施、劳保用品的预算和支出		
0	0.9541	0.6906
1	0.0459	0.3094

职业健康安全管理体系			
	0	0.5755	0.3664
	1	0.4245	0.6336
研发降低健康安全风险的技术或措施			
	0	0.9726	0.9048
	1	0.0274	0.0952
依法参与社会保障情况			
	0	0.1460	0.1144
	1	0.8540	0.8856
缴纳社会保障费用			
	0	0.1460	0.1239
	1	0.8540	0.8761
符合当地文化习俗的必要福利			
	0	0.7672	0.6761
	1	0.2328	0.3239
对困难员工提供额外帮助			
	0	0.2648	0.3905
	1	0.7352	0.6095
成立工会			
	0	0.9989	0.0054
	1	0.0011	0.9946
工会经费			
	0	0.9999	0.9429
	1	0.0001	0.0571
保障工会在民主管理、重大决策方面的权益			
	0	0.9846	0.0012
	1	0.0154	0.9988
分享工会活动经验			
	0	0.9758	0.4250

	1	0.0242	0.5750
员工培训发展经费	0	0.7628	0.8617
	1	0.2372	0.1383
员工技能培训,升迁制度	0	0.0501	0.0001
	1	0.9499	0.9999
职业生涯规划,职业教育	0	0.3248	0.3469
	1	0.6752	0.6531

该估计结果表明分别有 0.5108 和 0.4892 的利益相关者—员工信息披露质量分属于第一类、第二类。其中第一类以 73.07% 的概率劳动合同签订情况处于水平 1;第二类以 70.46% 的概率劳动合同签订情况处于水平 1。其中第一类以 52.5% 的概率工资支付情况处于水平 1;第二类以 68.12% 的概率工资支付情况处于水平 1。其中第一类以 47.56% 的概率薪酬增加制度建设情况处于水平 1;第二类以 61.84% 的概率薪酬增加制度建设情况处于水平 1。其中第一类以 77.22% 的概率员工薪酬合理规划倡导情况处于水平 1;第二类以 90.43% 的概率员工薪酬合理规划倡导情况处于水平 1。其中第一类以 57.13% 的概率提供健康安全用具、设施处于水平 1;第二类以 84.24% 的概率提供健康安全用具、设施处于水平 1。其中第一类以 95.41% 的概率健康安全设施、劳保用品的预算和支出处于水平 0;第二类以 69.06% 的概率健康安全设施、劳保用品的预算和支出处于水平 0。其中第一类以 57.55% 的概率职业健康安全管理体系处于水平 0;第二类以 63.36% 的概率职业健康安全管理体系处于水平 1。其中第一类以 97.26% 的概率研发降低健康安全风险的技术或措施处于水平 0;第二类以 90.48% 的概率研发降低健康安全风险的技术或措施处于水平 0。其

中第一类以85.4%的概率依法参与社会保障情况处于水平1;第二类以88.56%的概率依法参与社会保障情况处于水平1。其中第一类以85.4%的概率缴纳社会保障费用处于水平1;第二类以87.61%的概率缴纳社会保障费用处于水平1。其中第一类以76.72%的概率符合当地文化习俗的必要福利处于水平0;第二类以67.61%的概率符合当地文化习俗的必要福利处于水平0。其中第一类以73.52%的概率对困难员工提供额外帮助处于水平1;第二类以60.95%的概率对困难员工提供额外帮助处于水平1。其中第一类以99.89%的概率成立工会处于水平0;第二类以99.46%的概率成立工会处于水平1。其中第一类以99.99%的概率工会经费处于水平0;第二类以94.29%的概率工会经费处于水平0。其中第一类以98.46%的概率保障工会在民主管理、重大决策方面的权益处于水平0;第二类以99.88%的概率保障工会在民主管理、重大决策方面的权益处于水平1。其中第一类以97.58%的概率分享工会活动经验处于水平0;第二类以57.5%的概率分享工会活动经验处于水平1。其中第一类以76.28%的概率员工培训发展经费处于水平0;第二类以86.17%的概率员工培训发展经费处于水平0。其中第一类以94.99%的概率员工技能培训,升迁制度处于水平1;第二类以99.99%的概率员工技能培训,升迁制度处于水平1。其中第一类以67.52%的概率职业生涯规划,职业教育处于水平1;第二类以65.31%的概率职业生涯规划,职业教育处于水平1。

由图4.5可知,企业利益相关者—员工的信息披露质量在某些分指标上区分度较低,比如:劳动合同签订情况、研发降低健康安全风险的技术或措施、依法参与社会保障情况、缴纳社会保障费、职业生涯规划、职业教育;而在某些分指标上区分度较高,比如:健康安全设施及劳保用品的预算和支出、成立工会、保障工会在民主管理、重大决策方面的权益等。总之,该判别方法可以较好地对各企业利益相关者—员工信息披露质量进行合理分类。

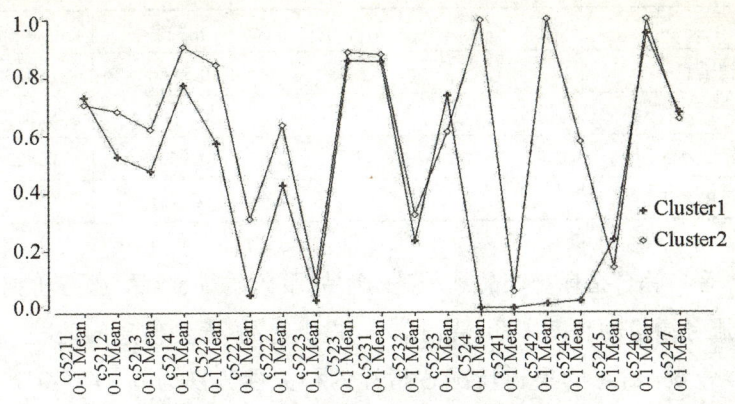

图 4.5　分指标分类显示图

4.5.6　客户

模型中外显指标包括产品和服务、产品/服务质量、产品/服务价格、产品/服务质量的制度体系、营销信息、提供产品/服务信息的情况、营销成本情况、信息的渠道情况。本研究将确立潜在类别模型对客户信息披露进行综合评价。

该综合评价指标分为三类,表示社会责任信息披露总体的基本评价,第一类表示基本符合要求;第二类表示信息披露比较好;第三类表示信息披露表现非常令人满意。该指标属于第二层次综合评价的范畴。

表 4.11　潜变量载荷表

载荷	相关性	解释程度
产品和服务	0.8970	0.7576
产品/服务质量	0.7025	0.6105
产品/服务价格	0.8172	0.6679
产品/服务质量的制度体系	0.6063	0.3676

载荷	相关性	解释程度
营销信息	0.6956	0.4839
提供产品/服务信息的情况	0.7000	0.6003
营销成本情况	0.9605	0.9226
信息的渠道情况	0.8751	0.7657

客户综合指标与产品和服务、产品/服务质量、产品/服务价格、产品/服务质量的制度体系、营销信息、提供产品/服务信息的情况、营销成本情况、信息的渠道情况各指标的相关性分别为 0.8970、0.7025、0.8172、0.6063、0.6956、0.7000、0.9605、0.8751；对各项显性指标的解释程度分别为 0.7576、0.6105、0.6679、0.3676、0.4839、0.6003、0.9226、0.7657。该估计结果表明综合得分很好的反映了各项指标的信息，并且具有较好的区分度。

表 4.12　分指标信息披露质量判别概率表

	第一类	第二类	第三类
各类占比	0.5737	0.3073	0.1190
分类指标			
产品和服务			
0	0.0001	0.0001	0.1757
1	0.9999	0.9999	0.8243
产品/服务质量			
0	1.0000	0.9849	1.0000
1	0.0000	0.0151	0.0000
产品/服务价格			
0	0.0241	0.0003	0.8033
1	0.9759	0.9997	0.1967
产品/服务质量的制度体系			
0	0.4542	0.0161	0.9808

第四章 国有企业社会责任信息披露质量综合评价研究

1	0.5458	0.9839	0.0192
营销信息			
0	0.7716	0.0014	0.6445
1	0.2284	0.9986	0.3555
提供产品/服务信息的情况			
0	1.0000	1.0000	1.0000
1	0.0000	0.0000	0.0000
营销成本情况			
0	0.9996	0.0533	0.9981
1	0.0004	0.9467	0.0019
信息的渠道情况			
0	0.9515	0.0753	0.9772
1	0.0485	0.9247	0.0228

该估计结果表明分别有 0.5737、0.3073、0.1190 的企业客户信息披露质量分属于第一类、第二类、第三类。其中第一类以 99.99% 的概率产品和服务处于水平 1；第二类以 99.99% 的概率产品和服务处于水平 1；第三类以 82.43% 的概率产品和服务处于水平 1。其中第一类以 100% 的概率产品/服务质量处于水平 0；第二类以 98.49% 的概率产品/服务质量处于水平 0；第三类以 100% 的概率产品/服务质量处于水平 0。其中第一类以 97.59% 的概率产品/服务价格处于水平 1；第二类以 99.97% 的概率产品/服务价格处于水平 1；第三类以 80.33% 的概率产品/服务价格处于水平 0。其中第一类以 54.58% 的概率产品/服务质量的制度体系处于水平 1；第二类以 98.39% 的概率产品/服务质量的制度体系处于水平 1；第三类以 98.08% 的概率产品/服务质量的制度体系处于水平 0。其中第一类以 77.16% 的概率营销信息处于水平 0；第二类以 99.86% 的概率营销信息处于水平 1；第三类以 64.45% 的概率营销信息处于水平 0。其中第一类以 100% 的概率提供产品/服务

信息的情况处于水平 0;第二类以 100% 的概率提供产品/服务信息的情况处于水平 0;第三类以 100% 的概率提供产品/服务信息的情况处于水平 0。其中第一类以 99.96% 的概率营销成本情况处于水平 0;第二类以 94.67% 的概率营销成本情况处于水平 1;第三类以 99.81% 的概率营销成本情况处于水平 0。其中第一类以 95.15% 的概率信息的渠道情况处于水平 0;第二类以 92.47% 的概率信息的渠道情况处于水平 1;第三类以 97.72% 的概率信息的渠道情况处于水平 0。

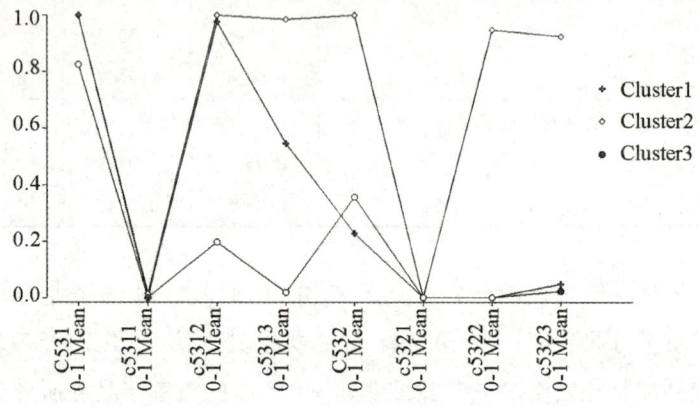

图 4.6　分指标分类显示图

由图 4.6 可知,客户信息披露质量的第一类与第二类相比较,在某些分指标上区分度较低,比如:产品/服务质量、产品/服务价格、产品/服务质量的制度体系、向客户提供产品/服务营销成本情况;而在某些分指标上区分度较高,比如:提供产品/服务信息的情况、向客户提供产品/服务信息的渠道情况、引导客户责任消费等。客户信息披露质量的第二类与第三类相比较,在产品/服务价格、向客户提供产品/服务营销成本情况这两个分指标上区分度较低;在研发可持续的、产品/服务、向客户提供产品/服务信息的渠道情况、引导客户责任消费等分指标上的区分度较高。总之,该判别方法可以较好地对各企业客户信息披露质量进行合理分类。

4.5.7 环境

模型中外显指标包括环境管理、实施环境影响评价、实施环境成本核算、建立环境管理体系、环境保护意识和能力建设、环境保护意识培训、设立环保培训经费、建立环保培训制度、降污减排、减少垃圾和废弃物的排放、有控制废弃物排放的资金、清污减排制度、资源节约与利用、资源使用和能耗符合国家规定、有支持资源节约与利用的专项资金、资源废弃物品综合再利用制度及措施、生态系统保护、依法保护珍稀动植物物种、生态保护资金、生态系统保护制度。本研究将确立潜在类别模型对环境信息披露进行综合评价。

该综合评价标准分为两类，表示社会责任信息披露总体的基本评价，第一类表示基本符合要求；第二类表示信息披露比较好。该指标属于第二层次综合评价的范畴。

表 4.13 潜变量载荷表

载荷	相关性	解释程度
环境管理	0.8233	0.6778
实施环境影响评价	0.8668	0.7514
实施环境成本核算	0.5098	0.2599
建立环境管理体系	0.8419	0.7088
环境保护意识和能力建设	0.5111	0.2612
环境保护意识培训	0.6800	0.4624
设立环保培训经费	0.5935	0.3523
建立环保培训制度	0.6318	0.3991
降污减排	0.7000	0.6000
减少垃圾和废弃物的排放	0.6513	0.4242

载　　荷	相关性	解释程度
有控制废弃物排放的资金	0.7385	0.6192
清污减排制度	0.7898	0.6081
资源节约与利用	0.7000	0.60000
资源使用和能耗符合国家规定	0.5971	0.3566
有支持资源节约与利用的专项资金	0.5232	0.4045
资源、废弃物品综合再利用制度及措施	0.6598	0.4353
生态系统保护	0.6762	0.15416
依法保护珍稀动植物物种	0.4158	0.1729
生态保护资金	0.7416	0.6167
生态系统保护制度	0.6776	0.4592

环境综合指标与环境管理、实施环境影响评价、实施环境成本核算、建立环境管理体系、环境保护意识和能力建设、环境保护意识培训、设立环保培训经费、建立环保培训制度、降污减排、减少垃圾和废弃物的排放、有控制废弃物排放的资金、清污减排制度、资源节约与利用、资源使用和能耗符合国家规定、有支持资源节约与利用的专项资金、资源废弃物品综合再利用制度及措施、生态系统保护、依法保护珍稀动植物物种、生态保护资金、生态系统保护制度各指标的相关性分别为0.8233、0.8668、0.5098、0.8419、0.5111、0.6800、0.5935、0.6318、0.7000、0.6513、0.7385、0.7898、0.7000、0.5971、0.5232、0.6598、0.6762、0.4158、0.7416、0.6776；对各项显性指标的解释程度分别为0.6778、0.7514、0.2599、0.7088、0.2612、0.4624、0.3523、0.3991、0.6000、0.4242、0.6192、0.6081、0.6000、0.3566、0.4045、0.4353、0.15416、0.1729、0.6167、0.4592。该估计结果表明综合得分很好地反映了各项指标的信息,并且具有较好的区分度。

表 4.14 分指标信息披露质量判别概率表

	第一类	第二类
各类占比	0.6361	0.3639
分类指标		
环境管理		
0	0.8708	0.0217
1	0.1292	0.9783
实施环境影响评价		
0	0.9630	0.1039
1	0.0370	0.8961
实施环境成本核算		
0	0.5230	0.0210
1	0.4770	0.9790
建立环境管理体系		
0	0.8820	0.0149
1	0.1180	0.9851
环境保护意识和能力建设		
0	0.8449	0.3424
1	0.1551	0.6576
环境保护意识培训		
0	0.9996	0.4242
1	0.0004	0.5758
设立环保培训经费		
0	0.9448	0.4111
1	0.0552	0.5889
建立环保培训制度		
0	0.8900	0.2699
1	0.1100	0.7301
降污减排		

0	0.0000	0.0000
1	1.0000	1.0000
减少垃圾和废弃物的排放		
0	0.8653	0.2106
1	0.1347	0.7894
有控制废弃物排放的资金		
0	0.0512	0.0001
1	0.9488	0.9999
清污减排制度		
0	0.9780	1.0000
1	0.0220	0.0000
资源节约与利用		
0	0.0000	0.0000
1	1.0000	1.0000
资源使用和能耗符合国家规定		
0	0.8140	0.2041
1	0.1860	0.7959
有支持资源节约与利用的专项资金		
0	0.3605	0.0680
1	0.6395	0.9320
资源、废弃物品综合再利用制度及措施		
0	0.8267	0.1500
1	0.1733	0.8500
生态系统保护		
0	0.9621	0.6947
1	0.0379	0.3053
依法保护珍稀动植物物种		
0	0.9814	0.6994
1	0.0186	0.3006

生态保护资金			
	0	0.8878	0.5941
	1	0.1122	0.4059
生态系统保护制度			
	0	0.8749	0.1938
	1	0.1251	0.8062

该估计结果表明分别有 0.6361、0.3639 的企业环境信息披露质量分属于第一类、第二类。其中第一类以 87.08% 的概率环境管理处于水平 0;第二类以 97.83% 的概率环境管理处于水平 1。其中第一类以 96.30% 的概率实施环境影响评价处于水平 0;第二类以 89.61% 的概率实施环境影响评价处于水平 1。其中第一类以 52.30% 的概率实施环境成本核算处于水平 0;第二类以 97.90% 的概率实施环境成本核算处于水平 1。其中第一类以 88.20% 的概率建立环境管理体系处于水平 0;第二类以 98.51% 的概率建立环境管理体系处于水平 1。其中第一类以 84.49% 的概率环境保护意识和能力建设处于水平 0;第二类以 65.76% 的概率环境保护意识和能力建设处于水平 1。其中第一类以 99.96% 的概率环境保护意识培训处于水平 0;第二类以 57.58% 的概率环境保护意识培训处于水平 1。其中第一类以 94.48% 的概率设立环保培训经费处于水平 0;第二类以 58.89% 的概率设立环保培训经费处于水平 1。其中第一类以 89.00% 的概率建立环保培训制度处于水平 0;第二类以 73.01% 的概率建立环保培训制度处于水平 1。其中第一类以 100% 的概率降污减排处于水平 1;第二类以 100% 的概率降污减排处于水平 1。其中第一类以 86.53% 的概率减少垃圾和废弃物的排放处于水平 0;第二类以 78.94% 的概率减少垃圾和废弃物的排放处于水平 1。其中第一类以 94.88% 的概率有控制废弃物排放的资金处于水平 1;第二类以 99.99% 的概率有控制废弃物排放的资金处于水平 1。其中第一类以 97.80% 的概率清污减排制度处于水平 0;第二类以

100%的概率清污减排制度处于水平0。其中第一类以100%的概率资源节约与利用处于水平1;第二类以100%的概率资源节约与利用处于水平1。其中第一类以81.40%的概率资源使用和能耗符合国家规定处于水平0;第二类以79.59%的概率资源使用和能耗符合国家规定处于水平1。其中第一类以63.95%的概率有支持资源节约与利用的专项资金处于水平1;第二类以93.20%的概率有支持资源节约与利用的专项资金处于水平1。其中第一类以82.67%的概率资源、废弃物品综合再利用制度及措施处于水平0;第二类以85.00%的概率资源、废弃物品综合再利用制度及措施处于水平1。其中第一类以96.21%的概率生态系统保护处于水平0;第二类以69.47%的概率生态系统保护处于水平0。其中第一类以98.14%的概率依法保护珍稀动植物物种处于水平0;第二类以69.94%的概率依法保护珍稀动植物物种处于水平0。其中第一类以88.78%的概率生态保护资金处于水平0;第二类以59.41%的概率生态保护资金处于水平0。其中第一类以87.49%的概率生态系统保护制度处于水平0;第二类以80.62%的概率生态系统保护制度处于水平1。

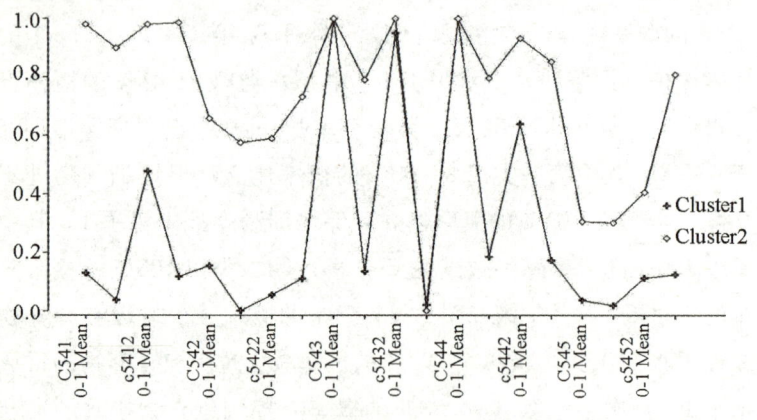

图4.7 分指标分类显示图

由图4.7可知,环境信息披露质量在某些分指标上区分度较低,比如:减少垃圾和废弃物的排放、清污减排制度、追求生产和运营的零排放、资源使用和能耗符合国家规定;而在某些分指标上区分度较高,比如:实施环境影响评价、实施环境成本核算、为行业提高管理水平贡献经验等。总之,该判别方法可以较好地对各企业环境信息披露质量进行合理分类。

4.5.8 政府

模型中外显指标包括遵守法律法规及政策情况、纳税情况、响应政府倡导的产业投资活动、响应政府号召的慈善公益活动。本研究将确立潜在类别模型对信息披露的政府进行综合评价。

该综合评价标准分为两类,表示社会责任信息披露总体的基本评价,第一类表示基本符合要求;第二类表示信息披露比较好。该指标属于第二层次综合评价的范畴。

表4.15 潜变量载荷表

载荷	相关性	解释程度
遵守法律法规及政策情况	0.0898	0.0081
纳税情况	0.2452	0.0601
响应政府倡导的产业投资活动	0.8255	0.6815
响应政府号召的慈善公益活动	0.1880	0.0353

政府综合指标与遵守法律法规及政策情况、纳税情况、响应政府倡导的产业投资活动、响应政府号召的慈善公益活动各指标的相关性分别为0.0898、0.2452、0.8255、0.1880;对各项显性指标的解释程度分别为0.0081、0.0601、0.6815、0.0353。该估计结果表明综合得分很好的反映了各项指标的信息,并且具有较好的区分度。

表 4.16 分指标信息披露质量判别概率表

	第一类	第二类
各类占比	0.8885	0.1115
分类指标		
遵守法律法规及政策情况		
0	0.0399	0.1001
1	0.9601	0.8999
纳税情况		
0	0.3423	0.7213
1	0.6577	0.2787
响应政府倡导的产业投资活动		
0	0.0167	0.8281
1	0.9833	0.1719
响应政府号召的慈善公益活动		
0	0.1103	0.3129
1	0.8897	0.6871

该估计结果表明分别有 0.8885、0.1115 的企业政府信息披露质量分属于第一类、第二类。其中第一类以 96.01% 的概率遵守法律法规及政策情况处于水平 1；第二类以 89.99% 的概率遵守法律法规及政策情况处于水平 1。其中第一类以 65.77% 的概率纳税情况处于水平 1；第二类以 72.13% 的概率纳税情况处于水平 0。其中第一类以 98.33% 的概率响应政府倡导的产业投资活动处于水平 1；第二类以 82.81% 的概率响应政府倡导的产业投资活动处于水平 0。其中第一类以 88.97% 的概率响应政府号召的慈善公益活动处于水平 1；第二类以 68.71% 的概率响应政府号召的慈善公益活动处于水平 1。

由图 4.8 可知,政府信息披露质量在以上四个分指标上的区分度都比较高,尤其是纳税情况、相应政府提倡的产业投资活动。可见,该判别方法可以较好的对各企业环境信息披露质量进行合理分类。

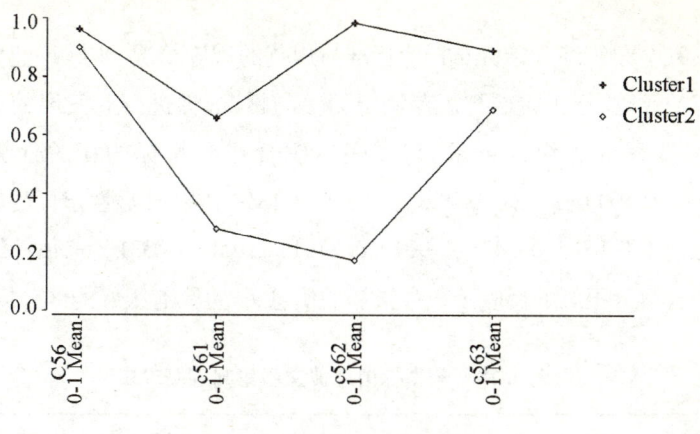

图 4.8　分指标分类显示图

4.5.9　社会组织

模型中外显指标包括行业标准与规范的遵守情况、实施行业标准与规范的预算、行业标准与规范制定的参与情况、促进行业发展的活动情况、回应民间组织的诉求、与民间组织合作。本研究将确立潜在类别模型对信息披露的社会组织进行综合评价。

该综合评价标准分为两类,表示社会责任信息披露总体的基本评价,第一类表示基本符合要求;第二类表示信息披露比较好。该指标属于第二层次综合评价的范畴。

表 4.17　潜变量载荷表

载　荷	相关性	解释程度
行业标准与规范的遵守情况	0.9384	0.8805
实施行业标准与规范的预算	0.9711	0.9431
行业标准与规范制定的参与情况	0.9960	0.9919
促进行业发展的活动情况	0.4862	0.2364
回应民间组织的诉求	0.1870	0.0350
与民间组织合作	0.1819	0.0331

社会组织综合指标与行业标准与规范的遵守情况、实施行业标准与规范的预算、行业标准与规范制定的参与情况、促进行业发展的活动情况、回应民间组织的诉求、与民间组织合作各指标的相关性分别为 0.9384、0.9711、0.9960、0.4862、0.1870、0.1819；对各项显性指标的解释程度分别为 0.8805、0.9431、0.9919、0.2364、0.0350、0.0331。该估计结果表明综合得分很好的反映了各项指标的信息，并且具有很好的区分度。

表 4.18　分指标信息披露质量判别概率表

	第一类	第二类
各类占比	0.7496	0.2504
分类指标		
行业标准与规范的遵守情况		
0	0.9721	0.0127
1	0.0279	0.9873
实施行业标准与规范的预算		
0	0.9996	0.0421
1	0.0004	0.9579
行业标准与规范制定的参与情况		
0	0.9996	0.0049
1	0.0004	0.9951
促进行业发展的活动情况		
0	0.9102	0.4589
1	0.0898	0.5411
回应民间组织的诉求		
0	0.1273	0.0004
1	0.8727	0.9996
与民间组织合作		
0	0.1211	0.0004
1	0.8789	0.9996

该估计结果表明分别有 0.7496、0.2504 的企业社会组织信息披

露质量分属于第一类、第二类。其中第一类以 97.21% 的概率行业标准与规范的遵守情况处于水平 0;第二类以 98.73% 的概率行业标准与规范的遵守情况处于水平 1。其中第一类以 99.96% 的概率实施行业标准与规范的预算处于水平 0;第二类以 95.79% 的概率实施行业标准与规范的预算处于水平 1。其中第一类以 99.96% 的概率行业标准与规范制定的参与情况处于水平 0;第二类以 99.51% 的概率行业标准与规范制定的参与情况处于水平 1。其中第一类以 91.02% 的概率促进行业发展的活动情况处于水平 0;第二类以 54.11% 的概率促进行业发展的活动情况处于水平 1。其中第一类以 87.27% 的概率回应民间组织的诉求处于水平 1;第二类以 99.96% 的概率回应民间组织的诉求处于水平 1。其中第一类以 87.89% 的概率与民间组织合作处于水平 1;第二类以 99.96% 的概率与民间组织合作处于水平 1。

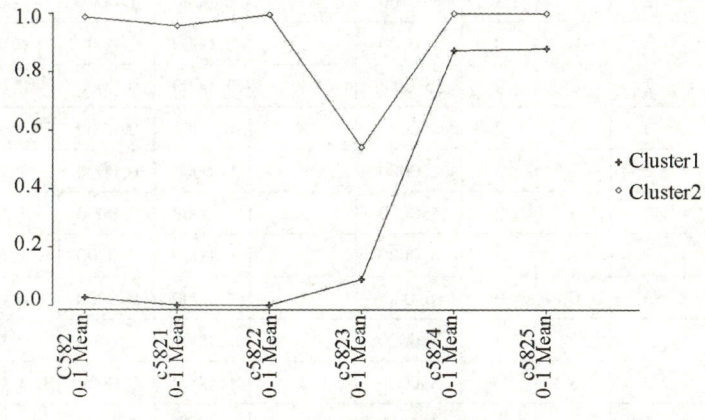

图 4.9 分指标分类显示图

由图 4.9 可知,社会组织信息披露质量在以上各项指标上的区分度都比较高,尤其是在行业标准与规范的遵守情况、实施行业标准与规范的预算、行业标准语规范制定的参与情况这几个指标上。可见,该判别方法可以较好的对各企业环境信息披露质量进行合理分类。

附录 综合分类评价结果

表4.19 综合分类评价结果表

B11	B12	B21	B22	观测频数	分类结果	第一类	第二类	第三类
0	0	0	0	3.0000	1	1.0000	0.0000	0.0000
1	1	0	0	1.0000	1	1.0000	0.0000	0.0000
2	2	0	0	88.0000	1	1.0000	0.0000	0.0000
2	2	2	2	16.0000	3	0.0001	0.0000	0.9999
2	2	3	2	1.0000	3	0.0000	0.0000	1.0000
2	2	3	3	1.0000	3	0.0000	0.0000	1.0000
2	2	5	5	1.0000	2	0.0000	1.0000	0.0000
2	3	0	0	1.0000	1	1.0000	0.0000	0.0000
3	2	0	0	56.0000	1	1.0000	0.0000	0.0000
3	2	2	2	2.0000	3	0.0001	0.0000	0.9999
3	2	2	3	2.0000	3	0.0000	0.0000	1.0000
3	2	3	2	4.0000	3	0.0000	0.0000	1.0000
3	2	3	3	6.0000	3	0.0000	0.0000	1.0000
3	3	0	0	16.0000	1	1.0000	0.0000	0.0000
3	3	2	2	8.0000	3	0.0001	0.0000	0.9999
3	3	3	2	3.0000	3	0.0000	0.0000	1.0000
3	3	3	3	4.0000	3	0.0000	0.0000	1.0000
3	3	5	5	1.0000	2	0.0000	1.0000	0.0000
3	3	6	6	3.0000	2	0.0000	1.0000	0.0000
3	4	0	0	2.0000	1	0.9999	0.0000	0.0001
3	4	4	4	1.0000	2	0.0000	0.9882	0.0118
3	4	5	5	1.0000	2	0.0000	1.0000	0.0000
3	5	5	5	2.0000	2	0.0000	1.0000	0.0000

第四章 国有企业社会责任信息披露质量综合评价研究

B11	B12	B21	B22	观测频数	分类结果	第一类	第二类	第三类
4	2	0	0	10.0000	1	1.0000	0.0000	0.0000
4	3	0	0	7.0000	1	1.0000	0.0000	0.0000
4	3	2	2	3.0000	3	0.0000	0.0000	1.0000
4	3	3	2	1.0000	3	0.0000	0.0000	1.0000
4	3	4	4	2.0000	2	0.0000	0.9880	0.0120
4	3	5	5	1.0000	2	0.0000	1.0000	0.0000
4	4	0	0	6.0000	1	0.9999	0.0000	0.0001
4	4	2	2	2.0000	3	0.0000	0.0000	1.0000
4	4	4	5	2.0000	2	0.0000	1.0000	0.0000
4	4	5	5	1.0000	2	0.0000	1.0000	0.0000
4	4	6	6	1.0000	2	0.0000	1.0000	0.0000
4	5	4	4	1.0000	2	0.0000	0.9990	0.0010
4	5	5	5	3.0000	2	0.0000	1.0000	0.0000
4	6	0	0	2.0000	1	0.9998	0.0000	0.0002
5	2	0	0	1.0000	1	1.0000	0.0000	0.0000
5	3	0	0	3.0000	1	0.9999	0.0000	0.0001
5	3	4	4	2.0000	2	0.0000	0.9966	0.0034
5	4	3	3	1.0000	3	0.0000	0.0012	0.9988
5	4	6	6	1.0000	2	0.0000	1.0000	0.0000
5	5	0	0	4.0000	1	0.9999	0.0000	0.0001
5	5	2	2	2.0000	3	0.0000	0.0000	1.0000
5	5	3	3	6.0000	3	0.0000	0.0042	0.9958
5	5	4	4	21.0000	2	0.0000	0.9997	0.0003
5	5	5	4	1.0000	2	0.0000	1.0000	0.0000
5	5	5	5	5.0000	2	0.0000	1.0000	0.0000
5	5	5	6	1.0000	2	0.0000	1.0000	0.0000
5	5	6	6	3.0000	2	0.0000	1.0000	0.0000
5	6	2	2	1.0000	3	0.0000	0.0000	1.0000

B11	B12	B21	B22	观测频数	分类结果	第一类	第二类	第三类
5	6	6	5	1.0000	2	0.0000	1.0000	0.0000
5	6	6	6	3.0000	2	0.0000	1.0000	0.0000
6	3	0	0	3.0000	1	0.9999	0.0000	0.0001
6	3	4	4	3.0000	2	0.0000	0.9990	0.0010
6	5	0	0	11.0000	1	0.9998	0.0000	0.0002
6	5	2	2	1.0000	3	0.0000	0.0000	1.0000
6	5	5	4	1.0000	2	0.0000	1.0000	0.0000
6	5	5	5	38.0000	2	0.0000	1.0000	0.0000
6	5	6	6	1.0000	2	0.0000	1.0000	0.0000
6	5	6	6	3.0000	2	0.0000	1.0000	0.0000
6	6	0	0	2.0000	1	0.9997	0.0000	0.0003
6	6	3	3	2.0000	3	0.0000	0.0493	0.9507
6	6	4	4	2.0000	2	0.0000	1.0000	0.0000
6	6	5	5	3.0000	2	0.0000	1.0000	0.0000
6	6	6	5	1.0000	2	0.0000	1.0000	0.0000
6	6	6	6	18.0000	2	0.0000	1.0000	0.0000
7	6	6	6	17.0000	2	0.0000	1.0000	0.0000
7	6	7	7	1.0000	2	0.0000	1.0000	0.0000

表 4.20 综合分类评价结果表

B31	B37	B34	B36	B33	B41	B42	B43	B51	B61	B62	B71	B72	B73	B81	B82	观测频数	分类结果	第一类	第二类
0	0	0	0	0	0	1	0	3	0	0	1	1	1	0	0	2.0000	1	1.0000	0.0000
0	0	0	0	0	1	1	0	3	0	0	1	1	1	0	0	1.0000	1	1.0000	0.0000
0	0	0	1	0	0	0	0	3	0	0	1	1	1	0	0	1.0000	1	1.0000	0.0000
0	0	0	1	0	0	0	0	3	0	0	1	1	1	1	0	2.0000	1	1.0000	0.0000
0	0	0	1	0	0	0	0	4	0	0	1	1	1	0	0	2.0000	1	1.0000	0.0000

B31	B37	B34	B36	B33	B41	B42	B43	B51	B61	B62	B71	B72	B73	B81	B82	观测频数	分类结果	第一类	第二类
0	0	0	1	0	0	0	0	5	0	0	1	1	1	0	0	1.0000	1	1.0000	0.0000
0	1	0	1	0	0	0	0	3	0	0	1	1	1	0	0	3.0000	1	1.0000	0.0000
1	0	0	0	0	0	0	0	2	0	0	1	1	1	0	0	2.0000	1	1.0000	0.0000
1	0	0	0	0	0	0	0	2	0	0	1	1	1	1	1	2.0000	1	1.0000	0.0000
1	0	0	0	0	0	0	0	3	0	0	1	1	1	0	0	17.0000	1	1.0000	0.0000
1	0	0	0	0	0	0	0	3	0	0	1	1	1	1	0	10.0000	1	1.0000	0.0000
1	0	0	0	0	0	0	0	3	0	0	1	1	1	1	1	4.0000	1	1.0000	0.0000
1	0	0	0	0	0	0	0	4	0	0	1	1	1	0	0	20.0000	1	1.0000	0.0000
1	0	0	0	0	0	0	0	4	0	0	1	1	1	1	0	1.0000	1	1.0000	0.0000
1	0	0	0	0	0	0	0	4	0	0	1	1	1	1	1	5.0000	1	1.0000	0.0000
1	0	0	0	0	0	0	0	6	0	0	1	1	1	0	0	1.0000	1	1.0000	0.0000
1	0	0	0	0	0	1	0	4	0	0	1	1	1	0	0	3.0000	1	1.0000	0.0000
1	0	0	0	0	1	1	0	3	0	0	1	1	1	0	0	4.0000	1	0.9974	0.0026
1	0	0	0	0	1	1	0	4	0	0	1	1	1	0	0	2.0000	1	0.9748	0.0252
1	0	0	0	0	1	1	0	5	0	0	1	1	1	0	0	1.0000	1	0.7974	0.2026
1	0	0	0	0	1	1	1	3	0	0	1	1	1	0	0	1.0000	2	0.0139	0.9861
1	0	0	1	0	0	0	0	3	0	0	1	1	1	0	0	24.0000	1	1.0000	0.0000
1	0	0	1	0	0	0	0	3	0	0	1	1	1	1	0	3.0000	1	1.0000	0.0000
1	0	0	1	0	0	0	0	3	0	0	1	1	1	1	0	55.0000	1	1.0000	0.0000
1	0	0	1	0	0	0	0	3	0	0	1	1	1	1	1	3.0000	1	1.0000	0.0000
1	0	0	1	0	0	0	0	4	0	0	1	1	1	0	0	32.0000	1	1.0000	0.0000
1	0	0	1	0	0	0	0	4	0	0	1	1	1	1	0	3.0000	1	1.0000	0.0000
1	0	0	1	0	0	0	0	4	0	0	1	1	1	1	0	30.0000	1	1.0000	0.0000
1	0	0	1	0	0	0	0	4	0	0	1	1	1	1	1	5.0000	1	1.0000	0.0000
1	0	0	1	0	0	0	0	5	0	0	1	1	1	0	0	4.0000	1	1.0000	0.0000
1	0	0	1	0	0	0	0	5	0	0	1	1	1	0	0	2.0000	1	1.0000	0.0000
1	0	0	1	0	1	0	0	3	0	0	1	1	1	1	1	1.0000	1	1.0000	0.0000

B31	B37	B34	B36	B33	B41	B42	B43	B51	B61	B62	B71	B72	B73	B81	B82	观测频数	分类结果	第一类	第二类
1	0	0	1	0	1	0	0	4	0	0	1	1	1	1	1	2.0000	1	0.9998	0.0002
1	0	0	1	0	1	1	0	3	0	0	1	1	1	0	0	2.0000	1	0.9969	0.0031
1	0	0	1	0	1	1	0	3	0	0	1	1	1	0	1	1.0000	1	0.9798	0.0202
1	0	0	1	0	1	1	0	3	0	0	1	1	1	1	0	1.0000	1	0.9953	0.0047
1	0	0	1	0	1	1	0	4	0	0	1	1	1	0	0	1.0000	1	0.9708	0.0292
1	0	0	1	0	1	1	1	3	0	0	1	1	1	1	0	3.0000	2	0.0078	0.9922
1	0	0	1	0	1	1	1	4	0	0	1	1	1	0	0	13.0000	2	0.0012	0.9988
1	0	0	1	0	1	1	1	4	0	0	1	1	1	1	1	2.0000	2	0.0001	0.9999
1	0	0	1	0	1	1	1	5	0	0	1	1	1	1	0	1.0000	2	0.0001	0.9999
1	0	0	1	0	1	1	1	5	0	0	1	1	1	1	1	1.0000	2	0.0000	1.0000
1	0	0	1	0	1	1	1	6	0	0	1	1	1	1	0	1.0000	2	0.0000	1.0000
1	0	0	1	1	0	0	0	4	0	0	1	1	1	1	1	1.0000	1	1.0000	0.0000
1	0	0	1	1	1	1	0	5	0	0	1	1	1	0	0	1.0000	2	0.0346	0.9654
1	0	1	1	1	1	1	1	3	0	0	1	1	1	0	0	1.0000	2	0.0000	1.0000
1	0	1	1	1	1	1	0	5	0	0	1	1	1	0	0	1.0000	2	0.0003	0.9997
1	0	1	1	1	1	1	1	5	0	0	1	1	1	0	0	3.0000	2	0.0000	1.0000
1	0	1	1	1	1	1	1	5	0	0	1	1	1	1	1	2.0000	2	0.0000	1.0000
1	0	1	1	1	1	1	1	6	0	0	1	1	1	1	1	2.0000	2	0.0000	1.0000
1	1	0	1	0	0	0	0	3	0	0	1	1	1	0	0	1.0000	1	1.0000	0.0000
1	1	0	1	0	0	0	0	4	0	0	1	1	1	0	0	2.0000	1	1.0000	0.0000
1	2	0	0	1	1	1	0	4	0	0	1	1	1	1	1	3.0000	2	0.0000	1.0000
1	2	0	0	1	1	1	0	5	0	0	1	1	1	0	1	2.0000	2	0.0000	1.0000
1	2	0	1	0	0	0	0	4	0	0	1	1	1	0	1	4.0000	1	1.0000	0.0000
1	2	0	1	0	0	0	0	6	0	0	1	1	1	0	0	6.0000	1	1.0000	0.0000
1	2	0	1	0	0	0	0	6	0	0	1	1	1	0	1	1.0000	1	0.9999	0.0001
1	2	0	1	0	1	1	1	4	0	0	1	1	1	1	1	1.0000	2	0.0000	1.0000
1	2	0	1	0	1	1	1	5	0	0	1	1	1	0	0	1.0000	2	0.0000	1.0000

第四章 国有企业社会责任信息披露质量综合评价研究

B31	B37	B34	B36	B33	B41	B42	B43	B51	B61	B62	B71	B72	B73	B81	B82	观测频数	分类结果	第一类	第二类
1	2	0	1	0	1	1	1	5	0	0	1	1	1	1	1	4.0000	2	0.0000	1.0000
1	2	0	1	0	1	1	1	6	0	0	1	1	1	0	0	1.0000	2	0.0000	1.0000
1	2	0	1	1	1	1	1	4	0	0	1	1	1	1	1	1.0000	2	0.0000	1.0000
1	2	0	1	1	1	1	1	5	0	0	1	1	1	1	1	3.0000	2	0.0000	1.0000
1	2	0	1	1	1	1	1	6	0	0	1	1	1	1	1	7.0000	2	0.0000	1.0000
1	2	1	0	1	1	1	1	5	0	0	1	1	1	0	0	31.0000	2	0.0000	1.0000
1	2	1	0	1	1	1	1	5	0	0	1	1	1	1	1	1.0000	2	0.0000	1.0000
1	2	1	1	0	1	1	1	4	0	0	1	1	1	0	0	2.0000	2	0.0000	1.0000
1	2	1	1	0	1	1	1	4	0	0	1	1	1	1	1	1.0000	2	0.0000	1.0000
1	2	1	1	0	1	1	1	5	0	0	1	1	1	1	1	3.0000	2	0.0000	1.0000
1	2	1	1	0	1	1	1	5	0	1	1	1	1	1	1	3.0000	2	0.0000	1.0000
1	2	1	1	0	1	1	1	6	0	0	1	1	1	1	1	6.0000	2	0.0000	1.0000
1	2	1	1	1	0	0	0	4	0	0	1	1	1	0	0	2.0000	1	0.9984	0.0016
1	2	1	1	1	0	0	0	4	0	0	1	1	1	1	1	2.0000	1	0.9832	0.0168
1	2	1	1	1	0	0	0	5	0	0	1	1	1	0	0	1.0000	1	0.9841	0.0159
1	2	1	1	1	1	0	0	6	0	0	1	1	1	1	0	1.0000	2	0.0007	0.9993
1	2	1	1	1	1	1	0	5	0	0	1	1	1	1	1	1.0000	2	0.0000	1.0000
1	2	1	1	1	1	1	0	6	0	0	1	1	1	1	1	2.0000	2	0.0000	1.0000
1	2	1	1	1	1	1	1	4	0	0	1	1	1	0	0	3.0000	2	0.0000	1.0000
1	2	1	1	1	1	1	1	5	0	0	1	1	1	0	0	4.0000	2	0.0000	1.0000
1	2	1	1	1	1	1	1	5	0	0	1	1	1	1	1	21.0000	2	0.0000	1.0000
1	2	1	1	1	1	1	1	5	1	1	1	1	1	1	1	4.0000	2	0.0000	1.0000
1	2	1	1	1	1	1	1	6	0	0	1	1	1	0	0	2.0000	2	0.0000	1.0000
1	2	1	1	1	1	1	1	6	0	0	1	1	1	1	0	1.0000	2	0.0000	1.0000
1	2	1	1	1	1	1	1	6	0	0	1	1	1	1	1	1.0000	2	0.0000	1.0000
1	2	1	1	1	1	1	1	6	1	1	1	1	1	1	1	6.0000	2	0.0000	1.0000
1	2	1	1	1	1	1	1	7	0	0	1	1	1	1	1	7.0000	2	0.0000	1.0000

B31	B37	B34	B36	B33	B41	B42	B43	B51	B61	B62	B71	B72	B73	B81	B82	观测频数	分类结果	第一类	第二类
1	2	1	1	1	1	1	1	7	1	1	1	1	1	0	1	1.0000	2	0.0000	1.0000

表 4.21 综合分类评价结果表

P11	P12	P13	P14	P15	P16	P21	P22	P23	P24	P25	P31	P32	P33	P34	观测频数	分类结果	第一类	第二类
0	1	0	0	0	0	2	2	2	2	2	0	0	0	0	1.0000	2	0.0000	1.0000
0	1	0	0	0	0	2	2	2	2	2	1	1	1	1	1.0000	1	1.0000	0.0000
0	1	0	0	0	0	2	2	2	2	3	0	0	0	0	1.0000	2	0.0000	1.0000
0	1	0	0	0	0	2	2	2	2	2	0	0	0	0	74.0000	2	0.0000	1.0000
0	1	0	0	0	0	2	2	3	2	2	1	1	1	1	3.0000	1	1.0000	0.0000
0	1	0	0	0	0	2	2	2	2	3	0	0	0	0	1.0000	2	0.0000	1.0000
0	1	0	0	0	0	2	3	3	2	2	1	1	1	1	1.0000	1	1.0000	0.0000
0	1	0	0	0	0	3	2	2	2	2	0	0	0	0	5.0000	2	0.0000	1.0000
0	1	0	0	0	0	3	2	3	2	2	0	0	0	0	16.0000	2	0.0000	1.0000
0	1	0	0	0	0	3	2	3	2	2	1	1	1	1	9.0000	2	0.0000	1.0000
0	1	0	0	0	0	3	2	3	2	3	0	0	0	0	1.0000	2	0.0000	1.0000
0	1	0	0	0	0	3	2	3	3	3	0	0	0	0	1.0000	2	0.0000	1.0000
0	1	0	0	0	0	3	3	2	2	2	0	0	0	0	2.0000	2	0.0000	1.0000
0	1	0	0	0	0	3	3	3	2	2	1	1	1	1	1.0000	1	1.0000	0.0000
0	1	0	0	0	0	3	3	3	2	2	0	0	0	0	15.0000	2	0.0000	1.0000
0	1	0	0	0	0	3	3	3	2	2	1	1	1	1	6.0000	1	1.0000	0.0000
0	1	0	0	0	0	3	3	3	2	3	0	0	0	0	42.0000	2	0.0000	1.0000
0	1	0	0	0	0	3	3	3	3	1	1	1	1	1	6.0000	1	1.0000	0.0000
0	1	0	0	0	0	3	3	3	3	3	0	0	0	0	10.0000	2	0.0000	1.0000
0	1	0	0	0	0	3	3	3	3	3	1	1	1	1	7.0000	1	1.0000	0.0000
0	1	0	0	0	0	3	3	3	4	3	0	0	0	0	5.0000	2	0.0000	1.0000
0	1	0	0	0	0	3	3	3	4	4	0	0	0	0	1.0000	2	0.0000	1.0000

P11	P12	P13	P14	P15	P16	P21	P22	P23	P24	P25	P31	P32	P33	P34	观测频数	分类结果	第一类	第二类
0	1	0	0	0	0	3	3	3	5	4	0	0	0	0	4.0000	2	0.0000	1.0000
0	1	0	0	0	0	3	3	4	2	3	1	1	1	1	1.0000	1	1.0000	0.0000
0	1	0	0	0	0	3	3	4	5	4	1	1	1	1	1.0000	1	1.0000	0.0000
0	1	0	0	0	0	4	2	3	2	2	0	0	0	0	1.0000	2	0.0000	1.0000
0	1	0	0	0	0	4	3	3	2	2	0	0	0	0	1.0000	2	0.0000	1.0000
0	1	0	0	0	0	4	3	3	2	2	1	1	1	1	2.0000	1	1.0000	0.0000
0	1	0	0	0	0	4	3	3	2	3	0	0	0	0	1.0000	2	0.0000	1.0000
0	1	0	0	0	0	4	3	3	2	3	1	1	1	1	2.0000	1	1.0000	0.0000
0	1	0	0	0	0	4	3	4	2	3	1	1	1	1	2.0000	1	1.0000	0.0000
0	1	0	0	0	0	4	4	3	2	2	1	1	1	1	2.0000	1	1.0000	0.0000
0	1	0	0	0	0	4	4	3	2	3	0	0	0	0	12.0000	2	0.0000	1.0000
0	1	0	0	0	0	4	4	3	3	2	1	1	1	1	1.0000	1	1.0000	0.0000
0	1	0	0	0	0	4	4	3	4	3	1	1	1	1	1.0000	1	1.0000	0.0000
0	1	0	0	0	0	4	4	3	4	4	1	1	1	1	1.0000	1	1.0000	0.0000
0	1	0	0	0	0	4	4	4	2	3	1	1	1	1	29.0000	1	1.0000	0.0000
0	1	0	0	0	0	4	4	4	2	4	1	1	1	1	1.0000	1	1.0000	0.0000
0	1	0	0	0	0	4	4	4	3	3	0	0	0	0	1.0000	2	0.0000	1.0000
0	1	0	0	0	0	4	4	4	3	3	1	1	1	1	2.0000	1	1.0000	0.0000
0	1	0	0	0	0	4	4	4	5	4	1	1	1	1	3.0000	1	1.0000	0.0000
0	1	0	0	0	0	5	3	3	2	3	1	1	1	1	1.0000	1	1.0000	0.0000
0	1	0	0	0	0	5	4	4	2	4	1	1	1	1	1.0000	1	1.0000	0.0000
0	1	0	0	0	0	5	5	3	3	3	1	1	1	1	1.0000	1	1.0000	0.0000
0	1	0	0	0	0	5	5	4	2	4	1	1	1	1	2.0000	1	1.0000	0.0000
0	1	0	0	0	0	5	5	4	3	3	1	1	1	1	1.0000	1	1.0000	0.0000
0	1	0	0	0	0	5	5	4	4	4	1	1	1	1	1.0000	1	1.0000	0.0000
0	1	0	0	0	0	5	5	4	5	4	1	1	1	1	12.0000	1	1.0000	0.0000
0	1	0	0	0	0	5	5	4	6	5	1	1	1	1	1.0000	1	1.0000	0.0000

P11	P12	P13	P14	P15	P16	P21	P22	P23	P24	P25	P31	P32	P33	P34	观测频数	分类结果	第一类	第二类
0	1	0	0	0	0	5	5	5	2	3	1	1	1	1	4.0000	1	1.0000	0.0000
0	1	0	0	0	0	5	5	5	3	3	1	1	1	1	4.0000	1	1.0000	0.0000
0	1	0	0	0	0	5	5	5	5	4	1	1	1	1	1.0000	1	1.0000	0.0000
0	1	0	0	0	0	5	5	5	5	5	1	1	1	1	5.0000	1	1.0000	0.0000
0	1	0	0	0	0	5	5	5	5	6	1	1	1	1	1.0000	1	1.0000	0.0000
0	1	0	0	0	0	5	5	5	6	5	1	1	1	1	6.0000	1	1.0000	0.0000
0	1	0	0	0	0	5	5	5	6	6	1	1	1	1	2.0000	1	1.0000	0.0000
0	1	0	0	0	0	6	5	4	5	5	1	1	1	1	1.0000	1	1.0000	0.0000
0	1	0	0	0	0	6	6	6	3	3	1	1	1	1	1.0000	1	1.0000	0.0000
0	1	0	0	0	0	6	6	6	6	6	1	1	1	1	19.0000	1	1.0000	0.0000
0	1	0	0	0	0	7	6	6	6	6	1	1	1	1	4.0000	1	1.0000	0.0000
0	1	0	0	0	0	7	7	6	7	6	1	1	1	1	2.0000	1	1.0000	0.0000
0	1	0	0	0	1	2	2	2	2	2	0	0	0	0	1.0000	2	0.0000	1.0000
0	1	0	0	0	1	2	2	3	2	2	0	0	0	0	1.0000	2	0.0000	1.0000
0	1	0	0	0	1	4	4	3	2	3	0	0	0	0	1.0000	2	0.0000	1.0000
0	1	0	0	0	1	5	5	3	2	4	0	0	0	0	1.0000	2	0.0000	1.0000
0	1	0	0	0	1	5	5	5	6	5	1	1	1	1	1.0000	1	1.0000	0.0000
0	1	0	0	0	1	5	5	6	6	6	1	1	1	1	1.0000	1	1.0000	0.0000
0	1	0	0	0	1	6	6	5	5	5	1	1	1	1	1.0000	1	1.0000	0.0000
0	1	0	0	0	1	6	6	6	6	6	1	1	1	1	2.0000	1	1.0000	0.0000
0	1	0	0	0	1	7	7	6	7	6	1	1	1	1	1.0000	1	1.0000	0.0000
0	1	0	0	1	0	3	3	3	5	4	0	0	0	0	1.0000	2	0.0000	1.0000
0	1	0	1	0	0	3	4	4	3	3	0	0	0	0	1.0000	2	0.0000	1.0000
0	1	0	1	0	0	4	4	3	3	3	1	1	1	1	2.0000	1	1.0000	0.0000
0	1	0	1	0	0	5	5	5	5	5	1	1	1	1	1.0000	1	1.0000	0.0000
0	1	0	1	0	0	5	5	5	6	5	1	1	1	1	29.0000	1	1.0000	0.0000
0	1	0	1	0	0	6	6	6	6	6	1	1	1	1	5.0000	1	1.0000	0.0000

第四章 国有企业社会责任信息披露质量综合评价研究

P11	P12	P13	P14	P15	P16	P21	P22	P23	P24	P25	P31	P32	P33	P34	观测频数	分类结果	第一类	第二类
0	1	0	1	0	0	7	7	6	7	6	1	1	1	1	2.0000	1	1.0000	0.0000
0	1	0	1	0	1	4	4	5	6	5	1	1	1	1	1.0000	1	1.0000	0.0000
0	1	0	1	0	1	5	5	5	6	5	1	1	1	1	5.0000	1	1.0000	0.0000
0	1	0	1	0	1	6	6	6	6	6	1	1	1	1	3.0000	1	1.0000	0.0000
0	1	0	1	1	0	7	7	7	7	7	1	1	1	1	1.0000	1	1.0000	0.0000
0	1	0	1	2	0	6	5	5	5	5	1	1	1	1	1.0000	1	1.0000	0.0000
0	1	1	0	0	0	5	5	5	3	3	1	1	1	1	2.0000	1	1.0000	0.0000
0	1	1	0	0	0	5	5	5	6	5	1	1	1	1	1.0000	1	1.0000	0.0000
0	1	1	0	0	0	5	6	5	6	5	1	1	1	1	1.0000	1	1.0000	0.0000
0	1	1	0	0	0	6	6	6	3	4	1	1	1	1	1.0000	1	1.0000	0.0000
0	1	1	0	0	0	6	6	6	6	6	1	1	1	1	2.0000	1	1.0000	0.0000
0	1	1	1	0	0	5	3	3	2	3	1	1	1	1	1.0000	1	1.0000	0.0000
0	1	1	1	0	0	6	6	5	6	5	1	1	1	1	1.0000	1	1.0000	0.0000
0	1	1	1	0	0	6	6	6	6	6	1	1	1	1	5.0000	1	1.0000	0.0000
0	1	1	1	0	1	5	5	5	6	5	1	1	1	1	3.0000	1	1.0000	0.0000
0	1	1	1	0	1	6	6	6	6	6	1	1	1	1	1.0000	1	1.0000	0.0000
0	1	1	1	0	1	7	7	6	7	6	1	1	1	1	2.0000	1	1.0000	0.0000

表 4.22 综合分类评价结果表

C21	C22	C23	C24	C25	C26	C27	C28	C29	C211	C212	C213	观测频数	分类结果	第一类	第二类	第三类
0	0	0	0	0	0	0	0	0	0	0	0	284.0000	1	1.0000	0.0000	0.0000
0	0	0	0	0	0	0	0	0	0	0	1	2.0000	1	1.0000	0.0000	0.0000
0	0	0	0	0	0	0	0	0	1	0	0	1.0000	1	1.0000	0.0000	0.0000
0	0	0	0	0	0	0	0	1	0	0	0	1.0000	1	1.0000	0.0000	0.0000
0	1	1	1	1	1	1	0	1	1	0	0	2.0000	3	0.0000	0.0000	1.0000
1	1	1	0	0	0	0	0	0	0	0	0	4.0000	2	0.0000	1.0000	0.0000

C21	C22	C23	C24	C25	C26	C27	C28	C29	C211	C212	C213	观测频数	分类结果	第一类	第二类	第三类
1	1	1	1	1	0	0	0	0	0	0	0	6.0000	2	0.0000	1.0000	0.0000
1	1	1	1	1	1	1	0	0	0	0	0	20.0000	2	0.0000	0.9990	0.0010
1	1	1	1	1	1	1	0	0	0	0	1	44.0000	2	0.0000	0.9903	0.0097
1	1	1	1	1	1	1	0	0	1	0	1	2.0000	3	0.0000	0.2456	0.7544
1	1	1	1	1	1	1	0	0	1	1	0	1.0000	3	0.0000	0.0008	0.9992
1	1	1	1	1	1	1	0	1	0	0	0	4.0000	3	0.0000	0.0183	0.9817
1	1	1	1	1	1	1	0	1	0	1	0	5.0000	3	0.0000	0.0000	1.0000
1	1	1	1	1	1	1	0	1	1	0	0	1.0000	3	0.0000	0.0006	0.9994
1	1	1	1	1	1	1	0	1	1	0	1	6.0000	3	0.0000	0.0001	0.9999
1	1	1	1	1	1	1	0	1	1	1	0	4.0000	3	0.0000	0.0000	1.0000
1	1	1	1	1	1	1	1	0	0	0	0	3.0000	2	0.0000	0.9765	0.0235
1	1	1	1	1	1	1	1	0	0	0	1	2.0000	2	0.0000	0.8105	0.1895
1	1	1	1	1	1	1	1	0	1	0	1	3.0000	3	0.0000	0.0134	0.9866
1	1	1	1	1	1	1	1	1	0	1	0	5.0000	3	0.0000	0.0008	0.9992
1	1	1	1	1	1	1	1	1	0	1	1	4.0000	3	0.0000	0.0000	1.0000
1	1	1	1	1	1	1	1	1	1	0	1	1.0000	3	0.0000	0.0000	1.0000
1	1	1	1	1	1	1	1	1	1	1	1	24.0000	3	0.0000	0.0000	1.0000

表4.23 综合分类评价结果表

C5211	C5212	C5213	C5214	C522	C5221	C5222	C5223	C523	C5231	C5232	C5233	C524	C5241	C5242	C5243	C5245	C5246	C5247	观测频数	分类结果	第一类	第二类
0	0	0	0	0	0	0	0	0	0	0	0	0	0	0	0	0	0	0	1.0000	1	1.0000	0.0000
0	0	0	0	0	0	0	0	0	0	0	1	0	0	0	0	0	1	1	2.0000	1	1.0000	0.0000
0	0	0	0	0	0	0	0	0	0	1	0	0	0	0	0	1	1	1	2.0000	1	1.0000	0.0000
0	0	0	0	0	0	0	1	1	0	0	0	0	0	0	0	0	0	0	3.0000	1	1.0000	0.0000
0	0	0	0	0	0	0	1	1	0	0	0	0	0	0	0	0	1	1	1.0000	1	1.0000	0.0000

第四章 国有企业社会责任信息披露质量综合评价研究

CS211	CS212	CS213	CS214	CS22	CS221	CS222	CS223	CS23	CS231	CS232	CS233	CS24	CS241	CS242	CS243	CS245	CS246	CS247	观测频数	分类结果	第一类	第二类
0	0	0	0	0	0	0	0	1	1	0	1	0	0	0	0	0	0	0	1.0000	1	1.0000	0.0000
0	0	0	0	0	0	0	0	1	1	0	1	0	0	0	0	0	1	1	1.0000	1	1.0000	0.0000
0	0	0	0	0	0	0	0	1	1	0	1	1	0	1	1	0	1	0	1.0000	2	0.0000	1.0000
0	0	0	0	0	0	0	0	1	1	1	1	0	0	0	0	1	1	1	2.0000	1	1.0000	0.0000
0	0	0	0	1	0	0	0	1	1	0	0	0	0	0	0	0	1	1	2.0000	1	1.0000	0.0000
0	0	0	0	1	0	1	0	0	0	0	0	1	0	1	1	0	1	1	3.0000	2	0.0000	1.0000
0	0	0	0	1	0	1	0	1	1	0	0	0	0	0	0	0	1	1	1.0000	1	1.0000	0.0000
0	0	0	0	1	0	1	0	1	1	0	0	1	0	0	0	0	1	1	2.0000	2	0.0000	1.0000
0	0	0	0	1	0	1	0	1	1	0	1	0	0	0	0	0	1	1	1.0000	1	1.0000	0.0000
0	0	0	0	1	1	1	0	1	1	1	1	0	0	0	0	0	1	1	1.0000	1	1.0000	0.0000
0	0	0	1	0	0	0	0	1	1	0	0	0	0	0	0	0	0	1	3.0000	1	1.0000	0.0000
0	0	0	1	0	0	0	0	1	1	0	0	0	0	0	0	0	1	1	3.0000	1	1.0000	0.0000
0	0	0	1	0	0	0	0	1	1	0	0	0	0	0	0	1	1	0	4.0000	1	1.0000	0.0000
0	0	0	1	1	0	0	0	0	0	0	0	1	0	1	1	0	1	0	1.0000	2	0.0000	1.0000
0	0	0	1	1	0	0	0	0	0	1	1	0	1	1	1	0	1	0	1.0000	2	0.0000	1.0000
0	0	0	1	1	0	0	0	1	1	0	0	0	0	1	0	1	1	0	3.0000	1	0.9999	0.0001
0	0	0	1	1	0	0	0	1	1	0	0	0	0	0	0	0	1	1	2.0000	1	1.0000	0.0000
0	0	0	1	1	0	1	0	0	0	0	0	0	0	0	0	0	1	1	1.0000	1	1.0000	0.0000
0	0	0	1	1	0	1	0	0	0	0	0	1	1	1	1	0	1	1	2.0000	2	0.0000	1.0000
0	0	0	1	1	0	1	0	1	1	0	0	0	0	0	0	0	1	1	1.0000	2	0.0000	1.0000
0	0	0	1	1	1	1	0	1	1	0	1	0	0	0	0	0	1	0	2.0000	1	1.0000	0.0000
0	0	1	0	0	0	0	0	0	0	0	0	0	0	0	0	0	1	1	3.0000	1	1.0000	0.0000
0	0	1	0	0	0	0	0	1	1	0	1	1	0	0	0	0	1	1	4.0000	2	0.0000	1.0000
0	0	1	1	0	0	0	0	0	0	0	0	0	0	0	0	0	0	0	1.0000	1	1.0000	0.0000
0	0	1	1	0	0	0	0	0	0	0	0	0	0	0	0	0	0	0	1.0000	1	1.0000	0.0000
0	0	1	1	0	0	0	0	0	0	0	0	0	0	0	0	0	1	1	3.0000	1	1.0000	0.0000

国有企业社会责任信息披露问题研究

CS211	CS212	CS213	CS214	CS22	CS221	CS222	CS223	CS23	CS231	CS232	CS233	CS24	CS241	CS242	CS243	CS245	CS246	CS247	观测频数	分类结果	第一类	第二类
0	0	1	1	0	0	0	0	0	0	1	1	0	0	0	0	0	1	1	1.0000	1	1.0000	0.0000
0	0	1	1	0	0	0	0	1	1	0	0	1	0	1	1	0	1	1	1.0000	2	0.0000	1.0000
0	0	1	1	0	0	0	1	1	0	1	0	0	0	0	0	0	1	0	1.0000	1	1.0000	0.0000
0	0	1	1	0	0	0	0	1	1	0	1	1	0	1	1	0	1	0	3.0000	2	0.0000	1.0000
0	0	1	1	0	0	0	0	1	1	1	0	0	0	0	0	0	1	1	1.0000	1	1.0000	0.0000
0	0	1	1	1	0	1	0	1	1	0	1	0	0	0	0	0	1	1	4.0000	1	1.0000	0.0000
0	0	1	1	1	1	1	0	1	1	1	0	0	0	0	0	1	1	1	1.0000	1	1.0000	0.0000
0	0	1	1	1	1	1	0	1	1	1	1	0	1	1	1	1	1	1	3.0000	2	0.0000	1.0000
0	0	1	1	1	1	1	1	1	1	1	1	0	1	1	0	0	1	0	2.0000	1	0.9998	0.0002
0	1	0	1	1	0	0	0	1	0	0	0	0	0	0	0	0	1	0	5.0000	1	1.0000	0.0000
0	1	0	1	1	0	0	0	1	0	0	0	0	0	1	0	1	1	0	2.0000	1	0.9998	0.0002
0	1	0	1	1	0	0	0	1	0	0	0	1	0	1	1	0	1	0	1.0000	2	0.0000	1.0000
0	1	0	1	1	0	0	0	1	0	0	0	1	1	1	1	0	1	0	28.0000	2	0.0000	1.0000
0	1	0	1	0	0	1	0	1	1	1	0	1	0	1	1	0	1	0	3.0000	2	0.0000	1.0000
0	1	0	1	0	1	0	1	1	0	0	0	1	1	1	0	1	1	1	1.0000	2	0.0000	1.0000
0	1	1	1	1	0	1	0	0	0	1	1	0	1	0	0	1	0	0	3.0000	2	0.0000	1.0000
1	0	0	0	0	0	0	0	0	0	0	0	0	0	0	0	0	0	0	4.0000	1	1.0000	0.0000
1	0	0	0	0	0	0	0	1	1	0	0	1	0	1	0	0	1	1	3.0000	2	0.0009	0.9991
1	0	0	0	0	0	0	0	1	1	0	1	0	0	0	0	0	1	0	1.0000	1	1.0000	0.0000
1	0	0	0	0	0	0	0	1	0	0	0	1	0	0	0	0	1	1	1.0000	1	0.9962	0.0038
1	0	0	0	1	0	0	0	1	0	0	0	1	0	0	0	0	1	1	1.0000	1	0.9848	0.0152
1	0	0	0	1	0	1	0	1	0	0	0	0	0	0	0	0	1	0	3.0000	1	1.0000	0.0000
1	0	0	0	1	0	1	0	1	1	0	0	1	0	0	0	0	1	1	1.0000	1	0.9651	0.0349
1	0	0	0	1	1	1	0	1	1	1	0	0	0	0	0	0	1	0	1.0000	1	1.0000	0.0000
1	0	0	1	0	0	0	0	1	1	1	0	0	0	0	1	1	1	0	1.0000	1	1.0000	0.0000
1	0	0	1	1	0	0	0	0	0	0	0	0	0	0	0	1	0	0	1.0000	1	1.0000	0.0000

第四章 国有企业社会责任信息披露质量综合评价研究

CS211	CS212	CS213	CS214	CS22	CS221	CS222	CS223	CS23	CS231	CS232	CS233	CS24	CS241	CS242	CS243	CS245	CS246	CS247	观测频数	分类结果	第一类	第二类
1	0	0	1	1	0	0	0	0	0	0	0	1	0	1	1	0	1	0	2.0000	2	0.0000	1.0000
1	0	0	1	1	0	0	0	1	1	0	1	1	0	1	0	0	1	0	3.0000	2	0.0001	0.9999
1	0	0	1	1	0	1	0	1	1	0	0	0	0	0	0	0	1	0	2.0000	1	1.0000	0.0000
1	0	0	1	1	0	1	0	1	1	1	1	0	0	0	0	0	1	1	3.0000	2	0.0001	0.9999
1	0	1	1	0	0	0	0	0	0	0	0	0	0	0	0	0	1	0	1.0000	1	1.0000	0.0000
1	0	1	1	0	0	0	0	0	0	0	0	0	0	0	0	1	1	0	1.0000	1	1.0000	0.0000
1	0	1	1	0	0	0	0	1	0	0	1	1	0	0	0	0	1	0	1.0000	2	0.0000	1.0000
1	0	1	1	0	0	0	0	1	1	0	0	0	0	0	0	0	1	0	1.0000	1	1.0000	0.0000
1	0	1	1	1	0	0	0	0	0	0	0	0	0	0	0	0	1	0	1.0000	1	1.0000	0.0000
1	0	1	1	1	0	0	0	0	0	1	0	0	0	0	0	0	1	0	10.0000	1	1.0000	0.0000
1	0	1	1	1	0	0	0	0	0	0	0	0	0	0	0	0	1	0	1.0000	2	0.0000	1.0000
1	0	1	1	1	0	0	0	0	1	0	1	0	1	1	0	0	1	0	2.0000	2	0.0001	0.9999
1	0	1	1	1	0	0	0	0	1	1	0	0	0	0	0	0	1	0	1.0000	1	1.0000	0.0000
1	0	1	1	1	0	0	1	1	0	1	0	0	0	0	0	0	1	0	3.0000	2	0.0000	1.0000
1	0	1	1	1	0	0	0	1	1	0	1	0	1	1	0	1	1	1	2.0000	2	0.0000	1.0000
1	0	1	1	1	0	0	0	1	1	0	1	0	0	1	1	0	1	0	1.0000	2	0.1778	0.8222
1	0	1	1	1	0	1	0	0	0	0	0	0	0	0	0	0	1	0	2.0000	1	1.0000	0.0000
1	0	1	1	1	0	1	0	0	0	0	0	0	0	0	0	1	1	1	1.0000	1	1.0000	0.0000
1	0	1	1	1	0	1	0	1	0	0	0	0	0	0	0	0	1	1	2.0000	1	1.0000	0.0000
1	0	1	1	1	0	1	0	1	0	0	1	0	0	0	0	0	1	1	3.0000	1	1.0000	0.0000
1	0	1	1	1	0	1	0	1	1	0	1	1	1	0	0	0	1	0	3.0000	2	0.0000	1.0000
1	0	1	1	1	0	1	0	1	1	1	0	0	0	0	0	0	1	0	4.0000	1	1.0000	0.0000
1	0	1	1	1	0	1	0	1	1	1	1	0	0	0	0	0	1	0	7.0000	1	1.0000	0.0000
1	0	1	1	1	0	1	1	0	0	0	0	0	0	0	1	1	1	0	3.0000	1	1.0000	0.0000
1	0	1	1	1	0	1	1	1	1	0	1	0	1	0	0	1	1	0	6.0000	2	0.000	1.000
1	0	1	1	1	0	1	0	1	1	0	1	1	0	1	0	1	1	1	1.0000	2	0.0000	1.0000

CS211	CS212	CS213	CS214	CS22	CS221	CS222	CS223	CS23	CS231	CS232	CS233	CS24	CS241	CS242	CS243	CS245	CS246	CS247	观测频数	分类结果	第一类	第二类
1	0	1	1	1	0	1	0	1	1	0	1	1	1	1	0	0	1	1	1.0000	2	0.0000	1.0000
1	0	1	1	1	0	1	0	1	1	0	1	1	1	1	1	0	1	1	2.0000	2	0.0000	1.0000
1	0	1	1	1	1	0	1	1	1	1	0	1	0	1	0	0	1	0	3.0000	2	0.0000	1.0000
1	0	1	1	1	1	1	1	0	1	1	1	1	1	1	0	1	1	1	2.0000	2	0.0000	1.0000
1	0	1	1	1	1	1	1	0	0	1	1	1	0	1	0	1	1	1	2.0000	2	0.0000	1.0000
1	1	0	0	0	0	0	0	1	1	0	0	0	0	0	0	0	1	1	13.0000	1	1.0000	0.0000
1	1	0	0	0	0	0	1	1	0	1	0	1	0	1	0	0	1	1	1.0000	2	0.0000	1.0000
1	1	0	0	0	0	1	0	1	1	0	0	1	0	1	0	0	1	0	2.0000	2	0.0002	0.9998
1	1	0	0	0	1	0	1	1	0	1	0	0	0	0	0	0	1	1	1.0000	1	1.0000	0.0000
1	1	0	0	1	0	0	0	1	0	1	0	0	0	0	0	0	1	1	2.0000	1	1.0000	0.0000
1	1	0	0	1	0	1	0	1	0	1	0	0	0	0	0	0	1	1	1.0000	1	1.0000	0.0000
1	1	0	0	1	0	1	0	1	1	1	1	1	0	1	1	0	1	1	1.0000	2	0.0000	1.0000
1	1	0	1	0	0	0	0	1	1	0	0	1	0	0	0	0	1	1	35.0000	1	1.0000	0.0000
1	1	0	1	0	0	0	0	1	1	0	1	1	1	1	1	1	1	1	1.0000	2	0.0000	1.0000
1	1	0	1	0	0	1	0	1	1	0	0	1	0	1	1	1	1	1	3.0000	2	0.0000	1.0000
1	1	0	1	0	0	1	0	1	1	0	1	1	1	1	1	0	1	0	2.0000	2	0.0000	1.0000
1	1	0	1	1	0	0	0	1	1	0	1	0	0	0	0	0	1	0	1.0000	1	1.0000	0.0000
1	1	0	1	1	0	0	1	1	0	1	0	0	0	0	0	0	1	1	3.0000	1	1.0000	0.0000
1	1	0	1	1	0	1	0	1	1	0	1	0	1	0	1	0	1	1	3.0000	2	0.0000	1.0000
1	1	0	1	1	0	1	0	1	1	0	1	0	0	0	0	0	1	1	2.0000	1	1.0000	0.0000
1	1	0	1	1	0	1	0	1	1	1	1	1	0	1	1	1	1	1	8.0000	2	0.0000	1.0000
1	1	1	0	0	0	1	0	1	1	0	1	1	0	1	1	0	1	1	3.0000	2	0.0000	1.0000
1	1	1	0	0	0	0	0	0	0	0	1	0	1	0	0	0	1	1	3.0000	2	0.0001	0.9999
1	1	1	1	0	0	0	0	0	0	1	1	0	1	1	0	1	1	1	1.0000	2	0.0000	1.0000
1	1	1	1	0	0	0	0	1	1	0	0	0	0	0	0	1	0	0	1.0000	1	1.0000	0.0000
1	1	1	1	0	0	0	0	1	1	0	1	1	0	1	1	0	1	1	3.0000	2	0.0000	1.0000

第四章　国有企业社会责任信息披露质量综合评价研究

CS211	CS212	CS213	CS214	CS22	CS221	CS222	CS223	CS23	CS231	CS232	CS233	CS24	CS241	CS242	CS243	CS245	CS246	CS247	观测频数	分类结果	第一类	第二类
1	1	1	1	0	0	0	0	1	1	0	1	1	0	1	1	1	1	0	1.0000	2	0.0000	1.0000
1	1	1	1	0	0	1	0	1	1	0	1	1	0	1	1	0	1	0	1.0000	2	0.0000	1.0000
1	1	1	1	0	0	1	0	1	1	0	1	1	0	1	1	1	1	1	1.0000	2	0.0000	1.0000
1	1	1	1	1	0	0	0	0	0	0	0	1	0	1	1	0	1	0	3.0000	2	0.0000	1.0000
1	1	1	1	1	0	0	0	1	1	1	0	0	0	0	1	1	1	1	1.0000	1	1.0000	0.0000
1	1	1	1	1	0	0	1	1	1	1	0	0	0	0	1	1	1	1	2.0000	1	1.0000	0.0000
1	1	1	1	0	1	0	1	0	1	0	0	1	0	0	0	1	0	0	2.0000	2	0.0000	1.0000
1	1	1	1	0	1	0	1	0	1	0	1	0	0	0	0	0	0	0	1.0000	2	0.0000	1.0000
1	1	1	1	1	0	1	0	1	0	1	0	1	0	0	0	0	1	0	8.0000	1	1.0000	0.0000
1	1	1	1	1	1	1	1	1	1	0	0	0	0	0	0	1	1	1	29.0000	1	1.0000	0.0000
1	1	1	1	1	0	1	1	0	1	0	0	0	0	0	1	1	1	1	2.0000	1	1.0000	0.0000
1	1	1	1	0	1	0	1	1	1	1	0	1	0	0	1	1	1	1	1.0000	2	0.0000	1.0000
1	1	1	1	1	0	1	0	1	1	0	1	0	1	0	1	0	1	1	1.0000	2	0.0000	1.0000
1	1	1	1	1	0	1	1	1	1	1	1	0	0	1	1	1	1	1	9.0000	2	0.0000	1.0000
1	1	1	1	1	0	1	0	1	1	1	1	0	0	0	0	1	1	1	3.0000	1	1.0000	0.0000
1	1	1	1	1	0	1	1	1	1	1	1	0	0	0	0	1	1	1	1.0000	1	1.0000	0.0000
1	1	1	1	1	1	1	0	1	0	1	0	1	0	1	0	0	1	0	1.0000	2	0.0000	1.0000
1	1	1	1	1	1	1	0	1	0	1	0	1	1	0	1	0	1	1	3.0000	2	0.0000	1.0000
1	1	1	1	1	1	1	0	1	0	1	0	1	1	0	1	1	1	1	33.0000	2	0.0000	1.0000
1	1	1	1	1	1	1	1	1	0	1	0	0	0	0	0	1	1	1	2.0000	1	0.9998	0.0002
1	1	1	1	1	1	1	1	1	0	1	0	1	0	1	1	1	1	1	1.0000	2	0.0000	1.0000
1	1	1	1	1	1	1	1	1	0	1	0	0	0	0	1	1	1	1	1.0000	1	0.9998	0.0002
1	1	1	1	1	1	1	1	1	1	1	1	1	1	1	1	1	1	1	9.0000	2	0.0000	1.0000
1	1	1	1	1	1	1	1	1	1	0	1	0	1	0	1	1	1	1	4.0000	2	0.0000	1.0000
1	1	1	1	1	1	1	1	1	1	0	1	0	1	0	1	1	1	1	3.0000	2	0.0000	1.0000
1	1	1	1	1	1	1	1	1	1	1	1	1	1	1	1	1	1	1	1.0000	2	0.0000	1.0000

表 4.24 综合分类评价结果表

C531	C5311	C5312	C5313	C532	C5321	C5322	C5323	观测频数	分类结果	第一类	第二类	第三类
0	0	0	0	0	0	0	0	7.0000	3	0.0000	0.0000	1.0000
0	0	1	0	0	0	0	0	2.0000	3	0.0051	0.0000	0.9949
1	0	0	0	0	0	0	0	19.0000	3	0.0867	0.0000	0.9133
1	0	0	0	1	0	0	0	16.0000	3	0.0485	0.0000	0.9515
1	0	0	0	1	0	0	1	1.0000	3	0.1003	0.0001	0.8996
1	0	0	1	0	0	0	0	2.0000	1	0.8537	0.0000	0.1463
1	0	0	1	0	0	0	1	1.0000	1	0.9273	0.0000	0.0726
1	0	0	1	1	0	0	0	1.0000	1	0.7578	0.0002	0.2420
1	0	1	0	0	0	0	0	99.0000	1	0.9400	0.0000	0.0600
1	0	1	0	0	0	0	1	3.0000	1	0.9716	0.0000	0.0283
1	0	1	0	1	0	0	0	15.0000	1	0.8935	0.0003	0.1062
1	0	1	0	1	0	1	1	2.0000	2	0.0003	0.9996	0.0001
1	0	1	1	0	0	0	0	83.0000	1	0.9990	0.0000	0.0010
1	0	1	1	0	0	0	1	7.0000	1	0.9977	0.0018	0.0005
1	0	1	1	1	0	0	0	41.0000	1	0.9805	0.0176	0.0019
1	0	1	1	1	0	0	1	5.0000	2	0.1878	0.8120	0.0002
1	0	1	1	1	0	1	0	9.0000	2	0.0014	0.9986	0.0000
1	0	1	1	1	0	1	1	114.0000	2	0.0000	1.0000	0.0000
1	1	1	1	0	0	0	1	2.0000	2	0.0001	0.9999	0.0000

表4.25 综合分类评价结果表

CS41	CS411	CS412	CS413	CS42	CS421	CS422	CS423	CS43	CS431	CS432	CS433	CS44	CS441	CS442	CS443	CS45	CS451	CS452	CS453	观测频数	分类结果	第一类	第二类
0	0	0	0	0	0	0	0	1	0	0	0	1	0	0	0	0	0	0	0	3.0000	1	1.0000	0.0000
0	0	0	0	0	0	0	0	1	0	0	0	1	0	1	0	0	0	0	0	7.0000	1	1.0000	0.0000
0	0	0	0	0	0	0	0	1	0	1	0	1	0	0	0	0	0	0	0	37.0000	1	1.0000	0.0000
0	0	0	0	0	0	0	0	1	0	1	0	1	0	0	0	0	0	0	1	10.0000	1	1.0000	0.0000
0	0	0	0	0	0	0	0	1	0	1	0	1	0	0	0	0	0	1	0	3.0000	1	1.0000	0.0000
0	0	0	0	0	0	0	0	1	0	1	0	1	0	0	0	1	1	1	0	3.0000	1	1.0000	0.0000
0	0	0	0	0	0	0	0	1	0	1	0	1	1	0	0	0	0	0	0	5.0000	1	1.0000	0.0000
0	0	0	0	0	0	0	0	1	1	0	0	1	0	0	0	0	0	0	0	1.0000	1	1.0000	0.0000
0	0	0	0	0	0	0	0	1	1	1	0	1	0	0	0	0	0	0	0	20.0000	1	1.0000	0.0000
0	0	0	0	0	0	0	0	1	1	1	0	1	0	1	0	0	0	0	0	4.0000	1	1.0000	0.0000
0	0	0	0	0	0	0	0	1	1	1	0	1	1	1	0	0	0	0	0	9.0000	1	1.0000	0.0000
0	0	0	0	0	0	0	0	1	1	1	1	1	1	1	0	0	0	0	0	8.0000	1	1.0000	0.0000
0	0	0	0	0	0	0	1	1	0	1	0	1	0	0	0	0	0	0	0	3.0000	1	1.0000	0.0000
0	0	0	0	0	0	0	1	1	0	1	0	1	0	0	0	1	0	0	0	3.0000	1	1.0000	0.0000
0	0	0	0	0	0	1	1	1	1	1	0	1	0	0	0	0	1	1	0	2.0000	1	1.0000	0.0000
0	0	0	0	0	1	1	1	1	1	0	0	1	1	0	0	1	1	0	0	2.0000	1	1.0000	0.0000
0	0	0	0	1	0	0	0	1	0	1	0	1	0	0	0	0	0	0	0	4.0000	1	1.0000	0.0000
0	0	0	0	1	0	0	0	1	0	1	0	1	0	1	0	0	0	0	0	3.0000	1	1.0000	0.0000
0	0	0	0	1	0	0	0	1	1	1	1	1	0	0	0	0	0	0	0	3.0000	1	1.0000	0.0000
0	0	0	1	0	0	0	0	1	1	1	0	1	0	0	0	0	0	0	0	5.0000	1	1.0000	0.0000
0	0	0	1	0	0	0	1	1	1	1	1	1	1	1	0	0	0	0	1	1.0000	1	0.9960	0.0040
0	0	0	1	0	0	0	1	1	1	1	1	1	1	1	0	1	0	0	1	3.0000	1	0.9567	0.0433
0	0	0	1	0	0	0	1	1	1	1	1	1	1	1	1	1	1	1	1	3.0000	2	0.0066	0.9934
0	0	1	0	0	0	0	0	1	0	1	0	1	0	0	0	0	0	0	0	2.0000	1	1.0000	0.0000
0	0	1	0	0	0	0	0	1	0	1	0	1	0	1	0	1	0	0	0	3.0000	1	1.0000	0.0000
0	0	1	0	0	0	0	0	1	0	1	0	1	0	0	0	0	0	0	0	32.0000	1	1.0000	0.0000

105

C541	C5411	C5412	C5413	C542	C5421	C5422	C5423	C543	C5431	C5432	C5433	C544	C5441	C5442	C5443	C545	C5451	C5452	C5453	观测频数	分类结果	第一类	第二类
0	0	1	0	0	0	0	0	1	0	1	0	1	0	1	0	0	0	0	1	2.0000	1	1.0000	0.0000
0	0	1	0	0	0	0	0	1	0	1	0	1	0	1	0	0	0	1	1	3.0000	1	1.0000	0.0000
0	0	1	0	0	0	0	0	1	0	1	0	1	0	1	1	0	0	0	0	2.0000	1	1.0000	0.0000
0	0	1	0	0	0	0	0	1	1	1	0	1	0	0	0	0	0	0	0	3.0000	1	1.0000	0.0000
0	0	1	0	0	0	0	0	1	1	1	0	1	1	0	0	0	0	0	0	3.0000	1	1.0000	0.0000
0	0	1	0	0	0	0	0	1	1	1	0	1	1	1	0	0	0	0	0	1.0000	1	1.0000	0.0000
0	0	1	0	0	0	0	1	1	0	1	0	1	0	1	0	0	0	0	0	3.0000	1	1.0000	0.0000
0	0	1	0	0	0	0	1	1	1	1	0	0	0	0	0	0	0	0	0	1.0000	1	1.0000	0.0000
0	0	1	0	0	0	0	1	1	1	1	0	1	0	0	0	0	0	0	0	1.0000	1	1.0000	0.0000
0	0	1	0	0	0	0	1	1	1	1	1	1	1	1	0	0	0	0	0	7.0000	1	1.0000	0.0000
0	0	1	0	0	0	1	1	1	1	1	0	1	1	0	0	0	0	0	0	1.0000	1	0.9996	0.0004
0	0	1	0	1	0	0	0	1	0	1	0	1	0	0	0	0	0	0	0	13.0000	1	1.0000	0.0000
0	0	1	0	1	0	1	0	1	0	1	0	1	0	0	0	0	0	0	0	14.0000	1	1.0000	0.0000
0	0	1	1	0	0	0	0	1	0	1	0	1	1	0	0	0	0	0	0	5.0000	1	1.0000	0.0000
0	0	1	1	0	0	0	0	1	0	1	0	1	1	0	0	0	0	0	0	3.0000	1	1.0000	0.0000
1	0	0	0	0	0	0	0	1	0	1	0	1	0	1	0	0	0	0	0	3.0000	1	1.0000	0.0000
1	0	0	0	0	0	1	0	1	0	1	0	1	1	0	0	0	0	1	1	1.0000	1	0.9991	0.0009
1	0	1	0	0	0	0	0	1	0	1	0	1	0	0	0	0	0	0	0	1.0000	1	1.0000	0.0000
1	0	1	0	0	0	0	0	1	0	1	0	1	1	1	0	0	0	0	0	3.0000	1	1.0000	0.0000
1	0	1	0	0	0	0	0	1	0	1	1	1	1	1	0	0	0	0	0	3.0000	1	0.9998	0.0002
1	0	1	0	0	0	0	0	1	1	1	0	1	1	1	0	0	0	0	0	1.0000	1	0.9998	0.0002
1	0	1	0	1	0	0	0	1	0	1	0	1	1	1	0	0	0	1	1	1.0000	1	0.9865	0.0135
1	0	1	1	0	0	0	0	1	0	1	0	1	0	0	0	0	0	0	0	1.0000	1	1.0000	0.0000
1	0	1	1	0	0	0	0	1	0	1	0	1	0	0	0	0	0	0	0	1.0000	1	0.9998	0.0002
1	0	1	1	0	0	0	0	1	0	1	0	1	0	1	0	1	0	1	1	2.0000	1	0.7029	0.2971
1	0	1	1	0	0	0	0	1	0	1	1	1	0	0	0	0	0	0	0	3.0000	1	1.0000	0.0000
1	0	1	1	0	0	0	0	1	1	1	0	1	0	0	0	0	0	0	1	1.0000	1	0.9786	0.0214

第四章 国有企业社会责任信息披露质量综合评价研究

CS41	CS411	CS412	CS413	CS42	CS421	CS422	CS423	CS43	CS431	CS432	CS433	CS44	CS441	CS442	CS443	CS45	CS451	CS452	CS453	观测频数	分类结果	第一类	第二类
1	0	1	1	0	0	0	0	1	1	1	0	1	0	1	1	0	0	1	1	3.0000	2	0.0390	0.9610
1	0	1	1	0	0	0	0	1	1	1	1	1	1	0	0	0	0	0	0	2.0000	1	0.9873	0.0127
1	0	1	1	0	0	0	0	1	1	1	0	1	1	0	0	0	0	0	1	1.0000	1	0.7284	0.2716
1	0	1	1	0	0	0	1	1	1	0	0	1	0	1	1	0	0	1	1	2.0000	2	0.0427	0.9573
1	0	1	1	0	0	0	1	1	1	1	0	1	1	0	0	0	0	0	1	6.0000	2	0.1092	0.8908
1	0	1	1	0	0	0	1	1	1	1	0	1	1	1	0	0	0	0	0	1.0000	2	0.3158	0.6842
1	0	1	1	0	0	0	1	1	1	1	0	1	1	1	0	1	0	1	1	1.0000	2	0.0003	0.9997
1	0	1	1	1	0	1	0	1	0	1	0	1	1	1	1	0	0	1	1	1.0000	1	0.9418	0.0582
1	1	1	0	0	0	0	1	1	0	0	0	1	0	1	0	0	0	1	0	4.0000	1	0.9873	0.0127
1	1	1	0	0	0	0	1	1	0	1	0	1	1	1	1	0	0	0	0	3.0000	1	0.9999	0.0001
1	1	1	0	1	0	1	0	1	0	1	0	1	1	1	1	0	0	1	1	2.0000	2	0.0131	0.9869
1	1	1	1	0	0	0	1	1	1	1	0	1	0	0	0	0	0	0	0	2.0000	1	0.9930	0.0070
1	1	1	1	0	0	0	0	1	0	1	0	1	0	0	1	0	0	0	1	1.0000	2	0.1536	0.8464
1	1	1	1	0	0	0	0	1	1	1	0	1	0	1	0	1	0	0	0	1.0000	2	0.4061	0.5939
1	1	1	1	0	0	0	0	1	1	0	1	1	1	1	0	0	0	0	1	2.0000	2	0.0385	0.9615
1	1	1	1	0	0	0	0	1	1	1	0	1	1	1	1	0	0	0	1	3.0000	2	0.0015	0.9985
1	1	1	1	0	0	0	0	1	1	1	1	1	1	1	0	0	0	0	0	10.0000	2	0.0001	0.9999
1	1	1	1	0	0	0	0	1	1	1	1	1	1	1	1	0	0	1	1	4.0000	2	0.0000	1.0000
1	1	1	1	0	0	0	0	1	1	1	1	1	1	1	1	1	1	1	1	3.0000	2	0.0000	1.0000
1	1	1	1	0	0	0	1	1	0	1	0	1	0	1	1	0	0	0	0	1.0000	2	0.0303	0.9697
1	1	1	1	0	0	0	1	1	1	1	1	1	1	1	0	0	0	0	1	7.0000	2	0.0000	1.0000
1	1	1	1	0	0	0	1	1	1	1	1	1	1	1	1	1	1	1	1	6.0000	2	0.0000	1.0000
1	1	1	1	1	0	0	0	1	0	1	0	1	0	1	1	0	0	0	0	5.0000	2	0.0614	0.9386
1	1	1	1	1	0	0	0	1	1	1	1	1	1	1	0	0	0	0	1	4.0000	2	0.0011	0.9989
1	1	1	1	1	0	0	0	1	1	1	1	1	1	0	0	0	0	0	1	1.0000	2	0.0001	0.9999
1	1	1	1	1	0	0	0	1	1	1	0	1	1	1	0	0	0	0	1	1.0000	2	0.0000	1.0000

C541	C5411	C5412	C5413	C542	C5421	C5422	C5423	C543	C5431	C5432	C5433	C544	C5441	C5442	C5443	C545	C5451	C5452	C5453	观测频数	分类结果	第一类	第二类
1	1	1	1	1	1	1	1	0	1	1	1	0	1	1	1	1	0	1	0	2.0000	2	0.0000	1.0000
1	1	1	1	1	1	1	1	1	0	1	0	1	0	1	0	1	0	0	0	1.0000	2	0.0000	1.0000
1	1	1	1	1	1	1	1	1	0	1	0	1	0	1	1	0	0	0	0	18.0000	2	0.0000	1.0000
1	1	1	1	1	1	1	1	1	1	0	1	1	1	0	0	0	0	0	1	2.0000	2	0.0000	1.0000
1	1	1	1	1	1	1	1	1	1	0	1	1	1	0	0	0	1	0	0	1.0000	2	0.0000	1.0000
1	1	1	1	1	1	1	1	1	1	0	1	1	1	0	0	1	1	0	1	1.0000	2	0.0000	1.0000
1	1	1	1	1	1	1	1	1	1	1	1	1	1	1	1	0	0	0	1	30.0000	2	0.0000	1.0000
1	1	1	1	1	1	1	1	1	1	0	1	1	1	1	0	0	1	1	0	1.0000	2	0.0000	1.0000
1	1	1	1	1	1	1	1	1	0	1	1	1	1	1	1	1	1	1	1	34.0000	2	0.0000	1.0000

表 4.26 综合分类评价结果表

C56	C561	C562	C563	观测频数	分类结果	第一类	第二类
0	0	0	1	4.0000	2	0.0380	0.9620
0	0	1	1	10.0000	1	0.9178	0.0822
0	1	1	1	6.0000	1	0.9823	0.0177
1	0	0	0	10.0000	2	0.0279	0.9721
1	0	0	1	17.0000	2	0.0954	0.9046
1	0	1	0	8.0000	1	0.8905	0.1095
1	0	1	1	116.0000	1	0.9676	0.0324
1	1	0	0	4.0000	2	0.1249	0.8751
1	1	0	1	11.0000	2	0.3441	0.6559
1	1	1	0	35.0000	1	0.9759	0.0241
1	1	1	1	208.0000	1	0.9933	0.0067

表 4.27 综合分类评价结果表

C582	C5821	C5822	C5823	C5824	C5825	观测频数	分类结果	第一类	第二类
0	0	0	0	0	0	34.0000	1	1.0000	0.0000
0	0	0	0	0	1	2.0000	1	1.0000	0.0000
0	0	0	0	1	1	256.0000	1	1.0000	0.0000
0	0	0	1	0	0	5.0000	1	1.0000	0.0000
0	0	0	1	1	1	16.0000	1	1.0000	0.0000
0	1	1	1	1	1	1.0000	2	0.0000	1.0000
1	0	0	0	1	1	1.0000	1	0.9984	0.0016
1	0	0	1	1	1	8.0000	1	0.9811	0.0189
1	0	1	1	1	1	4.0000	2	0.0001	0.9999
1	1	1	0	1	1	49.0000	2	0.0000	1.0000
1	1	1	1	1	1	53.0000	2	0.0000	1.0000

第五章 国有企业社会责任信息披露影响因素分析

5.1 引言

自2006年3月10日中国电网企业发布的第一份国有企业社会责任报告以来,政府、社会和企业自身已经越来越重视企业社会责任的承担和履行问题,企业披露的社会责任信息日益增加,"十二五"规划也对企业的可持续发展能力提出了更高要求,企业社会责任信息披露的重要性逐渐凸现。因此深入探讨哪些因素影响企业社会责任信息披露并进而规范企业的信息披露显得尤为重要。同时为企业信息披露的政策评估提供理论基础。

本研究所要求的数据样本量大,质量高,与民营企业或者外资企业相比,国有企业目标不仅包括经济目标,也包括非经济目标,因此更倾向于披露社会责任信息,且信息披露更规范;国有企业是社会各界关注的焦点,值得对其社会责任信息披露问题进行深入研究;目前对于该问题的研究还比较少,现有的文献在指标、数据或方法等方面都存在不足。因此,本研究将对国有企业社会责任信息披露(以下简称为 SRD)的影响因素进行更系统深入的分析。

本研究试图构建与社会责任信息披露问题相匹配的微观计量模型,结合信号发送理论和多目标决策理论,采用面板数据模型、离散选择模型,多层次、多维度地动态分析国有企业社会责任信息披露的各类影响因素。为认识决定我国国有企业社会责任信息披露的影响因素提供一些经验依据,也为企业社会责任信息的提供者、使用者及监管者提供理论参考。

5.2 文献综述

5.2.1 国外影响因素研究

现有的关于企业社会责任信息披露影响因素的研究成果主要集中在国外。根据本研究需要,对以下几个方面研究成果进行综述。

企业外部合影响因素:Gray(1995)利用合法性理论解释披露环境和社会信息的行为,企业通常以社会责任信息报告的形式来证明它的行为合法性。Deegan & colleagues(1996,1998,1999),Patten(1991,1992)的研究表明当组织所在行业要面对环境污染、违反人权、法律诉讼等困境时,环境和社会信息披露的数量更多。Epstein & Freedman (1994)认为遵守信息披露法规是企业进行社会责任信息披露的主要原因。

Epstein & Freedman (1994)发现个人投资者需要更多的企业社会责任信息。Epstein & Freedman(1994)对个人投资者的调查表明其对有关产品安全和质量以及企业环境活动方面的信息有强烈的需求。Simon(2005)研究表明非政府组织影响日益强大,要求企业提供有关公平贸易、人权、工人权利、环境影响、财务健康及企业治理领域的信息。

企业内部因素:企业社会责任信息披露行为除了受到来自诸如立法者、定规者和利益相关者的影响外(Roberts,1992;Sinclair,2003;Willis,2003),企业社会责任信息披露行为也存在着内部的影响因素。社会责任信息披露随着企业规模和媒体可见度(Cormier & Magnan,2003)、企业绩效(Hooghiemstra,2000)、行业(Walker & Howard,2002)、企业的所有权和治理结构(Roberts 1992,Cullen & Christopher,2002;Cormier & Magnan,2003)而不同。

5.2.2 国内影响因素研究

国内关于企业社会责任信息披露的影响因素研究成果很有限,主要有黎精明(2004)、阳秋林(2005)、沈洪涛(2006)、李正(2008)、李诗田(2010)等。沈洪涛(2006)研究了我国企业社会责任信息披露与企业特点的相关性问题,她发现企业规模越大、长期盈利能力越好,披露的社会责任信息越多;上市地点对企业社会责任信息披露也有显著影响。李正(2008)使用上海证券交易所的 642 家样本企业,检验了企业社会责任信息披露的影响因素。他发现资产规模、重污染行业因素与企业的社会责任信息披露正相关;企业盈利能力、ST 类企业与企业社会责任信息披露负相关。李诗田(2010)以 2005—2007 年中国上市企业社会责任报告作为样本,用普通多元回归分析法(OLS)对合法性、代理冲突与社会责任信息披露水平的关系进行了实证分析,认为合法性因素对企业社会责任信息披露有积极影响。

5.2.3 国内外研究存在问题

国内外研究缺少宏观层面的影响因素分析,较少采用面板数据作动态研究,没有考虑到结果变量的多层次、多维度的问题,最重要的是没有将理论与计量经济学模型完美对接。

5.3 分析框架

5.3.1 采用面板数据

现有研究大多使用的是截面数据,即在某一时点上观察个体的各项指标,一般来说,截面数据通常适用于探索性和描述性研究。然而,本文是对影响因素进行分析,因果关系成立的必要条件之一,就是现象发生的先后顺序,即原因应该先于结果。因此,截面数据所包含的变量信息反映的都是调查时点处的状态和行为,通常不包含时间的先后。为了克服这一不足,本研究采用面板数据进行空间和时间的动态分析,这有利于对未被观测到的异质性进行控制且能够进一步描述影响因素的变化趋势。同时,与以往研究不同的是,本研究所选取的样本量较大,因此更具说服力。

5.3.2 多层次分析

本文将信息披露分为两个层面,对其进行多维度分析:一是对信息披露合规性、合法性进行分析,包括信息披露的规范性与丰富性,信息披露的规划与设置完整性,信息披露的可信性、可读性和可比性,信息披露的核心内容完备性;二是多目标决策层面,包括员工信息披露、客户信息披露、环境信息披露、政府信息披露以及社会组织信息披露。同时,每项指标的信息披露质量存在不同层次:信息披露基本符合要求、信息披露比较好、信息披露非常令人满意。此外,以上每项指标的影响因素都有很多,本文大体分为四个层次:第一层次影响因素、第二层次影响因素、企业内部影响因素、宏观影响因素。

5.3.3 合法性理论

企业积极地进行 SRD 主要是表明该企业是一个好的社会公民,从而获得各利益相关者的认可,此时的披露主要是以一种合法性的工具出现,以示企业的行为遵守了利益相关者心目中的准则和期望。关于合法性理论主要来自于(Deegan,2002;Deephouse & Carter,2005;Neu 1998;Patten & Crampton,2004;Zimmerman & Zeitz,2002)。

5.3.4 信号发送理论

Demski、Feltham(1970)运用信息经济学理论为财务信息披露行为做出了严格的推理分析,开创了分析式会计,也为后续研究者提供了一个理论的分析框架。本研究发现,我国国有企业 SRD 有如下特点:国有企业有选择的进行披露;部分企业进行披露;披露内容多样化;信息的披露可能引起政府部门的行政干预而产生政治成本,或可能引起消费者减少对企业产品的需求而使企业的利润下降,或可能引起企业职工或其他资源提供方提出对原有合约进行重新谈判的要求而带来不必要的成本,或可能直接有损企业的商业信用,或者已存或潜在的竞争对手利用披露的有关信息采取新的竞争策略而使企业处于竞争的不利地位等,这些都成为信息披露的成本;与此同时社会责任信息披露类似于劳动力市场的信号传递,只有部分信号传递成本低于一定程度的企业才会选择信息披露,当然决定信息披露的因素不止于此但这是主要原因。本研究认为信号传递模型(斯彭斯 2001)可以很好地刻画该行为。

企业进行社会责任信息披露的行为实质是信号发送过程,环境信息披露、利益相关者信息披露等这些都是企业对外界发送的信号,此过程中,企业进行着选择,同时还存在信号发送成本。当市场获取这些信息后,社会各界便得知企业履行社会责任的情况,于是会开始新一轮的评价,调整原先的条件概率信念,形成新的衡量标准,然后企业继续发送信号,如此循环往复。图 5.1 中说明了企业信号发送过程的各要素。

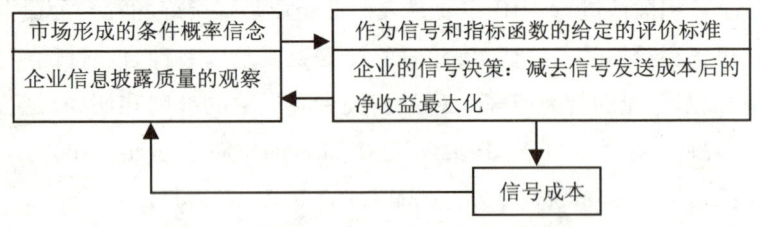

图 5.1 企业社会责任信息披露的市场反馈

5.3.5 多目标决策理论

国有企业的本质属性是国有性。它和属于私有范畴的一般企业,在组织目标上应该有本质的区别。国有企业不像私有企业那样仅仅追求经济目标(Vernon,1979;Aharoni,1981;Zif,1981;Ramamurti,1987;Ramanadham,1991;吕政等,1995;金碚,1999;黄速建,余菁,2006)。

白重恩(2000,2006,2007)、李涛(2008)、沈志渔(2008)研究表明当前国有企业经营目标多元化,并且在短时间内非经济目标占主导地位。因此在构建国有企业行为模型目标函数时应考虑目标的多样性。

5.3.6 理论与计量模型相结合

对于研究方法而言,现有研究主要采用的是以马歇尔提出的代表性厂商和代表性消费者为基础的考尔斯计量经济学。但是所有文献得到的数据都以下特征:代理人具有普遍的异质性和行为的多样性;样本存在比较明显的自选择问题,很多国有企业社会责任信息并未被披露。因此必须建立精确公式化的个体行为模型,并根据个体数据对模型进行估计,这样将拉近理论与数据之间的距离。

本研究主要观点如下:国有企业信息披露是一种选择行为,因此模型为非线性,该选择同时具备社会性与经济性;模型应具备刻画数据自选择的能力,因为大部分企业并未公布社会责任信息;该模型应反映多目标决策的内容,反映在具体统计问题上就是大量变量的内生性,也就是社会责任信息披露的选择和一些解释变量的相关性问题,该问题会导致模型估计的无效性(白重恩 2003),即常用的回归模型及最小二乘均会失效。因此,本研究将采用面板数据模型、离散选择模型,便于更好的刻画异质性,从而有效分析国有企业社会责任信息披露的影响因素。

5.4 影响因素选择

5.4.1 大股东所有权

在中国的所有权具有独特的特点。与在较先进的经济中的上市企业不同,大多数上市的中国企业最初是由国有企业转化而来,有三个不同类型的股份所有权:国有股,法人股和个人股。大股东所有权是大股东持有的股份比例(即5%或以上的股权)。Jensen & Meckling(1976)认为,大股东应该有更大的权力和动力去监督管理,因为他们的财富与企业的财务表现息息相关。Hossain 等(1994)和 Chau & Gray(2002)分别利用马来西亚、香港和新加坡的上市企业揭露出了所有制结构和自愿性信息披露之间的正相关关系。

5.4.2 独立董事人数

董事会是企业战略的决策机构,把社会责任作为决策准则之一,能够对社会责任有较高的重视,企业才能更好的履行社会责任并进行信息披露。较大规模的董事会可以提供多角度的决策咨询,帮助企业获得更多的资源来披露社会责任信息。董事会中的独立非执行董事被视为监控经理人员行为的一种工具,他们将导致企业自愿披露更多的信息,包括企业的社会责任信息。Forker(1992)认为,董事会中独立非执行董事的比例越高,就越能加强对信息披露质量的监控。

5.4.3 企业规模

Patten(1991)对美国企业年报中社会责任信息披露质量的研究证明了企业规模是重要的解释变量,较大的企业很可能比小企业受到更多的公众关注,而且,小企业也可能不需要通过年报或者其他正规渠道来同股东沟通有关其社会责任信息(Cowen,Ferreri & Parker,1987;Patten,1991)。Simon(2005)对 FTSE – Good 前 150 家企业的实证研究表明,社会责任信息的报告成果与企业规模有关,大型企业和中型企业社会责任报告明显不同于小企业的相关报告。李正(2008)认为企业规模越大,企业越倾向于披露社会责任信息。由于大企业具备更多可用资源,并且有着更高的可见度,对外部压力集团的检查也更加敏感,因此很可能从事并报告更多的社会责任事业。

5.4.4 行业属性

Cowen et al.(1987)的研究表明,企业所属的不同行业会影响企业的社会责任信息披露,某些行业披露的企业社会责任信息明显多于其他行业。Dierkes& Preston(1977)认为,那些会对环境有重大影响的行业更有可能披露社会责任信息。《环境保护法》、《劳动法》等要求重污染企业在环境保护、员工福利、社区等方面从事更多企业 SRD 的活动,因此,这类企业会披露社会责任信息表明自己的行为。

所属行业包括两种类型:消费者靠近型、环境敏感型。根据消费者靠近程度的不同,本文进一步将其细分为高知名度行业和知名度较低的行业。根据以往的文献,高知名度的行业包括:家居用品、纺织品、饮料,食品和药物的零售商,电讯服务,电力,天然气,水还有金融等。本文用 0 – 1 变量在众多企业中加以指明:1 表示知名度较高的企业;0 表示知名度较低的企业。同样,根据环境敏感性的差异,进一步将所属行业(环境敏感型)划分为两类,并用 0 – 1 变量加以指明:1 表示一个企业来自对环境敏感度较高的行业,0 表示一个企业来自对环境敏感度较低的行业。

5.4.5 上市时间

上市时间越长,企业越成熟规范,受到外界的关注也越多,企业会更加在意自己的声誉,因此倾向于披露更多的社会责任信息(fama, 1976)。

5.4.6 成本

在现有的文献中,较少有研究将成本作为解释变量来分析企业社会责任信息披露,然而本文认为成本是企业 SRD 重要的影响因素。白重恩(2000,2006,2007)、李涛(2008)、沈志渔(2008)研究表面当前国有企业经营目标多元化,并且在短时间内非经济目标占主导地位。李涛(2008)发现国有企业现期内社会责任成本在整个成本中占比较固定比例。企业社会责任成本越大,表明企业在社会责任方面做的越多,因此越倾向于披露社会责任信息。

5.4.7 盈利

(Archel, 2003; Brammer & Pavelin, 2007; Patten, 1991; Purushothaman, 2000)研究表明盈利能力不是企业社会责任信息披露的一个重要决定因素。Preston(1997)提出的提供资金假说认为,好的盈利状况使企业有更宽裕的资源投入到企业社会责任活动中去,因此也更有可能披露社会责任信息。从利益相关者的角度来看(Roberts, 1992),人们期望经济效益和社会责任信息披露呈正相关关系。针对存在的这些结果和不同的解释,企业盈利能力和社会责任信息披露之间的联系尚未得到确切的验证(Archel, 2003; Bewley & Li, 2000; Purushothaman, 2000)。

5.4.8 编制依据、报告审验、反馈方式

基于合法性理论(Deegan, 2002; Deephouse & Carter, 2005; Neu 1998; Patten & Crampton, 2004; Zimmerman & Zeitz, 2002),企业会倾向于披露更多的社会责任信息来表示他们遵守了利益相关者的准则和期

望。李诗田(2010)认为合法性压力对企业社会责任信息披露有积极影响。编制依据、报告审验以及反馈方式可以对企业起到更好的指导和规范作用。

企业社会责任报告的编制依据多种多样,主要有上交所指引、深交所指引、GRI可持续发展报告指南、中国工经联指南、国资委指导意见、行业指引、金融机构社会责任指引等。企业在进行社会责任信息披露时遵循这些编制依据的指引,对规范其社会责任报告撰写大有裨益,信息披露质量也会随之提升。

审验报告是专业审计机构对于企业社会责任报告的审计结果,对于报告的可信性、权威性有比较大的提升。因此它也是企业社会责任信息披露的重要影响因素。

反馈方式及反馈问卷是报告使用者(利益相关者)与企业进行沟通的重要渠道,它也是企业社会责任报告的重要组成部分。显然是否有反馈方式对企业社会责任信息披露的完整性以及与利益相关者的沟通都产生了较大影响。

5.4.9 经济环境

本文用企业所在地的GDP得分作为衡量经济环境的指标,经济环境作为宏观影响因素,对企业的生存和发展以及从事社会责任的行为都会产生一定的影响。通常情况下,企业所处的经济环境越好,会更加受到外界关注,因而需要披露更多的社会责任信息。

5.4.10 其他解释变量

为了测试主要假设,我们还选择了其他几个与国有企业社会责任信息披露有关的因素作为多元回归模型中的解释变量。包括:董监事及高管总人数、董事会人数、监事会人数等。

综上所述,本文选取第一大股东持股比例、董监事及高管总人数、董事会人数、独立董事人数、监事会人数、盈利、成本、上市时间、所属行业(消费者靠近型、环境敏感型)、企业规模、编制依据、报告审验、反馈意见以及经济环境等因素来分析国有企业 SRD 的披露质量。

5.5 方法与模型

如前文所述,鉴于因变量多层次,样本存在不可观测的个体差异性,本研究采用面板数据模型、离散选择模型便于更好地刻画异质性,减少变量之间发生多重共线性的可能,从而有效分析国有企业社会责任信息披露的影响因素。主要模型包括以下几种:

5.5.1 Random Effects Ordered Probit 模型

随机效用有序 Probit 模型有利于分析多变量以及个体异质性对信息披露质量的影响。模型如下:

$$y_{it}^* = \alpha_i + x_{it}'\beta + \varepsilon_{it} \quad \varepsilon_{it}|x_i \sim N[0,1]$$

当 $\mu_{j-1} < y_{it}^* < \mu_j$ 时, $y_{it} = jj = 0,1,\cdots,J$

$$\mu_{-1} = -\infty, \mu_0 = 0, \mu_J = +\infty$$

$$P\{y_{it} = j|x_i\} = \Lambda(\mu_j - \alpha_i - x_{it}'\beta) - \Lambda(\mu_{j-1} - \alpha_i - x_{it}'\beta)$$

当 $y_{it} > j$ 时, $w_{it,j} = 1 \quad j = 0,\cdots,J-1$

$$P\{w_{it,j} = 1|x_i\} = \Lambda(\alpha_i - \mu_j + x_{it}'\beta)$$
$$= \Lambda(\theta_i + x_{it}'\beta)$$

模型中引入潜在变量 y_{it}^*,i 表示 i 个企业,t 表示时间,j 代表了因变量的不同层次,μ_j 表示未知的分割点,Λ 代表正态分布的分布函数。

5.5.2 Random effects generalized ordered probit 模型

此模型可以很好的描述不可观测的个体异质性,以便进一步分析各因素对于信息披露质量不同层次的影响效果。因变量取不同层次的条件概率如下：

$$P\{Y_{it} = 1 | x_{it}, \alpha_i\} = F(-x_{it}'\beta_1 - \alpha_i)$$

$$P\{Y_{it} = j | x_{it}, \alpha_i\} = F(-x_{it}'\beta_j - \alpha_i) - F(-x_{it}'\beta_{j-1} - \alpha_i)$$

$$j = 2, \cdots, J-1$$

$$P\{Y_{it} = J | x_{it}, \alpha_i\} = 1 - F(-x_{it}'\beta_{J-1} - \alpha_i)$$

其中，$y \in \{1, 2, \cdots J\}$，代表了因变量 y 的不同层次，i 表示 i 个企业，t 表示时间，这里，α_i 是截距项，β 是一个随机变量，会随着 y 的不同层次发生改变。F 代表标准正态分布或 logistic 分布的分布函数。

5.5.3 Ordered probit regression 模型

有序 probit 模型可以有效的捕捉因变量的离散性，从而分析解释变量对其的影响。此模型的具体展开表示如下：

$$y^\Box = \beta x + \varepsilon \quad \varepsilon | x \sim N[0, 1]$$

当 $y^* \leq \mu_1$ 时，$y = 0$

当 $\mu_1 < y^* \leq \mu_2$ 时，$y = 1$

……

当 $y^* > \mu_J$ 时，$y = J$

$y = 0, 1 \cdots$ 的概率分别为：

$$P\{y = 0 | x\} = P\{y^* \leq \mu_1 | x\} = \Phi(\mu_1 - \beta x)$$

$$P\{y = 1 | x\} = P\{\mu_1 < y^* < \mu_2 | x\}$$

$$= \Phi(\mu_2 - \beta x) - \Phi(\mu_1 - \beta x)$$

……

$$P\{y = J | x\} = P\{y^* > \mu_J | x\} = 1 - \Phi(\mu_J - \beta x)$$

其中，y 为被解释变量、x 为解释变量、Φ 为标准正太分布的累计密度函数、μ_j 为未知的分割点。

5.5.4 分时模型

本研究分别选取 2009 年、2010 年、2011 年来进一步分析解释变量对该信息披露质量影响的时间变化趋势。基本模型如下：

$$y_{it}^* = \beta_{it} x_{it} + \varepsilon_{it} \quad \varepsilon_{it} | x_{it} \sim N[0,1]$$

当 $y_{it}^* \leq \mu_1$ 时，$y_{it} = 0$

当 $\mu_1 < y_{it}^* \leq \mu_2$ 时，$y_{it} = 1$

……

当 $y_{it}^* > \mu_J$ 时，$y_{it} = J$

$y_{it} = 0, 1 \cdots$ 的概率分别为：

$$P\{y_{it} = 0 | x_{it}\} = P\{y_{it}^* \leq \mu_1 | x_{it}\}$$
$$= \Phi(\mu_1 - \beta_{it} x_{it})$$
$$P\{y_{it} = 1 | x_{it}\} = P\{\mu_1 < y_{it}^* \leq \mu_2 | x_{it}\}$$
$$= \Phi(\mu_2 - \beta_{it} x_{it}) - \Phi(\mu_1 - \beta_{it} x_{it})$$
……
$$P\{y_{it} = J | x_{it}\} = P\{y_{it}^* > \mu_J | x_{it}\} = 1 - \Phi(\mu_J - \beta_{it} x_{it})$$

其中，i 表示企业，t 表示时间，Φ 为标准正太分布的累计密度函数、μ_i 为未知的分割点。

本研究将分别用以上四个模型来分析国有企业 SRD 的规范性与丰富性，核心内容完备性，客户信息披露；分别用模型一和模型四来分析国有企业 SRD 的规划与设置完整性，信息披露的可信性、可读性与可比性，员工信息披露，环境信息披露，政府信息披露和社会组织信息披露。

5.6 国有企业 SRD 各指标披露质量的影响因素分析

5.6.1 信息披露的规范性与丰富性的影响因素分析

信息披露的规范性与丰富性(z1)包含三个层次:信息披露质量基本符合要求;信息披露质量比较令人满意;信息披露质量非常令人满意。

模型一 Random Effects Ordered Probit 模型

此模型有利于分析多变量和个体差异性对国有企业 SRD 规范性与丰富性的影响。

表 5.1 信息披露的规范性与丰富性随机效应有序 probit 模型的估计结果

信息披露的规范性与丰富性 (z1)	Coef.	标准差.	Z 值	P 值
第一大股东持股比例(x5)	0.007	0.01	0.66	0.508
董监事及高管总人数(x7)	0.013	0.036	0.37	0.711
董事会人数(x8)	-0.065	0.09	-0.72	0.469
独立董事人数(x13)	0.301	0.194	1.55	0.1200*
监事会人数(x15)	-0.138	0.109	-1.26	0.206
盈利(x17)	-0.005	0.006	-0.78	0.435
成本(x201)	0.33	0.124	2.65	0.0080***
上市时间(age)	0.001	0.001	1.89	0.0580**
所属行业(消费者靠近型)(I22a)	0.621	0.414	1.5	0.134
所属行业(环境敏感型)(I22b)	0.124	0.346	0.36	0.72
企业规模(I23)	-0.271	0.388	-0.7	0.486
编制依据(I32a)	0.936	0.355	2.64	0.0080***
报告审验(I33)	1.463	0.487	3	0.0030***
反馈意见(I34)	2.227	0.432	5.16	0.0000***

信息披露的规范性与丰富性（z1）	Coef.	标准差.	Z值	P值
经济环境（I211a）	0.135	0.134	1.01	0.314
_cut1	10.53	2.954	3.56	0
_cut2	11.513	2.987	3.85	0
rho	0.604	0.089	6.8	0
Number of obs	363			
LR chi2(15)	80.07			
Log likelihood	−245.54			
Prob > chi2	0			

注：＊＊＊:在1%水平上显著；＊＊:在5%水平上显著；＊:在10%水平上显著。

由表5.1可知,似然比检验结果表明变量的选择比较合理,模型整体拟合效果较好。ρ估计值表示个体差异对该信息披露质量差异的解释力度达到了60.4%。其中成本、编制依据、报告审验及反馈意见这些因素的影响较显著,且都是正面的影响；第一大股东持股比例、董监事及高管总人数、董事会人数、监事会人数、盈利、所属行业（环境敏感型）、企业规模、经济环境这些因素的影响程度较弱。

成本对国有企业SRD的规范性与丰富性的影响是正面的,且影响程度为139%,这说明了企业社会责任成本越大,会越倾向于披露更多的社会责任信息。

编制依据、报告审验、反馈意见国有企业SRD的规范性与丰富性的影响是正面的,且影响程度分别为255%、432%、927%,这与合法性理论相符合。

模型二 Random effects generalized ordered probit **模型**

此模型可以很好地捕捉到不可观测的个体异质性,以便进一步分析各因素对于国有企业SRD信息披露规范性与丰富性不同层次披露质量的影响效果。

表5.2 信息披露的规范性与丰富性广义随机效应有序 probit 模型估计结果

信息披露的规范性与丰富性(z1)	Coef.	标准差.	Z 值	P 值
mleq1				
第一大股东持股比例(x5)	0.012	0.011	1.15	0.25
董监事及高管总人数(x7)	0.045	0.043	1.05	0.294
董事会人数(x8)	-0.157	0.105	-1.49	0.135
独立董事人数(x13)	0.28	0.221	1.27	0.204
监事会人数(x15)	-0.22	0.124	-1.78	0.0760 *
盈利(x17)	-0.008	0.007	-1.1	0.273
成本(x201)	0.303	0.131	2.31	0.0210 **
上市时间（age）	0.061	0.029	2.09	0.0360 **
所属行业(消费者靠近型)I22a	0.743	0.478	1.55	0.1200 *
所属行业(环境敏感型)I22b	0.535	0.385	1.39	0.164
企业规模(I23)	-0.438	0.41	-1.07	0.285
I32a(编制依据)	0.42	0.442	0.95	0.342
I33(报告审验)	0.676	0.584	1.16	0.247
I34(反馈意见)	2.407	0.528	4.56	0.0000 ***
经济环境（I211a）	0.105	0.149	0.71	0.479
_cons	-9.424	2.984	-3.16	0.002
mleq2				
第一大股东持股比例(x5)	0.01	0.012	0.8	0.421
董监事及高管总人数(x7)	0.03	0.049	0.6	0.546
董事会人数(x8)	0.116	0.115	1.01	0.313
独立董事人数(x13)	-0.1	0.258	-0.39	0.698
监事会人数(x15)	-0.057	0.138	-0.41	0.68
盈利(x17)	-0.001	0.007	-0.19	0.848
成本(x201)	0.298	0.155	1.93	0.0540 **
上市时间（age）	0	0.001	0.47	0.64
所属行业(消费者靠近型)I22a	0.521	0.49	1.06	0.287

信息披露的规范性与丰富性(z1)	Coef.	标准差.	Z 值	P 值
所属行业(环境敏感型)I22b	-0.439	0.404	-1.09	0.277
企业规模(I23)	0.158	0.52	0.3	0.761
I32a(编制依据)	1.737	0.448	3.88	0.0000***
I33(报告审验)	2.231	0.631	3.54	0.0000***
I34(反馈意见)	2.265	0.521	4.35	0.0000***
经济环境(I211a)	0.275	0.165	1.67	0.0950*
_cons	-13.16	3.631	-3.62	0
rho	0.595	0.089	6.67	0
Number of obs	363			
LR chi2(30)	35.41			
Log likelihood	-222			
Prob > chi2	0.228			

注：***：在1%水平上显著；**：在5%水平上显著；*：在10%水平上显著。

此模型中，equation1 是 z1 的第一类和二、三类进行比较；equation2 是 z1 的第一、二类和第三类进行比较。该模型可以更进一步的比较这些解释变量对 z1 三个层次影响效果的变化。

由表 5.2 可知，ρ 估计值显示个体差异对该信息披露质量差异的解释力度达到了 59.5%。在方程 1 中，成本、上市时间、反馈意见、监事会人数这些因素的影响较显著，可见，信息披露规范性和丰富性的披露质量从基本符合要求上升到比较令人满意时，这些因素的影响比较大，尤其是反馈意见和成本，并且除了监事会人数以外其他因素的影响都是正面的。相比之下，董监事及高管总人数、编制依据、经济环境这些因素的影响效果比较弱。

其中，成本对国有企业 SRD 的规范性与丰富性的影响程度为 135%。这说明了企业社会责任成本越大，会越倾向于披露更多比较令人满意的社会责任信息。同样,上市时间对国有企业 SRD 的规范性与丰富性的影响程度为 106%,这说明上市时间越长,企业更愿意披露比较令人满意的社会责任信息,该结果验证了 fama(1976) 的假设。反馈意见对国有企业 SRD 的规范性与丰富性的影响程度为 1110%,这意味着有反馈意见的企业更愿意披露比较令人满意的社会责任信息,与合法性理论相符。监事会人数对国有企业 SRD 的规范性与丰富性的影响是负面的,且影响程度为 80%,这说明监事会人数多的企业并不愿意披露比较令人满意的社会责任信息。

在方程 2 中,除了编制依据、报告审验、反馈意见这几个影响因素之外,其他因素的影响程度都有不同幅度的增强,比如,监事会人数的 P 值由 0.076 变为 0.68,说明 z_1 从基本符合要求上升到比较令人满意时,监事会人数的影响比较大,而当 z_1 从比较令人满意过渡到非常令人满意时,这一因素的影响程度相当小。相反,从方程 1 到方程 2,编制依据、报告审验、反馈意见这些影响因素的影响程度明显变大,且都是正的影响,影响程度分别为 568.03%、930.92%、963.11%。这说明了合规性理论对于企业披露非常令人满意的社会责任信息更有效。

模型三 Ordered probit regression 模型

由于国有企业 SRD 的规范性与丰富性存在不同的层次,有序 probit 型可以有效的捕捉因变量的离散性,从而分析解释变量对其的影响。

表 5.3 信息披露的规范性与丰富性有序 probit 模型估计结果

信息披露的规范性与丰富性(z_1)	Coef.	标准差.	Z 值	P 值
第一大股东持股比例(x_5)	0.0046	0.0047	0.9800	0.3260
董监事及高管总人数(x_7)	0.0208	0.0198	1.0500	0.2940
董事会人数(x_8)	-0.0541	0.0483	-1.1200	0.2630
独立董事人数(x_{13})	0.0883	0.1132	0.7800	0.4350
监事会人数(x_{15})	-0.0745	0.0558	-1.3300	0.1820

信息披露的规范性与丰富性(z1)	Coef.	标准差.	Z 值	P 值
盈利(x17)	-0.0017	0.0036	-0.4800	0.6310
成本(x201)	0.1877	0.0585	3.2100	0.0010***
上市时间(age)	0.0006	0.0003	2.0900	0.0370**
所属行业(消费者靠近型)(I22a)	0.4601	0.1987	2.3100	0.0210**
所属行业(环境敏感型)(I22b)	0.0401	0.171	0.2300	0.8150
企业规模(I23)	-0.2021	0.1932	-1.0500	0.2950
编制依据(I32a)	0.6473	0.2021	3.2000	0.0010***
报告审验(I33)	0.6113	0.3026	2.0200	0.0430**
反馈意见(I34)	1.6032	0.2291	7.0000	0.0000***
经济环境(I211a)	0.1055	0.0688	1.5300	0.1250*
/cut1	5.7656	1.2994		
/cut2	6.4287	1.3058		
Number of obs	363.0000			
LR chi2(15)	183.2200			
Prob > chi2	0.0000			
Log likelihood	-264.8040			
Pseudo R2	0.2570			

注:***:在1%水平上显著;**:在5%水平上显著;*:在10%水平上显著。

由表5.3可以看出,Pseudo R2表明变量的选择比较合理,模型整体拟合效果比较好,但仍存在一些不可观测的影响因素。其中,成本、上市时间、所属行业(消费者靠近型)、编制依据、报告审验以及反馈意见这些因素的影响程度较大,且都是正面的影响;第一大股东持股比例、董监事及高管总人数、董事会人数、盈利、所属行业(环境敏感型)以及企业规模等因素的影响程度较小。

成本对国有企业SRD的规范性与丰富性的影响是正面的,且影响程度为121%,这说明了企业社会责任成本越大,会越倾向于披露更高质量的社会责任信息。上市时间对国有企业 SRD 的规范性与丰富性的影响程度为 100%,这说明上市时间越长,企业更愿意披露更高质量的社会责任信息,该结果验证了 fama(1976)的假设。所属行业(消费者靠近型)对国有企业 SRD 的规范性与丰富性的影响是正面的,且影响程度为 158%,这说明了消费者靠近型的行业更容易披露社会责任信息。编制依据、报告审验、反馈意见国有企业 SRD 的规范性与丰富性的影响是正面的,且影响程度分别为 191%、184%、497%,这与合法性理论相符合。

模型四 分时模型

表 5.4　2009 年信息披露的规范性与丰富性有序 probit 模型估计结果

信息披露的规范性与丰富性(z1)	Coef.	标准差.	Z 值	P 值
第一大股东持股比例(x5)	0.0154	0.0094	1.6500	0.1000
董监事及高管总人数(x7)	0.0303	0.0446	0.6800	0.4970
董事会人数(x8)	0.1428	0.0955	1.4900	0.1350
独立董事人数(x13)	-0.3331	0.2477	-1.3500	0.1790
监事会人数(x15)	-0.1243	0.1160	-1.0700	0.2840
盈利(x17)	-0.0053	0.0071	-0.7400	0.4570
成本(x201)	0.2480	0.1152	2.1500	0.0310**
上市时间（age）	0.0004	0.0005	0.7300	0.4660
所属行业(消费者靠近型)(I22a)	0.7095	0.3713	1.9100	0.0560**
所属行业(环境敏感型)(I22b)	0.1448	0.3171	0.4600	0.6480
企业规模(I23)	0.0882	0.3491	0.2500	0.8000
编制依据(I32a)	-0.7608	0.4935	-1.5400	0.1230*
报告审验(I33)	-0.4143	0.6740	-0.6100	0.5390
反馈意见(I34)	1.8803	0.4859	3.8700	0.0000***
经济环境（I211a）	0.2257	0.1420	1.5900	0.1120*
/cut1	7.0938	2.4343		
/cut2	7.7376	2.4483		

信息披露的规范性与丰富性(z1)	Coef.	标准差.	Z值	P值
Number of obs		107.0000		
LR chi2(15)		57.7600		
Log likelihood		−76.5390		
Prob > chi2		0.0000		
Pseudo R2		0.2740		

注：＊＊＊:在1%水平上显著；＊＊:在5%水平上显著；＊:在10%水平上显著。

表5.5　2010年信息披露的规范性与丰富性有序probit模型估计结果

信息披露的规范性与丰富性(z1)	Coef.	标准差.	Z值	P值
第一大股东持股比例(x5)	−0.005	0.009	−0.55	0.585
董监事及高管总人数(x7)	0.025	0.036	0.7	0.482
董事会人数(x8)	−0.089	0.097	−0.92	0.358
独立董事人数(x13)	0.045	0.24	0.19	0.85
监事会人数(x15)	0.093	0.098	0.95	0.344
盈利(x17)	−0.001	0.005	−0.29	0.77
成本(x201)	0.319	0.114	2.79	0.005＊＊＊
上市时间(age)	0.001	0.001	1.13	0.258
所属行业(消费者靠近型)(I22a)	0.344	0.383	0.9	0.37
所属行业(环境敏感型)(I22b)	−0.236	0.325	−0.73	0.467
企业规模(I23)	−0.458	0.351	−1.3	0.193
编制依据(I32a)	1.376	0.368	3.74	0.000＊＊＊
报告审验(I33)	0.723	0.572	1.27	0.206
反馈意见(I34)	1.346	0.431	3.12	0.002＊＊＊
经济环境(I211a)	0.209	0.122	1.71	0.087＊
/cut1	8.861	2.826		
/cut2	9.711	2.843		
Number of obs		111		

第五章 国有企业社会责任信息披露影响因素分析

信息披露的规范性与丰富性(z1)	Coef.	标准差.	Z值	P值
LR chi2(15)		61.16		
Log likelihood		−83.15		
Prob > chi2		0		
Pseudo R2		0.269		

注：＊＊＊:在1%水平上显著；＊＊:在5%水平上显著；＊:在10%水平上显著。

表5.6 2011年信息披露的规范性与丰富性有序 probit 模型估计结果

信息披露的规范性与丰富性(z1)	Coef.	标准差.	Z值	P值
第一大股东持股比例(x5)	0.005	0.011	0.52	0.606
董监事及高管总人数(x7)	0.008	0.047	0.18	0.858
董事会人数(x8)	−0.063	0.111	−0.57	0.568
独立董事人数(x13)	0.409	0.245	1.67	0.095＊
监事会人数(x15)	−0.038	0.123	−0.31	0.756
盈利(x17)	0.01	0.019	0.53	0.595
成本(x201)	0.144	0.144	1	0.315
上市时间(age)	0.001	0.001	1.54	0.125＊
所属行业(消费者靠近型)(I22a)	0.633	0.442	1.43	0.152
所属行业(环境敏感型)(I22b)	0.173	0.368	0.47	0.639
企业规模(I23)	−0.296	0.417	−0.71	0.477
编制依据(I32a)	1.65	0.515	3.2	0.001＊＊＊
报告审验(I33)	1.633	0.847	1.93	0.054＊＊
反馈意见(I34)	2.607	0.638	4.09	0.000＊＊＊
经济环境(I211a)	0.104	0.144	0.72	0.47
/cut1	7.126	3.225		
/cut2	8.024	3.242		
Number of obs		96		
LR chi2(15)		65.92		

信息披露的规范性与丰富性(z1)	Coef.	标准差	Z值	P值
Log likelihood		−57.348		
Prob > chi2		0		
Pseudo R2		0.365		

注:＊＊＊:在1%水平上显著;＊＊:在5%水平上显著;＊:在10%水平上显著。

由表5.4到表5.6可知,Pseudo R2由0.274逐渐上升到0.365,可见模型的拟合效果越来越好。当企业处在2009年时,成本,所属行业(消费者靠近型)以及反馈意见这几个影响因素的影响程度较显著,且都是正面的影响;董监事高管总人数、盈利、上市时间、所属行业(环境敏感性)、企业规模以及报告审验这些影响因素的影响程度较弱。与模型三相比,部分解释变量的影响方向发生了变化,比如董事会人数,当不分阶段考虑时,董事会人数对因变量是负面的影响,且影响程度较大,但仅考虑2009年时,董事会人数对因变量的影响是正面的,且影响程度减弱。当企业处于2010年时,第一大股东持股比例、董监事及高管总人数、独立董事人数、盈利及所属行业(环境敏感型)等因素的影响程度较低。此外,从2009年到2010年,成本和编制依据的P值明显下降,并且很小,说明在这一阶段,这两个影响因素的影响程度大幅提高。相反,反馈意见的P值略有上升,说明反馈意见的影响程度相对减弱。同样,从2010年到2011年,大部分影响因素的影响效果都降低了。只有编制依据和反馈意见这两个因素的影响程度依旧比较大,且都是正面的影响。

5.6.2 信息披露规划与设置完整性的影响因素分析

信息披露的规划与设置完整性(z2)包含两个层次:信息披露质量基本符合要求;信息披露质量比较令人满意。

模型一　Random Effects Ordered Probit 的模型

表 5.7　信息披露的规划与设置完整性随机效应有序 probit 模型的估计结果

信息披露的规划与设置完整性(z2)	Coef.	标准差.	Z值	P值
第一大股东持股比例(x5)	0.0067	0.0161	0.4200	0.6780
董监事及高管总人数(x7)	0.0145	0.0562	0.2600	0.7960
董事会人数(x8)	0.0633	0.1448	0.4400	0.6620
独立董事人数(x13)	-0.0732	0.2973	-0.2500	0.8060
监事会人数(x15)	-0.1216	0.1913	-0.6400	0.5250
盈利(x17)	-0.0009	0.0237	-0.0400	0.9680
成本(x201)	-0.0797	0.1581	-0.5000	0.6140
上市时间 (age)	0.0005	0.0010	0.5300	0.5970
所属行业(消费者靠近型)(I22a)	3.0915	0.8007	3.8600	0***
所属行业(环境敏感型)(I22b)	-0.5409	0.6266	-0.8600	0.3880
企业规模(I23)	2.7750	0.8079	3.4300	0.001***
编制依据(I32a)	2.9211	0.8290	3.5200	0***
报告审验(I33)	3.3298	1.0854	3.0700	0.002***
反馈意见(I34)	2.7328	0.7825	3.4900	0***
经济环境 (I211a)	0.3173	0.2325	1.3600	0.1720
cut1	8.4361	3.6877	2.2900	0.0220
rho	0.9333	0.0275	33.9300	0.0000
Number of obs	366.0000			
LR chi2(15)	60.9200			
Log likelihood	-103.9700			
Prob > chi2	0.0000			

注：***：在1%水平上显著；**：在5%水平上显著；*：在10%水平上显著。

由表 5.7 可知,似然比检验结果表明变量的选择比较合理,模型整体拟合效果比较好。ρ 估计值为 0.933,显示个体差异对该指标披露质量差异的解释力度达到了93.3%。其中,所属行业(消费者靠近型)、企业规模、编制依据、报告审验以及反馈意见这些因素的影响程度较大,尤其是所属行业(消费者靠近型)、编制依据、反馈意见这三个影响因素,并且都是正面的影响;第一大股东持股比例、董监事及高管总人数、董事会人数、独立董事人数、监事会人数、盈利、成本、上市时间等因素的影响程度较小,可忽略。

其中,所属行业(消费者靠近型)对国有企业SRD的规划与设置完整性的影响是正面的,且影响程度为2201%,这说明了消费者靠近型的行业更容易披露社会责任信息。企业规模对国有企业SRD的规划与设置完整性的影响程度为1604%,这说明了大企业具备更多可用资源,并且有着更高的可见度,对外部压力集团的检查也更加敏感,因此倾向于披露更高质量的社会责任信息。该结论验证了Patten(1991)和Simon(2005)的假设。编制依据、报告审验、反馈意见国有企业SRD的规范性与丰富性的影响是正面的,且影响程度分别为1856%、2793%、1538%,这与合法性理论相符合。

模型四 分时模型

表5.8 2009年信息披露的规划与设置完整性有序probit模型估计结果

信息披露的规划与设置完整性(z_2)	Coef.	标准差.	Z值	P值
第一大股东持股比例(x_5)	0.0120	0.0120	1.0400	0.2960
董监事及高管总人数(x_7)	-0.0180	0.0550	-0.3300	0.7400
董事会人数(x_8)	0.0480	0.1180	0.4000	0.6860
独立董事人数(x_{13})	0.3910	0.2720	1.4400	0.1510
监事会人数(x_{15})	-0.0980	0.1360	-0.7200	0.4720
盈利(x_{17})	0.0020	0.0130	0.1600	0.8690
成本(x_{201})	0.0610	0.1450	0.4200	0.6760
上市时间(age)	0.0001	0.0007	0.1100	0.9130
所属行业(消费者靠近型)(I_{22a})	1.5450	0.4670	3.3100	0.001***

信息披露的规划与设置完整性(z2)	Coef.	标准差.	Z值	P值
所属行业(环境敏感型)(I22b)	-0.7140	0.4150	-1.7200	0.085*
企业规模(I23)	0.4030	0.4330	0.9300	0.3530
编制依据(I32a)	0.3960	0.4590	0.8600	0.3890
报告审验(I33)	-0.7800	0.5900	-1.3200	0.1860
反馈意见(I34)	1.0220	0.4540	2.2500	0.024**
经济环境(I211a)	0.2200	0.1630	1.3500	0.1760
/cut1	4.1690	2.9950		
Number of obs		109.0000		
LR chi2(15)		48.8000		
Log likelihood		-39.7400		
Prob > chi2		0.0000		
Pseudo R2		0.3800		

注：***:在1%水平上显著；**:在5%水平上显著；*:在10%水平上显著。

表5.9　2010年信息披露的规划与设置完整性有序probit模型估计结果

信息披露的规划与设置完整性(z2)	Coef.	标准差.	Z值	P值
第一大股东持股比例(x5)	-0.0100	0.0100	-0.3800	0.7100
董监事及高管总人数(x7)	-0.0500	0.0600	-0.8900	0.3700
董事会人数(x8)	-0.0500	0.1500	-0.3100	0.7600
独立董事人数(x13)	-0.2200	0.3800	-0.5700	0.5700
监事会人数(x15)	-0.0300	0.1500	-0.2000	0.8400
盈利(x17)	0.0300	0.0200	1.4300	0.1500
成本(x201)	-0.1800	0.1600	-1.1100	0.2700
上市时间(age)	0.0002	0.0009	0.1800	0.8610
所属行业(消费者靠近型)(I22a)	1.4300	0.6400	2.2300	0.03**
所属行业(环境敏感型)(I22b)	-1.0000	0.5600	-1.7900	0.07*
企业规模(I23)	0.6800	0.5700	1.2000	0.2300
编制依据(I32a)	1.6200	0.4500	3.5900	0.00***

信息披露的规划与设置完整性(z2)	Coef.	标准差.	Z值	P值
报告审验(I33)	-0.1300	0.6800	-0.1900	0.8500
反馈意见(I34)	2.0000	0.6000	3.3400	0.00***
经济环境(I211a)	-0.0500	0.1900	-0.2700	0.7900
/cut1	-4.0000	4.0200		
Number of obs	112.0000			
LR chi2(15)	64.9700			
Log likelihood	-29.3800			
Prob > chi2	0.0000			
Pseudo R2	0.5300			

注：***：在1%水平上显著；**：在5%水平上显著；*：在10%水平上显著。

表5.10 2011年信息披露的规划与设置完整性有序probit模型估计结果

信息披露的规划与设置完整性(z2)	Coef.	标准差.	Z值	P值
第一大股东持股比例(x5)	-0.006	0.015	-0.4	0.69
董监事及高管总人数(x7)	-0.141	0.1	-1.41	0.159
董事会人数(x8)	0.121	0.192	0.63	0.53
独立董事人数(x13)	0.09	0.364	0.25	0.806
监事会人数(x15)	0.191	0.191	1	0.316
盈利(x17)	-0.006	0.027	-0.21	0.832
成本(x201)	0.132	0.175	0.75	0.452
上市时间(age)	-0.053	0.051	-1.04	0.299
所属行业(消费者靠近型)(I22a)	1.157	0.621	1.86	0.062*
所属行业(环境敏感型)(I22b)	-0.44	0.535	-0.82	0.411
企业规模(I23)	0.383	0.58	0.66	0.509
编制依据(I32a)	2.112	0.66	3.2	0.001***
报告审验(I33)	0.248	1.003	0.25	0.805
反馈意见(I34)	1.488	0.671	2.22	0.027**
经济环境(I211a)	0.079	0.198	0.4	0.691
/cut1	3.664	4.012		

信息披露的规划与设置完整性(z2)	Coef.	标准差	Z值	P值
Number of obs		96		
LR chi2(15)		59.1		
Log likelihood		−25.5		
Prob > chi2		0		
Pseudo R2		0.54		

注:＊＊＊:在1%水平上显著;＊＊:在5%水平上显著;＊:在10%水平上显著。

此模型取不同的时间点来进一步观测这些解释变量对国有企业SRD的规划与设置完整性的影响趋势。Pseudo R2由0.38逐渐上升到0.54,可见模型整体的拟合效果越来越好。当企业处于2009年时,所属行业(消费者靠近型)和反馈意见这两个因素的影响效果较显著,且都是正面的影响。所属行业(消费者靠近型)对国有企业SRD的规划与设置完整性的影响是正面的,且影响程度为469%,这说明了消费者靠近型的行业更容易披露社会责任信息。反馈意见对国有企业SRD的规划与设置完整性的影响程度为278%,这意味着有反馈意见的企业更愿意披露比较令人满意的社会责任信息,与合法性理论相符。董监事及高管总人数、董事会人数、监事会人数、盈利、成本以及上市时间这些因素的影响程度较小。当企业在2010年时,第一大股东持股比例、董监事及高管总人数、独立董事人数、盈利及所属行业(环境敏感型)等因素的影响程度较低。从2009年到2010年,成本和编制依据这两个因素的影响程度大幅提高;反馈意见的影响效果相对减弱。同样,企业从2010年到2011年时,大部分影响因素的影响效果都降低了。只有编制依据和反馈意见这两个因素的影响程度依旧较大,且都是正面的影响。由此可见,企业处于不同的时期,这些解释变量的影响效果也都发生了不同程度的改变。

5.6.3 信息披露可信性、可读性与可比性的影响因素分析

信息披露的可信性、可读性与可比性(z3)包含两个层次:信息披露质量基本符合要求;信息披露质量比较令人满意。

模型一 Random Effects Ordered Probit 的模型

表 5.11 信息披露的可信性、可读性与可比性随机效应有序 probit 模型的估计结果

信息披露可信性、可读性与可比性(z3)	Coef.	标准差	Z 值	P 值
第一大股东持股比例(x5)	-0.001	0.012	-0.090	0.930
董监事及高管总人数(x7)	-0.101	0.078	-1.300	0.193
董事会人数(x8)	0.264	0.184	1.440	0.151
独立董事人数(x13)	1.594	0.636	-2.500	0.012**
监事会人数(x15)	0.303	0.165	1.840	0.066*
盈利(x17)	-0.013	0.011	-1.160	0.245
成本(x201)	0.400	0.173	2.310	0.021**
上市时间(age)	0.020	0.053	0.380	0.704
所属行业(消费者靠近型)(I22a)	1.851	0.618	3.000	0.003***
所属行业(环境敏感型)(I22b)	1.801	0.677	2.660	0.008***
企业规模(I23)	1.843	0.513	3.590	0.000***
编制依据(I32a)	2.232	1.100	2.030	0.042**
报告审验(I33)	4.091	1.184	3.450	0.001***
反馈意见(I34)	3.856	1.086	3.550	0.000***
经济环境(I211a)	0.353	0.208	1.700	0.090*
/cut1	19.936	5.146	3.870	0.000
rho	0.938	0.024	39.250	0.000
Number of obs	366.000			
LR chi2(15)	64.450			
Log likelihood	-135.000			
Prob > chi2	0.000			

注:***:在1%水平上显著;**:在5%水平上显著;*:在10%水平上显著。

由表 5.11 可知,似然比检验结果表明变量的选择比较合理,模型整体拟合效果较好。ρ 估计值为 0.938,显示个体差异对该指标披露质量差异的解释力度达到了 93.8%。其中独立董事人数、成本、所属行业(消费者靠近型)、所属行业(环境敏感型)、企业规模、编制依据、报告审验、反馈意见以及经济环境这些因素的影响较显著,且都是正面的影响;第一大股东持股比例、董监事及高管总人数、盈利以及上市时间这些因素的影响程度较弱。

独立董事人数对国有企业 SRD 的可信性、可读性与可比性的影响程度为 492%,这说明了董事会中的独立非执行董事被视为监控经理人员行为的一种工具,他们将导致企业自愿披露更多的信息。该结论验证了 Forker(1992)的观点。成本对 z_3 的影响是正面的,且影响程度为 149%,这说明了企业社会责任成本越大,会越倾向于披露更多的社会责任信息。所属行业(消费者靠近型)对 z_3 的影响是正面的,且影响程度为 637%,这说明了消费者靠近型的行业更容易披露社会责任信息。所属行业(环境敏感型)对 z_3 的影响程度为 606%,说明那些对环境敏感的行业更有可能披露更高质量的社会责任信息,该结论验证了 Dierkes M. & Preston(1977)的观点。企业规模对 z_3 的影响程度为 632%,这说明了大企业具备更多可用资源,并且有着更高的可见度,对外部压力集团的检查也更加敏感,因此倾向于披露更高质量的社会责任信息。该结论验证了 Patten(1991)和 Simon(2005)的假设。编制依据、报告审验、反馈意见国有企业 SRD 的可信性、可读性与可比性的影响是正面的,且影响程度分别为 932%、598%、473%,这与合法性理论相符合。经济环境对国有企业 SRD 的可信性、可读性与可比性的影响程度为 142%,可见企业所处的经济环境越好,会更加受到外界关注,因而需要披露更多的社会责任信息。

模型四 分时模型

表 5.12 2009 年信息披露的可信性、可读性与可比性有序 probit 模型估计结果

信息披露可信性、可读性与可比性(z3)	Coef.	标准差	Z 值	P 值
第一大股东持股比例(x5)	0.002	0.010	0.200	0.842
董监事及高管总人数(x7)	0.023	0.047	0.490	0.625
董事会人数(x8)	0.083	0.109	0.760	0.447
独立董事人数(x13)	0.248	0.258	0.960	0.335
监事会人数(x15)	0.008	0.122	0.070	0.945
盈利(x17)	0.005	0.010	0.510	0.612
成本(x201)	0.278	0.127	2.190	0.028**
上市时间(age)	0.002	0.003	0.590	0.558
所属行业(消费者靠近型)(I22a)	0.396	0.443	0.890	0.372
所属行业(环境敏感型)(I22b)	0.256	0.358	0.720	0.474
企业规模(I23)	0.246	0.364	0.670	0.500
编制依据(I32a)	0.506	0.430	1.180	0.239
报告审验(I33)	0.265	0.598	0.440	0.657
反馈意见(I34)	0.558	0.452	1.230	0.217
经济环境(I211a)	0.176	0.150	1.170	0.241
/cut1	8.338	2.798		
Number of obs	109.000			
LR chi2(15)	44.860			
Log likelihood	-53.010			
Prob > chi2	0.000			
Pseudo R2	0.297			

注:***:在 1% 水平上显著;**:在 5% 水平上显著;*:在 10% 水平上显著。

表 5.13 2010 年信息披露的可信性、可读性与可比性有序 probit 模型估计结果

信息披露可信性、可读性与可比性(z3)	Coef.	标准差	Z 值	P 值
第一大股东持股比例(x5)	-0.005	0.010	-0.520	0.606
董监事及高管总人数(x7)	-0.032	0.040	-0.790	0.432
董事会人数(x8)	0.019	0.105	0.180	0.860
独立董事人数(x13)	-0.126	0.259	-0.490	0.627
监事会人数(x15)	-0.002	0.108	-0.020	0.988
盈利(x17)	-0.018	0.014	-1.300	0.193
成本(x201)	0.139	0.121	1.160	0.248
上市时间(age)	0.002	0.006	-0.350	0.724
所属行业(消费者靠近型)(I22a)	0.547	0.460	1.190	0.234
所属行业(环境敏感型)(I22b)	0.109	0.356	0.310	0.759
企业规模(I23)	0.171	0.359	0.480	0.633
编制依据(I32a)	0.791	0.410	1.930	0.054*
报告审验(I33)	0.142	0.744	0.190	0.849
反馈意见(I34)	0.940	0.461	2.040	0.041**
经济环境(I211a)	0.057	0.135	0.420	0.675
/cut1	4.002	4.019		
Number of obs	112.000			
LR chi2(15)	45.550			
Log likelihood	-54.410			
Prob > chi2	0.000			
Pseudo R2	0.295			

注:***:在1%水平上显著;**:在5%水平上显著;*:在10%水平上显著。

表 5.14　2011 年信息披露的可信性、可读性与可比性有序 probit 模型估计结果

信息披露可信性、可读性与可比性(z3)	Coef.	标准差.	Z 值	P 值
第一大股东持股比例(x5)	-0.0008	0.0111	-0.0700	0.9440
董监事及高管总人数(x7)	0.0380	0.0498	0.7600	0.4450
董事会人数(x8)	0.0634	0.1230	0.5200	0.6060
独立董事人数(x13)	-0.3838	0.2731	-1.4100	0.1600
监事会人数(x15)	-0.1151	0.1275	-0.9000	0.3670
盈利(x17)	0.0329	0.0202	1.6300	0.104*
成本(x201)	0.0295	0.1404	0.2100	0.8340
上市时间(age)	-0.0018	0.0027	-0.6700	0.5040
所属行业(消费者靠近型)(I22a)	0.6783	0.4921	1.3800	0.1680
所属行业(环境敏感型)(I22b)	0.1750	0.4017	0.4400	0.6630
企业规模(I23)	0.2580	0.3873	0.6700	0.5050
编制依据(I32a)	1.6292	0.6460	2.5200	0.012***
报告审验(I33)	5.2524	202.4778	0.0300	0.9790
反馈意见(I34)	5.8328	202.4759	0.0300	0.9770
经济环境(I211a)	0.1124	0.1457	0.7700	0.4400
/cut1	5.9850	202.4990		
Number of obs	96.0000			
LR chi2(15)	44.7400			
Log likelihood	-44.1510			
Prob > chi2	0.0001			
Pseudo R2	0.3360			

注：＊＊＊:在1%水平上显著；＊＊:在5%水平上显著；＊:在10%水平上显著。

由表 5.12 到表 5.14 可知,Pseudo R2 由 0.297 到 0.336,可见模型整体的拟合效果在略微下降之后有一个提升。当企业在 2009 年时,只有成本因素的影响效果较显著,且是正面的影响。成本对国有企业 SRD 的可信性、可读性与可比性的影响是正面的,且影响程度为 132%,这说明了企业社会责任成本越大,会越倾向于披露更多的社会责任信息。当企业在 2010 年时,编制依据和反馈意见这两个因素的影响程度较大。当企业从 2010 年过渡到 2011 年时,大部分影响因素的影响效果都降低了。编制依据的影响程度有一定的提高,且影响较显著。

与模型一相比,分时模型并不能很好地捕捉到变量的影响效果,这也进一步突出了面板数据的优势。

5.6.4 信息披露核心内容完备性的影响因素分析

信息披露的核心内容完备性(z4)包含三个层次:信息披露质量基本符合要求;信息披露质量比较令人满意;信息披露质量非常令人满意。

模型一 Random Effects Ordered Probit 模型

表 5.15 信息披露的核心内容完备性随机效应有序 probit 模型的估计结果

信息披露核心内容完备性(z4)	Coef.	标准差	Z 值	P 值
第一大股东持股比例(x5)	-0.002	0.011	-0.180	0.857
董监事及高管总人数(x7)	0.008	0.045	0.180	0.858
董事会人数(x8)	0.026	0.105	0.240	0.807
独立董事人数(x13)	0.195	0.225	0.870	0.384
监事会人数(x15)	0.175	0.129	1.360	0.174
盈利(x17)	-0.008	0.008	-0.970	0.333
成本(x201)	0.203	0.129	1.580	0.115
上市时间 (age)	0.001	0.001	1.050	0.295
所属行业(消费者靠近型)(I22a)	0.444	0.517	0.860	0.391

信息披露核心内容完备性(z4)	Coef.	标准差	Z值	P值
所属行业(环境敏感型)(I22b)	0.028	0.419	0.070	0.946
企业规模(I23)	0.142	0.415	0.340	0.733
编制依据(I32a)	0.888	0.363	2.450	0.014**
报告审验(I33)	0.154	0.391	0.390	0.695
反馈意见(I34)	1.311	0.367	3.570	0***
经济环境(I211a)	0.020	0.151	0.130	0.895
_cut1	6.064	2.976	2.040	0.042
_cut2	7.193	3.005	2.390	0.017
rho	0.621			
Number of obs	366.000			
LR chi2(15)	52.960			
Log likelihood	−194.520			

注：***:在1%水平上显著；**:在5%水平上显著；*:在10%水平上显著。

由表 5.15 可知，似然比检验结果表明变量的选择比较合理，模型整体拟合效果较好。ρ 估计值表示个体差异对该信息披露质量差异的解释力度达到了 62.1%。其中编制依据和反馈意见这两个因素的影响较显著，且都是正面的影响；第一大股东持股比例、董监事及高管总人数、董事会人数、盈利、所属行业(消费者靠近型)、所属行业(环境敏感型)、企业规模、报告审验、经济环境等因素的影响程度较弱。

编制依据对国有企业 SRD 的核心内容完备性的影响程度为 243%，这说明了企业在进行社会责任信息披露时遵循编制依据的指引，对规范其社会责任报告撰写大有裨益，信息披露质量也会随之提升，这与合法性理论相符。反馈意见对国有企业 SRD 的核心内容完备性的影响程度为 371%，这意味着有反馈意见的企业更愿意披露比较令人满意的社会责任信息，与合法性理论相符。

模型二 Random effects generalized ordered probit 模型

表 5.16 信息披露的核心内容完备性广义随机效应有序 probit 模型估计结果

信息披露核心内容完备性(z4)	Coef.	标准差.	Z 值	P 值
mleq1				
第一大股东持股比例(x5)	-0.004	0.011	-0.400	0.693
董监事及高管总人数(x7)	0.049	0.054	0.910	0.364
董事会人数(x8)	0.042	0.114	0.370	0.714
独立董事人数(x13)	0.236	0.267	0.880	0.376
监事会人数(x15)	0.147	0.132	1.110	0.267
盈利(x17)	-0.002	0.009	-0.230	0.822
成本(x201)	0.205	0.135	1.520	0.127*
上市时间(age)	0.037	0.041	0.890	0.373
所属行业(消费者靠近型)I22a	0.131	0.570	0.230	0.819
所属行业(环境敏感型)I22b	0.132	0.427	0.310	0.757
企业规模(I23)	0.199	0.435	0.460	0.647
编制依据(I32a)	0.976	0.408	2.390	0.017**
报告审验(I33)	0.562	0.453	1.240	0.215
反馈意见(I34)	1.468	0.388	3.780	0***
经济环境(I211a)	0.138	0.163	0.850	0.396
_cons	-6.277	3.164	-1.980	0.047
mleq2				
第一大股东持股比例(x5)	-0.005	0.015	-0.360	0.718
董监事及高管总人数(x7)	0.078	0.061	1.280	0.200
董事会人数(x8)	0.212	0.159	1.340	0.182
独立董事人数(x13)	0.115	0.345	0.330	0.738
监事会人数(x15)	-0.082	0.181	-0.450	0.652
盈利(x17)	0.073	0.022	3.330	0.001***
成本(x201)	0.311	0.187	1.670	0.096*

信息披露核心内容完备性(z4)	Coef.	标准差	Z 值	P 值
上市时间（age）	0.087	0.052	1.680	0.094 *
所属行业（消费者靠近型）I22a	1.449	0.776	1.870	0.062 *
所属行业（环境敏感型）I22b	0.025	0.591	0.040	0.967
企业规模（I23）	0.222	0.642	0.350	0.729
编制依据（I32a）	0.264	0.493	0.540	0.592
报告审验（I33）	0.161	0.491	0.330	0.744
反馈意见（I34）	0.959	0.451	2.130	0.033 * *
经济环境（I211a）	0.344	0.220	1.560	0.118 *
_cons	-8.722	4.619	-1.890	0.059
rho	0.608	0.137	4.440	0.000
Number of obs	366.000			
LR chi2(30)	24.220			
Log likelihood	-173.650			
Prob > chi2	0.762			

注：* * *：在1%水平上显著；* *：在5%水平上显著；*：在10%水平上显著。

由表 5.16 可知，ρ 估计值显示个体差异对该信息披露质量差异的解释力度达到了 60.8%。在方程 1 中，成本、编制依据和反馈意见这些因素的影响较显著，可见，信息披露核心内容完备性的披露质量要想从基本符合要求跃升到比较令人满意，这些因素的影响程度较显著，且都是正面的影响，尤其是反馈意见；第一大股东持股比例、董监事及高管总人数、盈利、所属行业（消费者靠近型）、所属行业（环境敏感型）、企业规模等因素的影响效果较弱。

成本对 $z4$ 的影响是正面的，且影响程度为 123%。这说明了企业社会责任成本越大，会越倾向于披露比较令人满意的社会责任信息。编制依据、反馈意见对 $z4$ 的影响程度分别为 265%、434%，这与合法性理论相符。

在方程 2 中,盈利、反馈意见、经济环境等因素影响程度较大,且都是正面的影响。从方程 1 到方程 2,盈利、上市时间、所属行业(消费者靠近型)、经济环境这几个因素的影响程度都出现了不同程度的上升,说明企业信息披露的核心内容完备性从比较令人满意上升到非常令人满意时,这些因素的影响程度逐渐变大。相反,编制依据和反馈意见这两个因素的影响程度减弱。

模型三　Ordered probit regression

表 5.17　信息披露的核心内容完备性有序 probit 模型估计结果

信息披露核心内容完备性(z4)	Coef.	标准差.	Z 值	P 值
第一大股东持股比例(x5)	−0.0020	0.0050	−0.3500	0.7260
董监事及高管总人数(x7)	−0.0140	0.0230	−0.6100	0.5430
董事会人数(x8)	0.0030	0.0560	0.0600	0.9540
独立董事人数(x13)	−0.0510	0.1290	−0.3900	0.6940
监事会人数(x15)	0.1360	0.0640	2.1100	0.035**
盈利(x17)	−0.0040	0.0050	−0.8300	0.4050
成本(x201)	0.1330	0.0630	2.0900	0.037**
上市时间(age)	0.0004	0.0003	1.1600	0.2460
所属行业(消费者靠近型)(I22a)	0.3970	0.2380	1.6700	0.096*
所属行业(环境敏感型)(I22b)	−0.2220	0.1970	−1.1300	0.2600
企业规模(I23)	0.3170	0.2310	1.3700	0.1700
编制依据(I32a)	0.7580	0.1980	3.8300	0***
报告审验(I33)	0.2650	0.2510	1.0600	0.2910
反馈意见(I34)	1.1260	0.2060	5.4700	0***
经济环境(I211a)	0.0560	0.0780	0.7200	0.4700
/cut1	2.8960	1.4050		
/cut2	3.6520	1.4080		
Number of obs	366.0000			
LR chi2(15)	128.2800			

信息披露核心内容完备性(z4)	Coef.	标准差.	Z值	P值
Prob > chi2		0.0000		
Log likelihood		−210.8550		
Pseudo R2		0.2332		

注:＊＊＊:在1%水平上显著;＊＊:在5%水平上显著;＊:在10%水平上显著。

由表5.17可以看出,Pseudo R2表明变量的选择比较合理,模型整体拟合效果比较好,但仍存在一些不可观测的影响因素。其中,监事会人数、成本、所属行业(消费者靠近型)、编制依据、反馈意见等因素对因变量的影响程度较大,尤其是编制依据和反馈意见,且都是正面的影响;第一大股东持股比例、董监事及高管总人数、董事会人数、独立董事人数、盈利、经济环境等因素的影响程度较小。编制依据、反馈意见对国有企业SRD的核心内容完备性的影响程度分别为213%、308%,这与合法性理论相符。

模型四　分时模型

表5.18　2009年信息披露的核心内容完备性有序probit模型估计结果

信息披露核心内容完备性(z4)	Coef.	标准差.	Z值	P值
第一大股东持股比例(x5)	0.0100	0.0120	0.8400	0.4020
董监事及高管总人数(x7)	0.0210	0.0500	0.4200	0.6730
董事会人数(x8)	0.0550	0.1170	0.4700	0.6410
独立董事人数(x13)	−0.3150	0.3210	−0.9800	0.3270
监事会人数(x15)	0.1580	0.1370	1.1500	0.2500
盈利(x17)	0.0004	0.0110	0.0300	0.9740
成本(x201)	0.3190	0.1460	2.1900	0.029＊＊
上市时间(age)	0.0000	0.0010	0.5500	0.5800
所属行业(消费者靠近型)(I22a)	0.9780	0.4650	2.1000	0.035＊＊

信息披露核心内容完备性(z4)	Coef.	标准差	Z 值	P 值
所属行业(环境敏感型)(I22b)	-1.0070	0.4750	-2.1200	0.034**
企业规模(I23)	0.8080	0.5200	1.5500	0.1200
编制依据(I32a)	0.8190	0.4350	1.8900	0.059*
报告审验(I33)	0.6560	0.4890	1.3400	0.1800
反馈意见(I34)	1.1860	0.4070	2.9100	0.004***
经济环境（I211a）	0.0360	0.1720	0.2100	0.8330
/cut1	7.3810	3.0560		
/cut2	8.1560	3.0710		
Number of obs	109.0000			
LR chi2(15)	48.7100			
Log likelihood	-51.6526			
Prob > chi2	0.0000			
Pseudo R2	0.3200			

注：***:在1%水平上显著；**:在5%水平上显著；*:在10%水平上显著。

表5.19　2010年信息披露的核心内容完备性有序probit模型估计结果

信息披露核心内容完备性(z4)	Coef.	标准差	Z 值	P 值
第一大股东持股比例(x5)	-0.009	0.012	-0.790	0.428
董监事及高管总人数(x7)	-0.016	0.041	-0.400	0.686
董事会人数(x8)	-0.025	0.122	-0.200	0.841
独立董事人数(x13)	-0.311	0.320	-0.970	0.330
监事会人数(x15)	0.019	0.123	0.150	0.878
盈利(x17)	-0.002	0.006	-0.360	0.717
成本(x201)	0.147	0.129	1.140	0.256
上市时间（age）	0.0003	0.001	0.600	0.546
所属行业(消费者靠近型)(I22a)	0.513	0.481	1.070	0.287
所属行业(环境敏感型)(I22b)	-0.453	0.407	-1.110	0.265

信息披露核心内容完备性(z4)	Coef.	标准差.	Z值	P值
企业规模(I23)	0.384	0.463	0.830	0.407
编制依据(I32a)	1.101	0.386	2.860	0.004***
报告审验(I33)	0.747	0.504	1.480	0.138
反馈意见(I34)	1.104	0.409	2.700	0.007***
经济环境(I211a)	0.182	0.144	1.260	0.206
/cut1	2.207	3.238		
/cut2	3.035	3.242		
Number of obs	112.000			
LR chi2(15)	46.530			
Log likelihood	−57.1414			
Prob > chi2	0.000			
Pseudo R2	0.289			

注:***:在1%水平上显著;**:在5%水平上显著;*:在10%水平上显著。

表5.20 2011年信息披露的核心内容完备性有序probit模型估计结果

信息披露核心内容完备性(z4)	Coef.	标准差.	Z值	P值
第一大股东持股比例(x5)	−0.006	0.012	−0.490	0.627
董监事及高管总人数(x7)	0.089	0.066	1.340	0.181
董事会人数(x8)	0.149	0.139	1.070	0.283
独立董事人数(x13)	0.139	0.259	0.540	0.592
监事会人数(x15)	−0.082	0.141	−0.580	0.559
盈利(x17)	0.014	0.019	0.710	0.475
成本(x201)	0.202	0.139	1.450	0.146
上市时间(age)	0.017	0.039	0.440	0.662
所属行业(消费者靠近型)(I22a)	0.207	0.503	0.410	0.681
所属行业(环境敏感型)(I22b)	0.076	0.375	0.200	0.839
企业规模(I23)	0.723	0.485	1.490	0.137

信息披露核心内容完备性(z4)	Coef.	标准差.	Z 值	P 值
编制依据(I32a)	1.302	0.477	2.730	0.006***
报告审验(I33)	0.590	0.638	0.920	0.355
反馈意见(I34)	1.545	0.499	3.100	0.002***
经济环境（I211a）	0.122	0.165	0.740	0.460
/cut1	5.534	3.108		
/cut2	6.559	3.127		
Number of obs	96.000			
LR chi2(15)	42.310			
Log likelihood	-53.680			
Prob > chi2	0.000			
Pseudo R2	0.283			

注：＊＊＊:在1%水平上显著；＊＊:在5%水平上显著；＊:在10%水平上显著。

由表5.18到表5.20可知，Pseudo R2由0.32逐渐降低到0.283，可见随着时间的推移，模型的拟合效果略有下降。当企业在2009年时，成本、所属行业(消费者靠近型)、所属行业(环境敏感型)、编制依据以及反馈意见这几个影响因素的影响程度较显著，且都是正面的影响；第一大股东持股比例、董监事高管总人数、董事会人数、盈利、上市时间、经济环境等因素的影响程度较弱。当企业在2010年时，只有编制依据和反馈意见这两个因素的影响效果较大。从2009年到2010年，编制依据的P值明显下降，并且很小，说明在这一阶段，编制依据的影响程度大幅提高。而其余因素的影响程度都出现了不同程度的减弱。当企业在2011年时，编制依据和反馈意见这两个因素的影响程度依旧比较大。

5.6.5 员工信息披露的影响因素分析

员工信息披露质量($z5$)包含两个层次：信息披露质量基本符合要

求;信息披露质量比较令人满意。

模型一 Random Effects Ordered Probit 的模型

表 5.21 员工信息披露质量随机效应有序 probit 模型的估计结果

员工信息披露质量（z5）	Coef.	标准差.	Z 值	P 值
第一大股东持股比例(x5)	-0.0151	0.0138	-1.0900	0.2740
董监事及高管总人数(x7)	0.0131	0.0554	0.2400	0.8130
董事会人数(x8)	0.0494	0.1361	0.3600	0.7170
独立董事人数(x13)	0.3844	0.3677	1.0500	0.2960
监事会人数(x15)	0.0350	0.2089	0.1700	0.8670
盈利(x17)	0.0043	0.0122	0.3600	0.7230
成本(x201)	0.0316	0.2032	0.1600	0.8760
上市时间（age）	0.0006	0.0010	0.5700	0.5670
所属行业(消费者靠近型)(I22a)	0.8133	0.8579	0.9500	0.3430
所属行业(环境敏感型)(I22b)	0.7955	0.5475	1.4500	0.1460
企业规模(I23)	0.9123	0.5369	1.7000	0.089 *
编制依据(I32a)	0.3263	0.4653	0.7000	0.4830
报告审验(I33)	1.0329	0.6166	1.6800	0.094 *
反馈意见(I34)	0.0250	0.5425	0.0500	0.9630
经济环境（I211a）	0.3762	0.2998	1.2500	0.2100
cut1	4.3830	3.9043	-1.1200	0.2600
rho	0.9050	0.0300	30.6000	0.0000
Number of obs	366.0000			
LR chi2(15)	16.1200			
Log likelihood	-162.3100			
Prob > chi2	0.3740			

注：＊＊＊:在1%水平上显著；＊＊:在5%水平上显著；＊:在10%水平上显著。

由表 5.21 可知,似然比检验结果表明变量的选择比较合理,模型整体拟合效果比较好。ρ 估计值为 0.905,显示个体差异对该指标披露质量差异的解释力度达到了 90.5%。其中,企业规模和报告审验这两个因素的影响程度较大,并且都是正面的影响;其他的影响因素的影响程度较小,尤其是董监事及高管总人数、董事会人数、监事会人数、盈利、成本、上市时间、编制依据和反馈意见这些因素的影响效果可忽略。

企业规模对国有企业 SRD 的员工信息披露的影响程度为 249%,这说明了大企业具备更多可用资源,并且有着更高的可见度,对外部压力集团的检查也更加敏感,因此倾向于披露更高质量的社会责任信息。该结论验证了 Patten(1991)、Simon Knox(2005)、李正(2008)等人的假设。报告审验对国有企业 SRD 的员工信息披露的影响程度为 281%,这说明对于报告的可信性、权威性有比较大的提升,因此企业倾向于披露更高质量的社会责任信息。

模型四 分时模型

此模型分别选取 2009 年、2010 年、2011 年来进一步分析解释变量对员工信息披露质量影响的时间变化趋势。

表 5.22 2009 年员工信息披露质量有序 probit 模型估计结果

员工信息披露质量(z5)	Coef.	标准差	Z 值	P 值
第一大股东持股比例(x5)	-0.0200	0.0100	-1.6300	0.104 *
董监事及高管总人数(x7)	0.0700	0.0400	1.7300	0.083 *
董事会人数(x8)	0.0300	0.0900	0.3000	0.7650
独立董事人数(x13)	0.1800	0.2300	0.7800	0.4380
监事会人数(x15)	0.2000	0.1100	1.8000	0.073 *
盈利(x17)	0.0100	0.0100	1.3600	0.1750
成本(x201)	-0.1200	0.1100	-1.1200	0.2610
上市时间(age)	0.0004	0.0005	0.8100	0.4210
所属行业(消费者靠近型)(I22a)	-0.4300	0.3800	-1.1200	0.2630
所属行业(环境敏感型)(I22b)	0.2300	0.3400	0.6700	0.5010
企业规模(I23)	0.6500	0.3600	1.8400	0.066 *

员工信息披露质量（z5）	Coef.	标准差.	Z值	P值
编制依据（I32a）	0.7800	0.4700	1.6500	0.099*
报告审验（I33）	1.1000	0.5900	1.8600	0.062*
反馈意见（I34）	0.7200	0.4500	1.6000	0.1110
经济环境（I211a）	0.2700	0.1500	1.8500	0.065*
/cut1	-5.4100	2.3200		
Number of obs		109.0000		
LR chi2(15)		28.5300		
Log likelihood		-60.9140		
Prob > chi2		0.0185		
Pseudo R2		0.1898		

注：＊＊＊:在1%水平上显著；＊＊:在5%水平上显著；＊:在10%水平上显著。

表5.23　2010年员工信息披露质量有序probit模型估计结果

员工信息披露质量（z5）	Coef.	标准差.	Z值	P值
第一大股东持股比例（x5）	-0.0150	0.0090	-1.6800	0.093*
董监事及高管总人数（x7）	-0.0090	0.0350	-0.2600	0.7920
董事会人数（x8）	0.0650	0.0950	0.6900	0.4930
独立董事人数（x13）	0.1470	0.2440	0.6000	0.5450
监事会人数（x15）	0.0020	0.0970	0.0300	0.9800
盈利（x17）	0.0110	0.0090	1.2300	0.2180
成本（x201）	-0.1010	0.1070	-0.9400	0.3470
上市时间（age）	0.0003	0.0005	0.6700	0.5030
所属行业（消费者靠近型）（I22a）	-0.7330	0.4090	-1.7900	0.0730
所属行业（环境敏感型）（I22b）	0.1210	0.3300	0.3700	0.7130
企业规模（I23）	0.6960	0.3360	2.0800	0.038**
编制依据（I32a）	0.0570	0.3690	0.1600	0.8760
报告审验（I33）	0.4610	0.5330	0.8600	0.3880
反馈意见（I34）	0.1480	0.4000	0.3700	0.7120
经济环境（I211a）	0.2360	0.1240	1.9000	0.057*
/cut1	-5.0900	2.5660		
Number of obs		112.0000		

第五章 国有企业社会责任信息披露影响因素分析

员工信息披露质量（z5）	Coef.	标准差.	Z 值	P 值
LR chi2(15)			20.5200	
Log likelihood			−67.3600	
Prob > chi2			0.1530	
Pseudo R2			0.1322	

注：***:在1%水平上显著；**:在5%水平上显著；*:在10%水平上显著。

表 5.24　2011 年员工信息披露质量有序 probit 模型估计结果

员工信息披露质量（z5）	Coef.	标准差.	Z 值	P 值
第一大股东持股比例(x5)	−0.021	0.01	−2.07	0.038**
董监事及高管总人数(x7)	0.001	0.042	0.02	0.986
董事会人数(x8)	0.019	0.102	0.19	0.851
独立董事人数(x13)	0.033	0.232	0.14	0.887
监事会人数(x15)	0.017	0.109	0.15	0.877
盈利(x17)	0.023	0.018	1.27	0.203
成本(x201)	0.051	0.116	0.44	0.656
上市时间（age）	0.002	0.003	0.5	0.615
所属行业(消费者靠近型)(I22a)	0.041	0.411	0.1	0.921
所属行业(环境敏感型)(I22b)	0.217	0.336	0.65	0.519
企业规模(I23)	0.496	0.35	1.42	0.157
编制依据(I32a)	0.06	0.462	0.13	0.897
报告审验(I33)	0.725	0.713	1.02	0.31
反馈意见(I34)	0.142	0.468	0.3	0.761
经济环境（I211a）	0.116	0.132	0.88	0.381
/cut1	0.488	2.565		
Number of obs			96	
LR chi2(15)			12.7	
Log likelihood			−60.172	
Prob > chi2			0.626	
Pseudo R2			0.0955	

注：***:在1%水平上显著；**:在5%水平上显著；*:在10%水平上显著。

由表 5.22 到表 5.24 可知, Pseudo R2 由 0.1898 下降到 0.0955, 可见随着时间的推移, 模型整体的拟合效果逐渐降低。当企业在 2009 年时, 董监事及高管总人数、监事会人数、编制依据、报告审验、反馈意见和经济环境这些因素的影响效果较显著, 且都是正面的影响。从 2009 年到 2010 年, 大部分解释变量的影响程度都有不同幅度的降低, 第一大股东持股比例、企业规模以及经济环境这几个因素的影响程度都有所提高, 尤其是企业规模, 企业规模对国有企业 SRD 的员工信息披露的影响程度为 201%, 这说明了大企业具备更多可用资源, 并且有着更高的可见度, 对外部压力集团的检查也更加敏感, 因此倾向于披露更高质量的社会责任信息。该结论验证了 Patten(1991) 和 Simon (2005) 的假设。其中第一大股东持股比例的影响是负面的。同样, 从 2010 年到 2011 年, 第一大股东持股比例的影响程度继续上升, 且是负面的影响, 第一大股东持股比例对国有企业 SRD 的员工信息披露的影响程度为 97.92%, 这说明第一大股东持股比例越高的企业并不愿意披露更高质量的社会责任信息, 这与 Hossain(1994 年) 和 Chau&Gray(2002 年) 等人的观点不相符。由此可见, 企业处于不同的时期, 这些解释变量的影响效果也都发生了不同程度的改变。

5.6.6 客户信息披露质量的影响因素分析

客户信息披露质量($z6$)包含三个层次:信息披露质量基本符合要求;信息披露质量比较令人满意;信息披露质量非常令人满意。

模型一 Random Effects Ordered Probit 模型

表 5.25 客户信息披露质量随机效应有序 probit 模型的估计结果

客户信息披露质量 ($z6$)	Coef.	标准差.	Z 值	P 值
第一大股东持股比例($x5$)	−0.01	0.01	−1.63	0.103*

	Coef.	标准差	Z值	P值
客户信息披露质量（z6）				
董监事及高管总人数（x7）	0.03	0.03	0.93	0.352
董事会人数（x8）	0.07	0.07	0.91	0.36
独立董事人数（x13）	-0.15	0.15	-1	0.318
监事会人数（x15）	0.21	0.09	2.25	0.024**
盈利（x17）	-0.01	0.01	-1.14	0.255
成本（x201）	-0.03	0.09	-0.34	0.73
上市时间（age）	-0.00004	0	-0.12	0.908
所属行业（消费者靠近型）（I22a）	-0.13	0.33	-0.41	0.682
所属行业（环境敏感型）（I22b）	0.46	0.26	1.75	0.081*
企业规模（I23）	3.58	0.64	5.6	0***
编制依据（I32a）	0.44	0.26	1.67	0.094*
报告审验（I33）	0.47	0.28	1.67	0.096*
反馈意见（I34）	0.25	0.27	0.94	0.35
经济环境（I211a）	0.25	0.12	2.08	0.038**
_cut1	4.97	2.05	2.42	0.015
_cut2	6.72	2.06	3.27	0.001
rho	0.91	0.02	41.83	0
Number of obs	366			
LR chi2(15)	25.81			
Log likelihood	-236.57			
Prob > chi2	0.04			

注：***:在1%水平上显著；**:在5%水平上显著；*:在10%水平上显著。

由 5.25 可知，似然比检验结果表明变量的选择比较合理，模型整体拟合效果较好。ρ 估计值表示个体差异对该信息披露质量差异的解释力度达到了91%。其中第一大股东持股比例、监事会人数、所属行业（环境敏感型）、企业规模、编制依据、报告审验、经济环境等因素的影响程度较显著,尤其是企业规模,且都是正面的影响;上市时间、所属行业(消费者靠近型)等因素的影响程度较小。

监事会人数对国有企业 SRD 的客户信息披露的影响是正面的,且影响程度为 123%,这说明监事会人数多的企业更愿意披露比较令人满意的社会责任信息。企业规模对国有企业 SRD 的客户信息披露的影响程度为 359%,这说明了大企业具备更多可用资源,并且有着更高的可见度,对外部压力集团的检查也更加敏感,因此倾向于披露更高质量的社会责任信息。该结论验证了 Patten(1991)和 Simon(2005)的假设。经济环境对国有企业 SRD 的客户信息披露的影响程度为 128%,这说明了企业所处的经济环境越好,会更加受到外界关注,因而需要披露更多的社会责任信息。

模型二 Random effects generalized ordered probit 模型

表 5.26 客户信息披露质量广义随机效应有序 probit 模型估计结果

客户信息披露质量($z6$)	Coef.	标准差.	Z 值	P 值
mleq1				
第一大股东持股比例($x5$)	0.008	0.013	0.58	0.559
董监事及高管总人数($x7$)	0.038	0.054	0.7	0.487
董事会人数($x8$)	0.105	0.120	0.88	0.381
独立董事人数($x13$)	-0.271	0.289	-0.94	0.349
监事会人数($x15$)	-0.131	0.143	-0.91	0.360
盈利($x17$)	-0.002	0.009	-0.17	0.866
成本($x201$)	0.050	0.138	0.36	0.717
上市时间(age)	0.0001	0.001	0.18	0.857
所属行业(消费者靠近型)I22a	0.287	0.574	0.5	0.617
所属行业(环境敏感型)I22b	0.222	0.452	0.49	0.623
企业规模(I23)	1.061	0.498	2.13	0.033 **
编制依据(I32a)	1.354	0.434	3.12	0.002 ***

客户信息披露质量（z6）	Coef.	标准差.	Z值	P值
报告审验（I33）	0.949	0.555	1.71	0.087*
反馈意见（I34）	1.837	0.495	3.71	0***
经济环境（I211a）	0.435	0.190	2.29	0.022**
_cons	-5.871	3.309	-1.77	0.076
mleq2				
第一大股东持股比例(x5)	0.043	0.019	2.3	0.021**
董监事及高管总人数(x7)	0.085	0.056	1.53	0.127
董事会人数(x8)	-0.184	0.151	-1.22	0.224
独立董事人数(x13)	0.062	0.320	0.19	0.847
监事会人数(x15)	0.625	0.198	3.16	0.002***
盈利(x17)	0.006	0.015	0.4	0.689
成本(x201)	-0.696	0.185	-3.77	0***
上市时间（age）	-0.001	0.004	-0.28	0.778
所属行业(消费者靠近型)I22a	0.850	0.672	1.27	0.206
所属行业(环境敏感型)I22b	-1.837	0.667	-2.76	0.006***
企业规模（I23）	0.686	0.601	1.14	0.254
编制依据（I32a）	0.761	0.535	1.42	0.155
报告审验（I33）	0.288	0.656	0.44	0.66
反馈意见（I34）	1.273	0.542	2.35	0.019**
经济环境（I211a）	0.128	0.229	0.56	0.577
_cons	9.624	3.937	2.44	0.015
rho	0.684	0.108	6.35	0
Number of obs		366		
LR chi2(30)		35.69		
Log likelihood		-170.299		
Prob > chi2		0.2185		

注：＊＊＊:在1%水平上显著；＊＊:在5%水平上显著；＊:在10%水平上显著。

由表 5.26 可知,ρ 估计值显示个体差异对该信息披露质量差异的解释力度达到了 68.4%。在方程 1 中,企业规模、编制依据、报告审验、反馈意见和经济环境这些因素的影响较显著,且都是正面的影响,尤其是编制依据和反馈意见;第一大股东持股比例、盈利、上市时间、所属行业(消费者靠近型)、所属行业(环境敏感型)等因素的影响效果较弱。

从方程 1 到方程 2,第一大股东持股比例、监事会人数、成本、所属行业(环境敏感型)这几个因素的影响程度都出现了明显的上升,且影响较显著,说明企业客户信息披露的质量从比较令人满意上升到非常令人满意时,这些因素的影响程度逐渐变大。相反,反馈意见和经济环境这两个因素的影响程度相对减弱。

模型三 Ordered probit regression **模型**

表 5.27 客户信息披露质量有序 probit 模型估计结果

客户信息披露质量(z6)	Coef.	标准差.	Z 值	P 值
第一大股东持股比例(x5)	0.002	0.005	0.4	0.691
董监事及高管总人数(x7)	0.001	0.020	0.04	0.967
董事会人数(x8)	0.007	0.048	0.15	0.88
独立董事人数(x13)	−0.014	0.110	−0.12	0.902
监事会人数(x15)	0.108	0.052	2.07	0.038 **
盈利(x17)	0.001	0.004	0.23	0.818
成本(x201)	−0.069	0.055	−1.27	0.206
上市时间(age)	−0.0001	0.000	−0.5	0.614
所属行业(消费者靠近型)(I22a)	0.379	0.196	1.94	0.053 **
所属行业(环境敏感型)(I22b)	−0.205	0.164	−1.25	0.213
企业规模(I23)	0.590	0.193	3.06	0.002 ***
编制依据(I32a)	0.528	0.184	2.87	0.004 ***

客户信息披露质量（z6）	Coef.	标准差.	Z值	P值
报告审验(I33)	0.199	0.234	0.85	0.395
反馈意见(I34)	0.490	0.193	2.54	0.011＊＊＊
经济环境（I211a）	0.113	0.069	1.65	0.099＊
/cut1	0.478	1.183		
/cut2	1.353	1.182		
Number of obs	366			
LR chi2(15)	69.69			
Prob > chi2	0			
Log likelihood	－285.05			
Pseudo R2	0.11			

注：＊＊＊:在1%水平上显著；＊＊:在5%水平上显著；＊:在10%水平上显著。

由表5.27可以看出,Pseudo R2表明变量的选择比较合理,模型整体拟合效果比较好,但仍存在一些不可观测的影响因素。其中,监事会人数、所属行业(消费者靠近型)、企业规模、编制依据、反馈意见及经济环境这几个因素的影响程度较大,且都是正面的影响;第一大股东持股比例、董监事及高管总人数、董事会人数、独立董事人数、盈利、上市时间等因素的影响程度较小。

企业规模对国有企业SRD客户信息披露的影响程度为180%,这说明了大企业具备更多可用资源,并且有着更高的可见度,对外部压力集团的检查也更加敏感,因此倾向于披露更高质量的社会责任信息。该结论验证了Patten(1991)和Simon Knox(2005)的假设。编制依据、反馈意见国有企业SRD客户信息披露的影响是正面的,且影响程度分别为170%、163%,这与合法性理论相符合。

模型四 分时模型

表 5.28 2009 年客户信息披露质量有序 probit 模型估计结果

客户信息披露质量（z6）	Coef.	标准差.	Z 值	P 值
第一大股东持股比例(x5)	0.01	0.01	1.19	0.235
董监事及高管总人数(x7)	-0.03	0.05	-0.57	0.567
董事会人数(x8)	0.003	0.10	0.03	0.977
独立董事人数(x13)	0.24	0.23	1.05	0.292
监事会人数(x15)	0.18	0.11	1.61	0.108 *
盈利(x17)	-0.002	0.01	-0.18	0.857
成本(x201)	-0.16	0.11	-1.37	0.17
上市时间（age）	-0.0001	0.00	-0.31	0.757
所属行业(消费者靠近型)(I22a)	0.83	0.36	2.28	0.022 **
所属行业(环境敏感型)(I22b)	-0.32	0.32	-1.01	0.314
企业规模(I23)	1.00	0.37	2.72	0.007 ***
编制依据(I32a)	0.31	0.38	0.8	0.425
报告审验(I33)	0.07	0.46	0.14	0.887
反馈意见(I34)	0.41	0.39	1.07	0.286
经济环境（I211a)	0.26	0.14	1.84	0.066 *
/cut1	-0.07	2.29		
/cut2	0.92	2.28		
Number of obs	109			
LR chi2(15)	32.2			
Log likelihood	-75.96			
Prob > chi2	0.006			
Pseudo R2	0.18			

注：***:在1%水平上显著；**:在5%水平上显著；*:在10%水平上显著。

表5.29 2010年客户信息披露质量有序probit模型估计结果

客户信息披露质量（z6）	Coef.	标准差	Z值	P值
第一大股东持股比例（x5）	0.003	0.009	0.33	0.74
董监事及高管总人数（x7）	0.003	0.038	0.09	0.932
董事会人数（x8）	0.124	0.103	1.2	0.232
独立董事人数（x13）	-0.351	0.265	-1.33	0.185
监事会人数（x15）	0.056	0.098	0.58	0.563
盈利（x17）	0.0003	0.006	0.04	0.968
成本（x201）	-0.044	0.105	-0.42	0.677
上市时间（age）	-0.0002	0.000	-0.39	0.696
所属行业（消费者靠近型）（I22a）	0.043	0.402	0.11	0.914
所属行业（环境敏感型）（I22b）	-0.400	0.321	-1.24	0.213
企业规模（I23）	0.348	0.358	0.97	0.331
编制依据（I32a）	0.461	0.340	1.36	0.175
报告审验（I33）	-0.209	0.443	-0.47	0.638
反馈意见（I34）	0.614	0.379	1.62	0.105 *
经济环境（I211a）	0.172	0.122	1.41	0.158
/cut1	0.492	2.512		
/cut2	1.305	2.511		
Number of obs	112			
LR chi2(15)	19.01			
Log likelihood	-81.32			
Prob > chi2	0.21			
Pseudo R2	0.1			

注：＊＊＊：在1%水平上显著；＊＊：在5%水平上显著；＊：在10%水平上显著。

表 5.30　2011 年客户信息披露质量有序 probit 模型估计结果

客户信息披露质量（z6）	Coef.	标准差.	Z 值	P 值
第一大股东持股比例(x5)	0.003	0.010	0.28	0.779
董监事及高管总人数(x7)	-0.023	0.047	-0.49	0.627
董事会人数(x8)	0.010	0.107	0.1	0.922
独立董事人数(x13)	0.054	0.234	0.23	0.816
监事会人数(x15)	0.148	0.113	1.31	0.192
盈利(x17)	0.002	0.018	0.13	0.899
成本(x201)	-0.095	0.117	-0.82	0.414
上市时间（age）	-0.032	0.036	-0.88	0.378
所属行业(消费者靠近型)(I22a)	0.658	0.393	1.67	0.094*
所属行业(环境敏感型)(I22b)	-0.205	0.332	-0.62	0.536
企业规模(I23)	0.470	0.391	1.2	0.23
编制依据(I32a)	0.906	0.451	2.01	0.044**
报告审验(I33)	0.290	0.619	0.47	0.639
反馈意见(I34)	0.383	0.458	0.84	0.403
经济环境（I211a)	-0.002	0.147	-0.01	0.991
/cut1	-0.629	2.696		
/cut2	0.266	2.692		
Number of obs	96			
LR chi2(15)	25.19			
Log likelihood	-67.96			
Prob > chi2	0.05			
Pseudo R2	0.16			

注：＊＊＊:在1%水平上显著；＊＊:在5%水平上显著；＊:在10%水平上显著。

由表 5.28 到表 5.30 可知,当企业在 2009 年时,所属行业(消费者靠近型)、企业规模和经济环境这几个因素的影响程度较显著,且都是正面的影响;董监事高管总人数、董事会人数、盈利、上市时间、编制依据、报告审验等因素的影响程度较弱。当企业在 2010 年时,只有反馈意见的影响效果较显著,且与 2009 年相比,影响程度明显提高,反馈意见对国有企业 SRD 客户信息披露的影响是正面的,且影响程度为 185%,这意味着有反馈意见的企业更愿意披露比较令人满意的社会责任信息,与合法性理论相符。从 2010 年到 2011 年,所属行业(消费者靠近型)和编制依据这两个因素的影响效果有很大程度的上升,且影响程度较显著,而其他因素的影响程度都有不同幅度的变化,影响程度较弱。

5.6.7 环境信息披露质量的影响因素分析

环境信息披露质量($z7$)包含两个层次:信息披露质量基本符合要求;信息披露质量比较令人满意。

模型一 Random Effects Ordered Probit 的模型

表 5.31 环境信息披露质量随机效应有序概率模型的估计结果

环境信息披露质量($z7$)	Coef.	标准差.	Z 值	P 值
第一大股东持股比例($x5$)	−0.005	0.014	−0.35	0.723
董监事及高管总人数($x7$)	0.058	0.064	0.9	0.366
董事会人数($x8$)	−0.189	0.154	−1.22	0.221
独立董事人数($x13$)	0.989	0.420	2.35	0.019**
监事会人数($x15$)	−0.322	0.199	−1.61	0.107
盈利($x17$)	0.003	0.010	0.32	0.751
成本($x201$)	0.783	0.199	3.94	0***
上市时间(age)	0.0003	0.001	0.4	0.691
所属行业(消费者靠近型)($I22a$)	−0.335	0.650	−0.52	0.607

环境信息披露质量（z7）	Coef.	标准差	Z值	P值
所属行业（环境敏感型）(I22b)	1.058	0.564	1.87	0.061**
企业规模(I23)	2.133	0.738	2.89	0.004*
编制依据(I32a)	2.700	0.777	3.48	0.001***
报告审验(I33)	0.670	0.600	1.12	0.264
反馈意见(I34)	2.018	0.689	2.93	0.003***
经济环境（I211a）	0.485	0.200	2.43	0.015**
cut1	26.102	6.107	4.27	0
rho	0.902	0.047	19.11	0
Number of obs	365			
LR chi2(15)	99.28			
Log likelihood	-99.682			
Prob > chi2	0			

注：＊＊＊:在1%水平上显著；＊＊:在5%水平上显著；＊:在10%水平上显著。

由表5.31可知，似然比检验结果表明变量的选择比较合理，模型整体拟合效果比较好。ρ估计值为0.902，显示个体差异对该指标披露质量差异的解释力度达到了90.2%。其中，独立董事人数、成本、所属行业（环境敏感型）、编制依据、反馈意见和经济环境这些因素的影响程度较大，尤其是环境和编制依据，并且都是正面的影响；第一大股东持股比例、董监事及高管总人数、盈利、上市时间、所属行业（消费者靠近型）等因素的影响程度较小，可忽略。

成本对国有企业SRD环境信息披露的影响是正面的，且影响程度为219%，这说明了企业社会责任成本越大，会越倾向于披露更多的社会责任信息。所属行业（环境敏感型）对国有企业SRD环境信息披露的影响程度为288%，这说明了那些对环境敏感的行业更有可能披露更高质量的社会责任信息，该结论验证了Dierkes & Preston（1977）的观点。编制依据对国有企业 SRD 环境信息披露的影响程度为 149%，可见企业在进行社会责任信息披露时遵循编制依据的指引，对规范其社会责任报告撰写大有裨益，信息披露质量也会随之提升，这与合法性理论相符。

模型四　分时模型

表 5.32　2009 年环境信息披露质量有序 probit 模型估计结果

环境信息披露质量（z7）	Coef.	标准差.	Z 值	P 值
第一大股东持股比例(x5)	-0.01	0.01	-0.76	0.447
董监事及高管总人数(x7)	0.04	0.06	0.71	0.478
董事会人数(x8)	-0.03	0.12	-0.28	0.781
独立董事人数(x13)	0.01	0.31	0.04	0.969
监事会人数(x15)	-0.13	0.17	-0.74	0.458
盈利(x17)	-0.001	0.01	-0.1	0.919
成本(x201)	0.60	0.19	3.17	0.002***
上市时间（age）	-0.0002	0.0008	-0.18	0.854
所属行业(消费者靠近型)(I22a)	-0.41	0.55	-0.75	0.454
所属行业(环境敏感型)(I22b)	0.87	0.49	1.77	0.077*
企业规模(I23)	0.35	0.44	0.8	0.425
编制依据(I32a)	-0.36	0.70	-0.52	0.604
报告审验(I33)	-0.98	0.75	-1.3	0.193
反馈意见(I34)	1.74	0.55	3.18	0.001***
经济环境 (I211a)	0.14	0.19	0.7	0.481
/cut1	14.15	4.18		
Number of obs	109			
LR chi2(15)	70.13			
Log likelihood	-31.77			
Prob > chi2	0			
Pseudo R2	0.525			

注：***:在1%水平上显著；**:在5%水平上显著；*:在10%水平上显著。

表5.33 2010年环境信息披露质有序probit模型估计结果

环境信息披露质量（z7）	Coef.	标准差.	Z值	P值
第一大股东持股比例(x5)	0.005	0.01	0.37	0.708
董监事及高管总人数(x7)	0.05	0.05	0.96	0.338
董事会人数(x8)	-0.22	0.14	-1.57	0.117
独立董事人数(x13)	0.30	0.34	0.86	0.387
监事会人数(x15)	-0.01	0.14	-0.08	0.935
盈利(x17)	0.02	0.02	1.21	0.226
成本(x201)	0.30	0.17	1.81	0.071*
上市时间（age）	0.0001	0.001	0.15	0.881
所属行业(消费者靠近型)(I22a)	0.23	0.57	0.41	0.681
所属行业(环境敏感型)(I22b)	0.57	0.46	1.25	0.212
企业规模(I23)	0.46	0.47	0.98	0.328
编制依据(I32a)	1.02	0.47	2.16	0.031**
报告审验(I33)	0.11	0.67	0.17	0.868
反馈意见(I34)	1.22	0.49	2.47	0.014***
经济环境（I211a）	0.10	0.18	0.58	0.564
/cut1	9.56	4.36		
Number of obs		112		
LR chi2(15)		70.86		
Log likelihood		-31.58		
Prob > chi2		0		
Pseudo R2		0.529		

注：***:在1%水平上显著；**:在5%水平上显著；*:在10%水平上显著。

表 5.34　2011 年环境信息披露质量有序 probit 模型估计结果

环境信息披露质量（z7）	Coef.	标准差	Z 值	P 值
第一大股东持股比例(x5)	0.02	0.01	1.03	0.303
董监事及高管总人数(x7)	0.07	0.06	1.15	0.249
董事会人数(x8)	-0.20	0.15	-1.37	0.17
独立董事人数(x13)	0.23	0.35	0.64	0.525
监事会人数(x15)	-0.09	0.16	-0.57	0.566
盈利(x17)	0.005	0.02	0.2	0.844
成本(x201)	0.17	0.18	0.91	0.363
上市时间（age）	-0.001	0.004	-0.21	0.83
所属行业（消费者靠近型)(I22a)	0.67	0.56	1.2	0.231
所属行业（环境敏感型)(I22b)	0.61	0.49	1.24	0.217
企业规模(I23)	0.73	0.57	1.27	0.204
编制依据(I32a)	1.35	0.64	2.1	0.036**
报告审验(I33)	1.53	0.93	1.65	0.099*
反馈意见(I34)	1.44	0.63	2.3	0.021**
经济环境（I211a)	0.31	0.21	1.47	0.142
/cut1	8.62	4.28		
Number of obs	96			
LR chi2(15)	48.6			
Log likelihood	-27.37			
Prob > chi2	0			
Pseudo R2	0.47			

注：＊＊＊:在1%水平上显著；＊＊:在5%水平上显著；＊:在10%水平上显著。

由表5.33到表5.34可知，Pseudo R2由0.529到0.47，可见随着时间的推移，模型整体的拟合效果略有升高之后出现了降低。当企业在2009年时，所属行业（环境敏感型）、成本和反馈意见这几个因素的影响效果较显著,尤其是成本和反馈意见,且都是正面的影响。成本对国有企业 SRD 环境信息披露的影响是正面的,且影响程度为 182%,这说明了企业社会责任成本越大,会越倾向于披露更多的社会责任信息。反馈意见对国有企业 SRD 环境信息披露的影响程度为 570%,这意味着有反馈意见的企业更愿意披露比较令人满意的社会责任信息,与合法性理论相符。董事会人数、独立董事人数、盈利、上市时间以及编制依据这些因素的影响程度较小。从 2009 年到 2010 年,大部分变量的影响程度都出现不同幅度的减弱,而编制依据的影响程度大幅提高。编制依据对国有企业 SRD 的环境信息披露的影响程度为 277%,这说明了企业在进行社会责任信息披露时遵循编制依据的指引,对规范其社会责任报告撰写大有裨益,信息披露质量也会随之提升,这与合法性理论相符。当企业在 2011 年时,只有编制依据、报告审验和反馈意见这几个影响因素的影响效果较显著。

5.6.8 政府信息披露质量的影响因素分析

政府信息披露质量($z8$)包含两个层次:信息披露质量基本符合要求;信息披露质量比较令人满意。

模型一 Random Effects Ordered Probit 模型

表 5.35 政府信息披露质量随机效应有序 probit 模型的估计结果

政府信息披露质量($z8$)	Coef.	标准差	Z 值	P 值
第一大股东持股比例($x5$)	0.106	0.068	1.57	0.117
董监事及高管总人数($x7$)	−0.358	0.260	−1.38	0.168
董事会人数($x8$)	0.139	0.483	0.29	0.773
独立董事人数($x13$)	−0.241	0.713	−0.34	0.735
监事会人数($x15$)	−0.118	0.518	−0.23	0.82
盈利($x17$)	−0.017	0.015	−1.13	0.257

政府信息披露质量(z8)	Coef.	标准差.	Z值	P值
成本(x201)	-0.753	0.413	-1.82	0.068*
上市时间（age）	-0.004	0.006	-0.79	0.427
所属行业(消费者靠近型)(I22a)	-0.144	1.312	-0.11	0.913
所属行业(环境敏感型)(I22b)	0.346	1.582	0.22	0.827
企业规模(I23)	-2.021	1.390	-1.45	0.146
编制依据(I32a)	-2.439	1.918	-1.27	0.203
报告审验(I33)	-	-	-	-
反馈意见(I34)	-32.497	105319.7	0	1
经济环境(I211a)	1.224	0.741	1.65	0.098*
_cut1	-13.562	8.375	-1.62	0.105
rho	0.968	0.026	37.89	0
Number of obs	366			
LR chi2(15)	51.33			
Log likelihood	-66.52			
Prob > chi2	0			

注：***:在1%水平上显著；**:在5%水平上显著；*:在10%水平上显著。

由表5.35可知,似然比检验结果表明变量的选择比较合理,模型整体拟合效果较好。ρ估计值表示个体差异对政府信息披露质量差异的解释力度达到了96.8%。其中只有成本和经济环境这两个因素的影响程度较显著,并且成本的影响是负面的,且影响程度为47%,这说明了企业社会责任成本越大,越不倾向于披露更高质量的社会责任信息。其余的因素影响程度较小。经济环境对国有企业SRD的政府信息披露的影响程度为340%,这说明了企业所处的经济环境越好,会更加受到外界关注,因而需要披露更多的社会责任信息。

模型四　分时模型

表 5.36　2009 年政府信息披露质量有序 probit 模型估计结果

政府信息披露质量(z8)	Coef.	标准差.	Z 值	P 值
第一大股东持股比例(x5)	0.016	0.013	1.2	0.229
董监事及高管总人数(x7)	-0.135	0.085	-1.59	0.113
董事会人数(x8)	0.081	0.187	0.43	0.665
独立董事人数(x13)	0.259	0.341	0.76	0.447
监事会人数(x15)	0.029	0.170	0.17	0.866
盈利(x17)	0.002	0.011	0.2	0.841
成本(x201)	-0.282	0.157	-1.79	0.073 *
上市时间（age）	-0.028	0.046	-0.61	0.542
所属行业(消费者靠近型)(I22a)	0.136	0.553	0.25	0.805
所属行业(环境敏感型)(I22b)	-0.278	0.511	-0.54	0.587
企业规模(I23)	0.042	0.452	0.09	0.926
编制依据(I32a)	-0.445	0.711	-0.63	0.531
报告审验(I33)	4.902	925.050	0.01	0.996
反馈意见(I34)	-4.546	703.619	-0.01	0.995
经济环境（I211a）	0.175	0.206	0.85	0.397
/cut1	-0.67	925.05		
Number of obs		109		
LR chi2(15)		24.89		
Log likelihood		-33.02		
Prob > chi2		0.0514		
Pseudo R2		0.274		

注：＊＊＊:在1%水平上显著；＊＊:在5%水平上显著；＊:在10%水平上显著。

表 5.37　2010 年政府信息披露质量有序 probit 模型估计结果

政府信息披露质量(z8)	Coef.	标准差.	Z 值	P 值
第一大股东持股比例(x5)	0.026	0.017	1.49	0.137
董监事及高管总人数(x7)	-0.218	0.141	-1.55	0.121
董事会人数(x8)	0.136	0.302	0.45	0.653
独立董事人数(x13)	0.325	0.440	0.74	0.46
监事会人数(x15)	0.404	0.225	1.8	0.072 *
盈利(x17)	-0.002	0.007	-0.24	0.809
成本(x201)	-0.294	0.216	-1.36	0.174
上市时间(age)	-0.001	0.004	-0.18	0.854
所属行业(消费者靠近型)(I22a)	0.063	0.762	0.08	0.934
所属行业(环境敏感型)(I22b)	0.068	0.635	0.11	0.915
企业规模(I23)	-0.310	0.560	-0.55	-0.58
编制依据(I32a)	-5.991	919.535	-0.01	0.995
报告审验(I33)	1.303	1888.779	0	0.999
反馈意见(I34)	-4.139	1334.186	0	0.998
经济环境(I211a)	0.340	0.239	1.42	0.154
/cut1	-2.326	1888.784		
Number of obs	112			
LR chi2(15)	24.72			
Log likelihood	-21.34			
Prob > chi2	0.05			
Pseudo R2	0.367			

注:＊＊＊:在1%水平上显著;＊＊:在5%水平上显著;＊:在10%水平上显著。

表5.38 2011年政府信息披露质量有序probit模型估计结果

政府信息披露质量(z8)	Coef.	标准差	Z值	P值
第一大股东持股比例(x5)	0.040	0.020	2.01	0.044**
董监事及高管总人数(x7)	-0.139	0.124	-1.13	0.261
董事会人数(x8)	-0.066	0.265	-0.25	0.803
独立董事人数(x13)	-0.134	0.587	-0.23	0.82
监事会人数(x15)	0.260	0.224	1.16	0.247
盈利(x17)	-0.082	0.037	-2.21	0.027**
成本(x201)	-0.235	0.207	-1.14	0.256
上市时间(age)	-0.001	0.005	-0.22	0.823
所属行业(消费者靠近型)(I22a)	-0.826	0.760	-1.09	0.277
所属行业(环境敏感型)(I22b)	0.299	0.599	0.5	0.617
企业规模(I23)	-0.443	0.551	-0.8	0.421
编制依据(I32a)	0.390	0.788	0.5	0.621
报告审验(I33)	0.183	967.919	0	1
反馈意见(I34)	-4.259	657.342	-0.01	0.995
经济环境(I211a)	0.503	0.212	2.37	0.018**
/cut1	-4.877	967.927		
Number of obs	96			
LR chi2(15)	34.02			
Log likelihood	-22.87			
Prob > chi2	0.0034			
Pseudo R2	0.427			

注：***：在1%水平上显著；**：在5%水平上显著；*：在10%水平上显著。

由表5.36到表5.38可知,Pseudo R2由0.274逐渐上升到0.427,

可见模型的拟合效果越来越好。当企业在 2009 年时,只有成本因素的影响程度较显著,且是正面的影响;2010 年,只有监事会人数的影响效果较显著;2011 年,部分因素的影响效果有所提高,其中,第一大股东持股比例、盈利和经济环境这几个因素影响程度较显著。由此可见,分时模型并不能很好地捕捉到变量的影响效果。

5.6.9 社会组织信息披露质量的影响因素分析

社会组织信息披露质量($z9$)包含两个层次:信息披露质量基本符合要求;信息披露质量比较令人满意。

模型一 Random Effects Ordered Probit 的模型

表 5.39 社会组织信息披露质量随机效应有序 probit 模型的估计结果

社会组织信息披露质量($z9$)	Coef.	标准差.	Z 值	P 值
第一大股东持股比例($x5$)	−0.035	0.029	−1.21	0.228
董监事及高管总人数($x7$)	0.062	0.128	0.48	0.628
董事会人数($x8$)	0.123	0.281	0.44	0.66
独立董事人数($x13$)	−0.470	0.641	−0.73	0.463
监事会人数($x15$)	−1.528	0.737	−2.07	0.038**
盈利($x17$)	0.065	0.035	1.85	0.064*
成本($x201$)	0.654	0.373	1.75	0.079*
上市时间(age)	0.002	0.004	0.55	0.583
所属行业(消费者靠近型)($I22a$)	5.482	2.288	2.4	0.017**
所属行业(环境敏感型)($I22b$)	0.068	0.871	0.08	0.938
企业规模($I23$)	4.228	1.900	2.23	0.026**
编制依据($I32a$)	6.731	2.712	2.48	0.013**
报告审验($I33$)	3.218	0.984	3.27	0.001***
反馈意见($I34$)	3.972	1.313	3.03	0.002***
经济环境($I211a$)	0.641	0.573	1.12	0.263

社会组织信息披露质量（z9）	Coef.	标准差.	Z 值	P 值
cut1	17.838	8.767	2.03	0.042
rho	0.982	0.013	72.79	0
Number of obs		366		
LR chi2(15)		102.04		
Log likelihood		-62.04		
Prob > chi2		0		

注：＊＊＊:在1%水平上显著；＊＊:在5%水平上显著；＊:在10%水平上显著。

由表 5.39 可知，似然比检验结果表明变量的选择比较合理，模型整体拟合效果比较好。ρ 估计值为 0.982，显示个体差异对该指标披露质量差异的解释力度达到了 98.2%。其中，监事会人数、盈利、成本、所属行业（消费者靠近型）、企业规模、编制依据、报告审验以及反馈意见这些因素的影响程度较大，尤其是报告审验和反馈意见这两个影响因素，并且都是正面的影响；董监事及高管总人数、董事会人数、独立董事人数、上市时间、所属行业（环境敏感型）等因素的影响程度较小，可忽略。报告审验、反馈意见对国有企业 SRD 社会组织信息披露的影响是正面的，且影响程度分别为 2498%、5309%，这与合法性理论相符合。

模型四　分时模型

此模型分别选取 2009 年、2010 年、2011 年来进一步分析解释变量对该信息披露质量影响的时间变化趋势。

表 5.40　2009 年社会组织信息披露质量有序 probit 模型估计结果

社会组织信息披露质量（z9）	Coef.	标准差.	Z 值	P 值
第一大股东持股比例(x5)	0.03	0.02	1.78	0.075＊
董监事及高管总人数(x7)	-0.13	0.10	-1.3	0.195

第五章 国有企业社会责任信息披露影响因素分析

社会组织信息披露质量（z9）	Coef.	标准差.	Z值	P值
董事会人数（x8）	0.38	0.25	1.56	0.12*
独立董事人数（x13）	-0.81	0.62	-1.31	0.191
监事会人数（x15）	-0.07	0.23	-0.29	0.776
盈利（x17）	0.04	0.03	1.2	0.23
成本（x201）	-0.16	0.19	-0.85	0.396
上市时间（age）	0.0003	0.0007	0.43	0.666
所属行业（消费者靠近型）（I22a）	1.09	0.69	1.58	0.113*
所属行业（环境敏感型）（I22b）	-0.99	0.66	-1.49	0.136
企业规模（I23）	0.67	0.75	0.9	0.369
编制依据（I32a）	1.45	0.71	2.03	0.042**
报告审验（I33）	0.58	0.81	0.73	0.468
反馈意见（I34）	2.16	0.77	2.8	0.005***
经济环境（I211a）	-0.92	0.45	-2.04	0.041**
/cut1	-2.48	4.04		
Number of obs		109		
LR chi2(15)		55.75		
Log likelihood		-20.97		
Prob > chi2		0		
Pseudo R2		0.571		

注：***：在1%水平上显著；**：在5%水平上显著；*：在10%水平上显著。

表5.41 2010年社会组织信息披露质量有序probit模型估计结果

社会组织信息披露质量（z9）	Coef.	标准差.	Z值	P值
第一大股东持股比例（x5）	-0.003	0.017	-0.17	0.862
董监事及高管总人数（x7）	0.017	0.064	0.26	0.793
董事会人数（x8）	-0.261	0.180	-1.46	0.146
独立董事人数（x13）	0.495	0.437	1.13	0.257

社会组织信息披露质量（z9）	Coef.	标准差.	Z值	P值
监事会人数(x15)	-0.078	0.189	-0.41	0.681
盈利(x17)	0.008	0.027	0.28	0.78
成本(x201)	0.049	0.198	0.24	0.807
上市时间（age）	0.0002	0.002	0.13	0.894
所属行业(消费者靠近型)(I22a)	1.355	0.753	1.8	0.072*
所属行业(环境敏感型)(I22b)	-1.001	0.661	-1.51	0.13
企业规模(I23)	0.236	0.738	0.32	0.75
编制依据(I32a)	1.855	0.575	3.23	0.001***
报告审验(I33)	-0.703	0.716	-0.98	0.326
反馈意见(I34)	1.745	0.609	2.86	0.004***
经济环境（I211a）	-0.117	0.241	-0.49	0.627
/cut1	2.083	4.971		
Number of obs	112			
LR chi2(15)	76.12			
Log likelihood	-18.81			
Prob > chi2	0			
Pseudo R2	0.669			

注：＊＊＊:在1%水平上显著；＊＊:在5%水平上显著；＊:在10%水平上显著。

表 5.42　2011 年社会组织信息披露质量有序 probit 模型估计结果

社会组织信息披露质量（z9）	Coef.	标准差.	Z值	P值
第一大股东持股比例(x5)	0.01	0.02	0.7	0.481
董监事及高管总人数(x7)	-0.04	0.09	-0.47	0.641
董事会人数(x8)	-0.17	0.21	-0.81	0.416
独立董事人数(x13)	0.29	0.46	0.64	0.524
监事会人数(x15)	-0.03	0.23	-0.12	0.908
盈利(x17)	-0.01	0.04	-0.36	0.719

社会组织信息披露质量（z9）	Coef.	标准差	Z 值	P 值
成本（x201）	0.22	0.24	0.9	0.369
上市时间（age）	−0.0001	0.0035	−0.04	0.971
所属行业（消费者靠近型）（I22a）	1.39	0.77	1.81	0.071*
所属行业（环境敏感型）（I22b）	−0.33	0.68	−0.49	0.627
企业规模（I23）	−0.74	0.94	−0.79	0.428
编制依据（I32a）	2.55	0.73	3.49	0***
报告审验（I33）	−0.68	1.12	−0.61	0.544
反馈意见（I34）	1.52	0.86	1.76	0.079*
经济环境（I211a）	0.03	0.29	0.09	0.925
/cut1	5.44	5.44		
Number of obs	96			
LR chi2(15)	60.08			
Log likelihood	−14.79			
Prob > chi2	0			
Pseudo R2	0.67			

注：***：在1%水平上显著；**：在5%水平上显著；*：在10%水平上显著。

由表5.40到表5.42可知，Pseudo R2由0.571逐渐上升到0.67，可见模型整体的拟合效果越来越好。当企业在2009年时，第一大股东持股比例、董事会人数、所属行业（消费者靠近型）、编制依据、反馈意见和经济环境这些因素的影响效果较显著，且都是正面的影响；监事会人数、上市时间、企业规模、报告审验等因素的影响程度较小。从2009年到2010年，所属行业（消费者靠近型）、编制依据和反馈意见这几个因素的影响程度明显提高；第一大股东持股比例、经济环境等因素的影响效果明显减弱。当企业在2011年，所属行业（消费者靠近型）、编制依据和反馈意见这些因素的影响程度依旧较显著，且都是正面的影响。由此可见，企业处于不同的时期，这些解释变量的影响效果也都发生了不同程度的改变。

5.7 结论

国有企业社会责任信息披露的总体水平体现在信息披露的规范性与丰富性、规划与设置完整性、核心内容完备性等各项指标上。总体而言,对信息披露各项指标普遍影响较大的因素有:成本、所属行业、编制依据、报告审验、反馈意见、经济环境等,且都是正面的影响。

5.7.1 分指标比较

下面,在模型一估计结果的基础上,将各项指标综合在一起,绘制折线图,纵轴表示 $1-P$,横轴表示国有企业社会责任信息披露各项指标披露质量,进一步观察各因素对信息披露总体水平影响程度的变化。

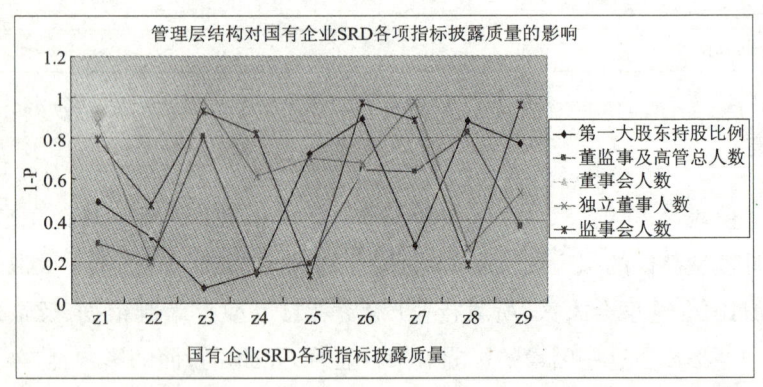

图 5.2 管理层结构对国有企业 SRD 各项指标披露质量的影响

由图 5.2 可知,第一大股东持股比例、独立董事人数、监事会人数这几个因素在部分指标上有较显著的影响,然而现有研究很少验证以上因素对于国有企业社会责任信息披露的影响。本研究得出结论:当其他变量保持不变时,第一大股东持股比例对国有企业客户信息披露质量的影响是负面的,因此,第一大股东持股比例越高的企业并不愿意披露更高质量的社会责任信息,这与 Hossain(1994 年)和 Chau&Gray(2002 年)等人的观点不相符;当其他变量保持不变时,独立董事人数对国有企业社会责任信息披露的可信性可读性可比性、环境信息披露的影响都是正面的,该结论验证了 Forker(1992)的观点;当其他变量保持不变时,监事会人数对国有企业信息披露的可信性可读性可比性、客户信息披露的影响都是正面的,对社会组织信息披露的影响是负面的。另外,董监事及高管总人数、董事会人数对信息披露影响较小。

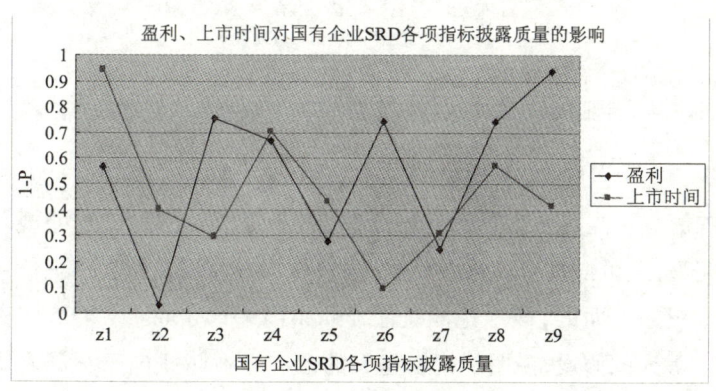

图 5.3 盈利、上市时间对国有企业 SRD 各项指标披露质量的影响

国内外学者对于盈利与企业社会责任信息披露的关系并没有得到统一的结论。如:Preston(1997)认为,好的盈利状况使企业有更宽裕的资源投入到企业社会责任活动中去,因此也更有可能披露社会责任信息。李正(2008)认为企业的盈利能力与企业社会责任信息披露负相关。然而,本研究得出结论:当其余变量保持不变时,盈利能力对国有企业社会组织信息披露的影响是正面的。

另外,当其余变量保持不变时,上市时间对国有企业社会责任信息披露的规范性与丰富性的影响是正面的,这说明上市时间越长,企业更愿意披露更高质量的社会责任信息,该结果验证了 fama(1976)的假设。

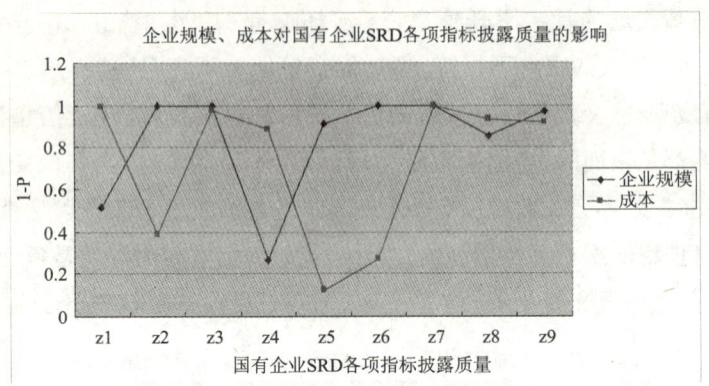

图 5.4 企业规模、成本对国有企业 SRD 各项指标披露质量的影响

由图 5.4 可知,企业规模和成本这两个因素在大多数指标上有较显著的影响。当其余变量保持不变时,企业规模对信息披露的规划与设置完整性、可信性可读性可比性、客户信息披露以及社会组织信息披露的影响是正面的,该结论验证了 Patten(1991)、Simon(2005)、李正(2008)等人的假设,说明了规模越大的国有企业越倾向于披露高质量的社会责任信息;当其余变量保持不变时,成本对信息披露的规范性与丰富性、可信性可读性可比性、环境信息披露、社会组织信息披露的影响是正面的,对政府信息披露的影响是负面的。可见,企业规模和成本是国有企业社会责任信息披露的重要影响因素。

由图 5.5 可知,编制依据、报告审验和反馈意见这几个因素对于信息披露有较大影响,且都是正面的影响,尤其体现在前四项指标上,验证了李诗田(2010)的观点,与合法性理论相符。可见大多数企业都能较好的完成基本信息的披露,同时行业指引和合规性要求起了较大作用。合规性因素影响较大,也说明国有企业是这方面的表率,自觉遵守信息披露法规,这也与国有企业的特殊性质有关。此外,当上升到多目标决策层次的信息披露时,这些影响因素的影响程度相对减弱,有些下

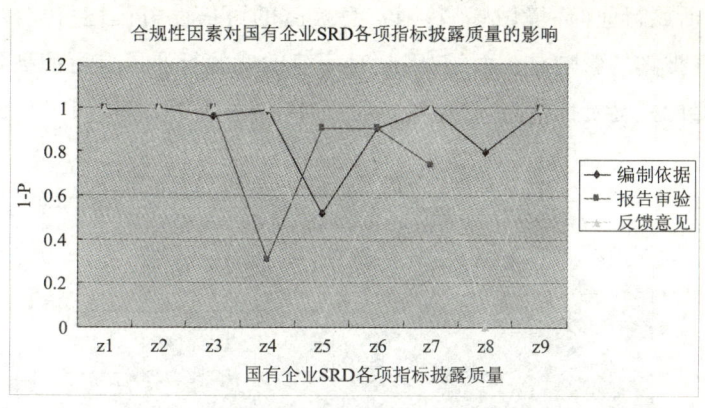

图 5.5 合规性因素对国有企业 SRD 各项指标披露质量的影响

降幅度较大,这说明合规性因素主要是规范了我国国有企业基础信息的披露,对企业社会责任信息披露具有较好的指导作用。

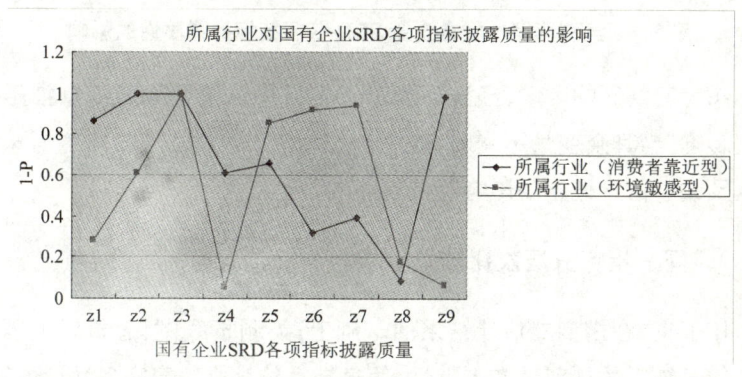

图 5.6 所属行业对国有企业 SRD 各项指标披露质量的影响

由图 5.6 可以看出,所属行业仅在少数指标上对国有企业社会责任信息披露有较大影响,当其余变量保持不变时,所属行业(消费者靠近型)对国有企业社会责任信息披露的规划与设置完整性、可信性可读性可比性、社会组织信息披露的影响都是正面的;当其余变量保持不变时,所属行业(环境敏感型)对信息披露的可信性可读性可比性、环境信息披露的影响是正面的,因此对环境敏感的行业更有可能披露更高质量的社会责任信息,该结论验证了 Dierkes & Preston(1977)的观点。

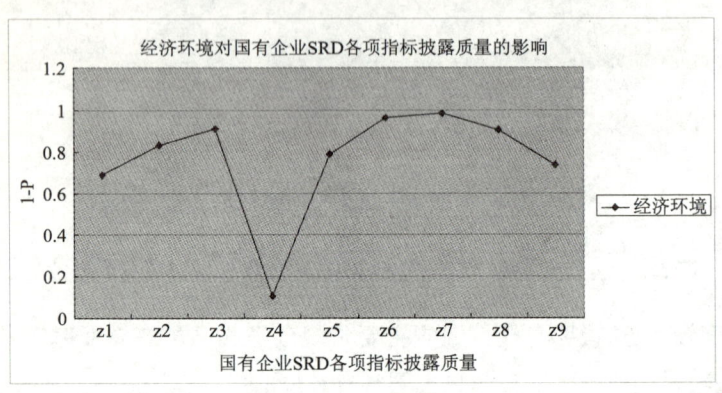

图 5.7　经济环境对国有企业 SRD 各项指标披露质量的影响

作为宏观影响因素,经济环境对于多目标决策层面的信息披露有较大影响,当其余变量不变时,经济环境对客户信息披露、环境信息披露以及政府信息披露的影响都是正面的。

5.7.2　同一指标分层次比较

接下来,在模型二估计结果的基础上,绘制折线图,分析以上因素对于信息披露的规范性和丰富性、信息披露的核心内容完备性、客户信息披露质量三个不同层次的影响趋势。纵轴表示 $1-P$,横轴表示国有企业社会责任信息披露各项指标的影响因素,equation1 表示信息披露基本符合要求上升到比较令人满意,equation2 表示信息披露比较令人满意上升到非常令人满意。

由图 5.8 可知,信息披露的规范性与丰富性从基本符合要求上升到比较令人满意时,监事会人数、成本、上市时间、所属行业(消费者靠

第五章 国有企业社会责任信息披露影响因素分析

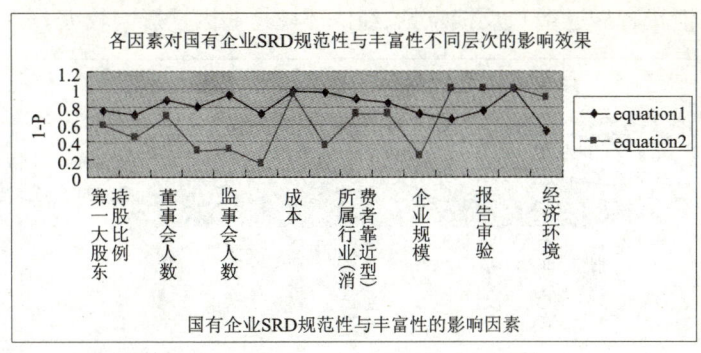

图 5.8　各因素对国有企业 SRD 丰富性与规范性不同层次的影响效果

近型)、反馈意见这些因素影响较大;当信息披露的规范性与丰富性从比较令人满意升到非常令人满意时,成本、编制依据、报告审验、反馈意见这些因素影响较大,因此,合规性理论对于企业披露非常令人满意的社会责任信息更有效。

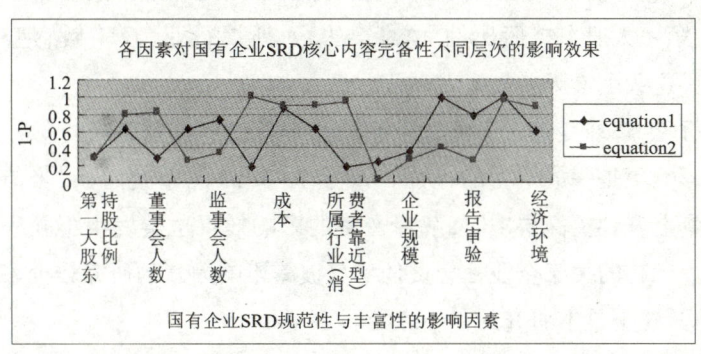

图 5.9　各因素对国有企业 SRD 核心内容完备性不同层次的影响效果

由图 5.9 可知,当信息披露的核心内容完备性从基本符合要求上升到比较令人满意时,成本、编制依据、反馈意见这些因素影响较大;当信息披露的核心内容完备性从比较令人满意上升到非常令人满意时,部分解释变量的影响程度有所增强,其中,盈利、成本、上市时间、所属行业(消费者靠近型)、反馈意见、经济环境这些因素影响较大。

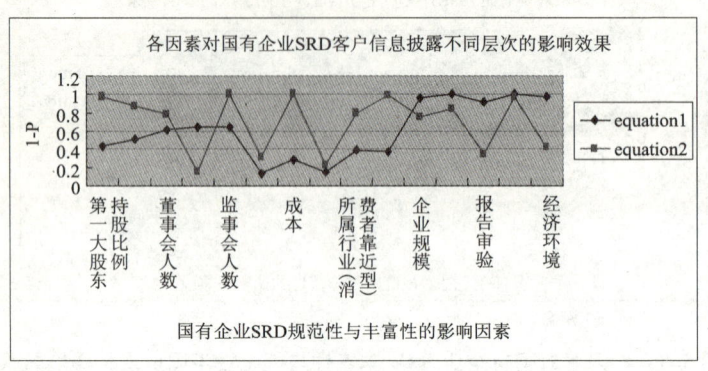

图 5.10　各因素对国有企业 SRD 客户信息披露不同层次的影响效果

由图 5.10 可知,客户信息披露质量从基本符合要求上升到比较令人满意时,企业规模、编制依据、报告审验、所反馈意见、经济环境这些因素影响较大;客户信息披露质量从比较令人满意上升到非常令人满意时,第一大股东持股比例、监事会人数、所属行业(环境敏感型)、反馈意见这些因素影响较大。

可见,解释变量对于国有企业社会责任信息披露各项指标披露质量的影响不是一成不变的,从图 5.8 到图 5.10 可清楚看到,当信息披露质量上升到更高层次时,解释变量的影响效果也会发生不同程度的改变。现有的关于企业社会责任信息披露影响因素的研究较少采用这种方法,这也是本研究的创新之处。

综上所述,通过对我国国有企业社会责任信息披露影响因素的分析发现,上述影响因素对于不同的指标、不同的时间,影响程度不同,且对于同一指标不同层次的信息披露质量,影响效果也会发生变化。与现有研究相比,本研究多维度、多层次的对影响因素进行动态分析,所得出的结论更加合理客观。

第六章 国有企业社会责任信息披露政策有效性评估

6.1 引言

企业社会责任信息披露政策法规自 1996 年起,已经有十余年历史,但 2008 年后才有更加全面的引导性政策法规出台。企业社会责任信息披露虽然带有自愿性质,合规地进行信息披露对企业发展具有重要的影响,尤其是国有企业。除了创造利润,国有企业由于其特殊属性,同时也肩负着社会责任。仲大军(2006)指出国有企业在社会责任以及公共政策目标方面的要求和标准要比私有企业要高得多。中国企业社会责任报告研究(2001—2010)表明中央企业报告的质量远超过中国企业社会责任报告平均水平。目前关于信息披露政策法规执行效果的评估工作尚处起步阶段。究其原因,一是其重要性还未被大家认识;二是评估数据的缺失;三是评估方法以及评估体系构建的困难。

本研究整合了目前我国企业社会责任信息披露规范的内容,利用 Rubin 因果模型这种专门用来估计潜在结果的模型,通过比较同一企业在不同时期执行信息披露政策实现的不同结果来对国有企业社会责任信息披露政策绩效进行评估。本研究选取了 14 个不同行业类型的 142 家国有企业 2009—2011 年的连续数据,指标齐全,以大量报告作为撰写基础,将在经济理论基础上构建动态的企业社会责任信息披露评估监控体系。

6.2 文献综述

关于国有企业社会责任,现有的文献研究主要分为以下视角:

第一,目标与内容设定。黄速建、余菁(2006)指出国有企业社会责任是社会对国有企业行为的客观期望,它由国有企业的性质所决定,具体体现为国有企业的非经济目标和经济目标。沈志渔、刘兴国、周小虎(2008)提出国有企业社会责任从责任性质看包括社会义务与社会期望两个方面。

第二,信息披露现状研究。李正、向锐(2007)通过对上海证券交易所642家上市企业年度报告的指数评分,发现我国企业对员工问题、产品质量提高、公益捐赠等社会责任信息披露较多,而对于废旧原料回收、环境问题、社区问题等社会责任信息的披露较少。杨熠、沈洪涛(2008)发现社会责任信息披露作为一种理念已经获得企业高度认同,但实践方面却远远落后。许家林、刘海英(2010)以125家央企为研究对象,对其2006—2010年间公开披露的社会责任报告进行分析发现,发布社会责任报告的央企数量呈逐年递增趋势,且大都采用年度报告的形式,但发布时间具有一定的随机性;社会责任报告披露模式多分为经济绩效、环境绩效和社会责任绩效三部分进行披露,且较少有企业披露的社会责任报告经第三方验证;社会责任报告披露的内容多用定性型语言,热衷宣传企业的功绩,但对社会公众关注的绩效指标披露分散,且可读性和可比性差,少有企业编制关键绩效指标表。许家林、徐荣(2011)发现以价值法为基础构成的独立社会责任报告形式,以及以事项法为基础和 REA 模型与 XBRL – GL 协同作为技术支撑的社会责任报告信息形成系统,可作为我国现阶段企业社会责任信息披露模式的一种现实选择。

第三,影响因素分析。Xiao & Yuan(2007)基于2002年的559个企业观测值,使用OLS回归模型探讨了中国上市企业所有制结构和董事会组成对自愿性信息披露的影响。沈洪涛(2007)在自愿性信息披露的研究框架下,对我国上市企业的企业特征与企业社会责任信息披露之间关系进行了实证分析,构建了企业社会责任信息披露指数。

第四,中外横向比较。刘建红、杨亚娥(2004)论述了西方国家社会责任会计信息披露及其对建立我国社会责任信息披露机制及提高披露水平的启示。

研究发现,国内现有文献中基本上没有关于国有企业社会责任信息披露政策有效性评估的研究。本研究将政策评估问题纳入到Rubin因果模型的框架中。通过比较同一企业在不同时期,因为行为受到政策影响所产生结果的差异($\Delta_i = Y_i^1 - Y_i^0$),以进行绩效评估。该模型能有效规避自选择问题,节约抽样调查成本,提高估计精确度。

6.3 企业社会责任信息披露规范

企业社会责任信息披露规范对企业社会责任信息披露行为起着指导和约束作用,是影响社会责任信息披露内容和质量的一个重要因素。目前我国有关社会责任信息披露规范构成如下:政府制定的社会责任信息披露规范、证券交易所制定的社会责任信息披露规范、行业协会制定的社会责任信息披露规范。

6.3.1 政府制定的社会责任信息披露规范

2006年10月,党的十六届六中全会审议通过的《中共中央关于构建社会主义和谐社会若干重大问题的决定》中明确提出"着眼于增强公民、企业、各种组织的社会责任"。2006年,我国通过《中华人民共和国企业法》修订案,要求企业要履行社会责任;颁布3部环境行政法规和26部规范性文件,国家环境保护总局单独或联合其他部委颁布11个部门规章。2008年1月4日,国有资产监督管理委员会发布了《关于中央企业履行社会责任的指导意见》,将落实"企业履行社会责任"这一重大课题摆在了我们面前。

6.3.2 证券交易所制定的社会责任信息披露规范

1. 上海证券交易所上市企业社会责任信息披露规定

2008年5月14日,上海证券交易所《关于加强上市公司社会责任承担工作暨发布〈上海证券交易所上市公司环境信息披露指引〉的通知》①,要求上市企业积极承担社会责任,落实可持续发展及科学发展观,在关注自身及全体股东经济利益的同时,充分关注包括企业员工、债权人、客户、消费者及社区在内的利益相关者的共同利益。主要内容如下:

第一,上市企业应增强作为社会成员的责任意识,重视对利益相关者、社会、环境保护、资源利用等方面的非商业贡献。自觉将短期利益与长期利益相结合,将自身发展与社会全面均衡发展相结合,努力超越自我商业目标。

第二,应形成符合企业实际的社会责任战略规划及工作机制。企业的社会责任战略规划至少应当包括企业的商业伦理准则、员工保障计划及职业发展支持计划、合理利用资源及有效保护环境的技术投入及研发计划、社会发展资助计划以及对社会责任规划进行落实管理及监督的机制安排等内容。

第三,应及时披露企业在承担社会责任方面的特色做法及取得的

---

① 上海证券交易所:《关于加强上市公司社会责任承担工作暨发布〈上海证券交易所上市公司环境信息披露指引〉的通知》,《证券时报》,2008年5月14日。

成绩,并在披露企业年度报告的同时在本所网站上披露企业的年度社会责任报告。企业可以根据自身特点拟定年度社会责任报告的具体内容,但至少应当包括企业在促进社会、环境生态以及经济可持续发展这三方面的工作。另外,在年度社会责任报告中可以披露每股社会贡献值,即在企业为股东创造的基本每股收益的基础上,增加企业年内为其他利益相关者创造的价值额,并扣除企业因环境污染等造成的其他社会成本,计算形成的企业为社会创造的每股增值额。企业申请披露年度社会责任报告的,应向本所提交以下文件:公告文稿;企业董事会关于审议通过年度社会责任报告的决议;企业监事会关于审核同意年度社会责任报告的决议;本所认为必要的其他文件。

第四,对重视社会责任承担工作,并能积极披露社会责任报告的企业,本所将优先考虑其入选"上证企业治理板块",并相应简化对其临时公告的审核工作。

第五,根据国家环保总局于 2008 年 2 月发布的《关于加强上市公司环境保护监督管理工作的指导意见》及《环境信息公开办法(试行)》要求,现制定并发布《上海证券交易所上市公司环境信息披露指引》(以下简称《环境披露指引》),请遵照执行。

《环境披露指引》对上市公司社会责任信息披露相关规定如下:

第二、三、四条要求上市企业根据自身需要,在企业年度社会责任报告中披露或单独披露必要的环境信息。当上市企业发生以下与环境保护相关的重大事件[①],且可能对其股票及衍生品种交易价格产生较大影响,应当自该事件发生之日起两日内及时披露事件情况及对企业

---

① 企业有新、改、扩建具有重大环境影响的建设项目等重大投资行为的;企业因为环境违法违规被环保部门调查,或者受到重大行政处罚或刑事处罚的,或被有关人民政府或者政府部门决定限期治理或者停产、搬迁、关闭的;企业由于环境问题涉及重大诉讼或者其主要资产被查封、扣押、冻结或者被抵押、质押的;企业被国家环保部门列入污染严重企业名单的;新公布的环境法律、法规、规章、行业政策可能对企业经营产生重大影响的;可能对上市企业证券及衍生品种交易价格产生较大影响的其他有关环境保护的重大事件。

经营以及利益相关者可能产生的影响。被列入环保部门的污染严重企业名单的上市企业,应当在环保部门公布名单后两日内披露下列信息:(一)企业污染物的名称、排放方式、排放浓度和总量、超标、超总量情况;(二)企业环保设施的建设和运行情况;(三)企业环境污染事故应急预案;(四)企业为减少污染物排放所采取的措施及今后的工作安排。

第五、六、七、八条要求上市企业申请披露前述环境信息时,向上海证券交易所提交相关备查文件。根据相关环境保护法律法规企业必须履行的责任及承担的义务,且符合《企业会计准则》中预计负债确认条件的,企业应当披露已经在财务报告中计提的相关预计负债的金额。依据本指引第三条自愿披露的信息,企业可以仅在本所网站上披露。依据本指引其他规定应当披露的信息,企业必须在证监会指定报刊及网站上同时披露。对不能按规定要求,及时、准确、完整地披露相关环境信息的,本所将视其情节轻重,对企业及相关责任人员采取必要的惩戒措施。

2009年1月8日,上海证券交易所企业管理部发布了《关于做好上市公司2008年年度报告工作的通知》(以下简称《通知》),涉及社会责任披露规定的有:社会责任报告编制指引和上市公司董事对社会责任报告审议工作底稿。

《通知》要求披露社会责任报告的上市企业,按照社会责任报告编制指引的要求,编制社会责任报告。社会责任报告编制指引内容如下:

社会责任报告是反映企业履行社会责任方面工作的报告。企业可根据自身实际情况及编制相关报告的工作实践,决定其内容及标题,包括但不限于:社会责任报告、可持续发展报告、环境责任报告、企业公民报告。

报告标题下方应提示:本企业董事会及全体董事保证本报告内容不存在任何虚假记载、误导性陈述或重大遗漏,并对其内容的真实性、准确性和完整性承担个别及连带责任。企业在编制社会责任报告时，应至少关注企业在促进社会、环境生态以及经济可持续发展这三方面的工作。可按照《关于加强上市公司社会责任承担工作暨发布〈上海证券交易所上市公司环境信息披露指引〉的通知》的要求，披露每股社会贡献值。披露该指标的企业，应同时披露社会成本的计算口径。

公司可以聘请第三方验证企业履行社会责任的情况，并披露验证结果。如有董事对本报告内容的真实性、准确性、完整性无法保证或存在异议的，应当单独陈述理由和发表意见。

董事审议内控报告和社会责任报告工作底稿的规定为：

披露内控报告或社会责任报告的上市企业，应最晚于董事会审议企业年度报告会议通知发出时，将董事审议内控报告、社会责任报告的工作底稿分别提交各董事；董事应亲自填写工作底稿，以形成对上市企业内控报告、社会责任报告审议的依据；上市企业应为董事填写工作底稿有关内容提供便利；同时，要求将工作底稿作为董事会会议记录的一部分，按规定保存。

《通知》还规定了应披露内控报告、社会责任报告企业的范围。即在本所上市的"上证企业治理板块"样本企业、发行境外上市外资股的企业及金融类企业，应在年报披露的同时披露董事会对企业内部控制的自我评估报告和履行社会责任的报告。同时鼓励其他有条件的上市企业披露社会责任报告。企业披露内控报告、社会责任报告的，董事会应分别单独进行决议。内控报告、审计机构对企业内控的核实评价意见、社会责任报告应作为年报全文的附件在本所网站披露。

2. 深圳证券交易所上市企业社会责任信息披露规定

2006年，深圳公布了《关于推进企业履行社会责任的指导意见》（讨论稿），其中，关于上市企业社会责任信息披露的奖励政策包括：深圳将运用激励手段引导企业履行社会责任，如设立政府"企业社会责任奖"、"推进企业社会责任贡献奖"，此外，还制订鼓励企业履行社责任的优惠政策。惩罚政策例如颁布《深圳经济特区推进企业履行社会责任条例》，对现行劳动保障、劳动安全卫生和环保等法规进行清理。深圳还将制订贯彻企业履行社会责任地方标准，并以第三方认证方式确保企业对社会责任的履行。

2006年9月25日颁布的《深圳证券交易所上市企业社会责任指引》对上市企业社会责任信息披露相关规定如下：

本指引所称的上市企业社会责任是指上市企业对国家和社会的全面发展、自然环境和资源，以及股东、债权人、职工、客户、消费者、供应商、社区等利益相关方所应承担的责任。

企业应建立社会责任制度，积极履行社会责任。定期评估企业社会责任的履行情况，自愿披露企业社会责任报告。企业可将社会责任报告与年度报告同时对外披露。社会责任报告的内容至少应包括：（一）关于职工保护、环境污染、商品质量、社区关系等方面的社会责任制度的建设和执行情况；（二）社会责任履行状况是否与本指引存在差距及原因说明；（三）改进措施和具体时间安排。

深圳证券交易所2008年12月31日发布了《关于做好上市公司2008年年度报告工作的通知》，其中十一条规定：纳入"深证100指数"的上市企业应当按照本所《上市公司社会责任指引》的规定，参照企业社会责任披露要求，披露社会责任报告，同时鼓励其他企业披露社会责任报告。社会责任报告应当经企业董事会审议通过，并以单独报告的形式在披露年报的同时在指定网站对外披露。上市企业社会责任报告应当包括但不限于以下内容：综述、社会责任履行情况和企业在履行社会责任方面存在的问题及整改计划。

综述。简要说明企业履行社会责任的宗旨和理念，说明企业为保证社会责任履行所进行的制度建设、组织安排等情况以及企业在履行社会责任方面的思路、工作、成效、奖励、规划等。

社会责任履行情况。对照本所《上市公司社会责任指引》的具体要求,分别就股东、债权人、职工、供应商、客户和消费者权益保护,环境保护与可持续发展,公共关系和社会公益事业等方面情况进行具体说明。

企业在履行社会责任方面存在的问题及整改计划。结合未达到国家法律法规要求和标准、出现重大环保和安全事故、被列入环保部门的污染严重企业名单以及被环保、劳动等部门处罚等问题,说明解决进展情况;企业在履行社会责任方面存在的其他主要问题以及对企业经营及持续发展的影响,提出具体的改进计划和措施。

6.3.3 行业协会制定的社会责任信息披露规范

本研究以中国纺织工业协会制定的《我国纺织服装企业社会责任报告纲要(2008年版)》[①](下文简称《纲要》)为例研究行业协会制定的社会责任信息披露规范。

《纲要》是由201个报告企业生产、经营与管理活动,且与利益相关者权益密切相关的指标构成的指标体系,是国内第一套关于社会责任报告的指标及规范体系,也是我国第一个行业性的关于社会责任绩效披露制度的指导文件。《纲要》第三部分是我国纺织服装企业社会责任报告指标体系,内容覆盖企业状况与经济指标、社会责任战略与方针、社会责任管理体系、社会责任绩效表现、发展环境与社会责任绩效和报告指标的6个一级指标和18个2级指标。

这些指标依其稳定性分为两类:基准指标和发展指标。基准指标指在一个报告期内一般不会发生重大或关键变化,同时又构成利益相关者衡量发展指标的变化的基础数据或指标。发展指标是因报告期而异的变量指标,它们构成报告的主体内容,表明报告企业在社会责任方面的发展或变化。

《纲要》要求报告企业的首次报告涵盖所有基准指标,后续的定期

---

① 中国纺织工业协会:《我国纺织服装企业社会责任报告纲要(2008年版)》。

或不定期报告则可以在保证报告内容和逻辑完整性的前提下忽略部分基准指标。所有报告都应当涵盖尽量多的发展指标,并尽量提供所涵盖的发展指标的所有内容和变化。报告企业可以根据自身特点及其主要利益相关方的主要关切体现出自身的报告倾向。为此,报告企业可以从发展指标中识别出一部分所有报告都将固定涵盖的关键指标,也可以在报告所覆盖的发展指标方面制定规划,逐步扩大报告所涉指标的数量,增强报告的全面性。关键指标的确定及指标增加都必须在相应报告中予以明确,且不应忽略任何其他指标。所以,企业应在报告中对照本纲要列明各个指标与报告内容的对应情况。报告企业也可以识别其他重要且自愿公开的指标,或者其他利益相关方要求公开的信息。

《纲要》建议每份报告完全或部分涉及的指标数不得低于本纲要所列指标总数的60%(121个指标;对后续的定期或不定期报告而言,这一要求包含未做报告的基准指标在内),同时,第四类一级指标下二级指标的覆盖率不低于60%(即三类),且所覆盖的每类二级指标下三级指标的覆盖率不低于该三级指标总数的50%。

6.4 政策评估方法与模型

6.4.1 基于微观非实验数据评估的必要性与可行性分析

微观政策绩效评估的思路有两种:基于实验数据评估和基于非实验数据评估。

基于实验数据评估的基本方法是利用随机的方法将个体分配到参与组与控制组(申请但不批准参与方案的小组)。这样两组个体最终表现差异主要集中体现在参与和不参与到具体项目上,通过对两组数据的比较研究进行政策绩效评估。虽然这种方法在理论上具有很强的吸引力,并且国际上已经探索发展了一套完整的理论方法。但如何获取支撑理论方法的数据是关键所在,在实际实施过程中会存在很多具体的困难,因此该方法实际应用并不普遍。最具有启示意义的是,大部分的欧洲国家都未采用此种方法,而更多的采用基于非实验数据评估方法。本研究采用国际上通用的基于非实验数据评估办法。

评估方法的发展包括两种不同路径:统计路径和结构计量经济学路径(Heckman(2007、2010)、Imbens(2009)、Angreist(2010)、Chetty(2009))。统计路径主要针对可控的实验数据,突出效果大小,而忽略了个体的选择行为(Imbens,2009)。而结构计量经济学则以刻画个体选择行为作为主要突破口,该方法的发展就是不断对选择过程深入了解及不断放松选择过程假设的历程(Heckman,2007、2010)。本研究主要通过国有企业信息披露选择的过程,运用统计评估和结构计量经济学评估模型相结合的方法,以国有企业社会责任信息披露相关政策作为载体,了解国有企业社会责任信息披露相关政策对披露行为的作用。

1. Rubin 因果模型

无论是统计路径还是计量经济路径都以 Rubin 因果模型为出发点来定义效果以及构建基本评估模型(Heckman,2010)。

Rubin 因果模型的核心是通过潜变量的方式定义项目效果,指出项目评估本质上是一个缺失数据的问题,同时也指出了项目评估中无法克服的根本问题,Holland(1986)称为因果推断的基础性问题。Rubin 因果模型清楚的告诉研究者,项目评估方法的发展路径以及应该克服的主要问题。

2. 结构模型与简约模型

Rubin 因果模型提供了效果的精确定义并为效果评估提供了分析思路,具体如何进行效果评估则根据不同的分析范式分为结构模型法和简约模型法。结构模型法顾名思义即通过经济结构方程模型刻画研究对象行为以及由此产生的福利效应,并在此基础上进行效果评估。因而通过结构方程模型不仅可以知道政策是否有效,并且能够得到分析对象的行为特征以及福利效应机制,从而对不同人群以及不同政策进行合理的预测。该方法最大的缺陷是要进行行为模型以及福利发生机制的假设,这样会对分析的准确性产生影响;对不同人群以及不同效果的预测同样需要假定模型的结构稳定性,这在现实中很难实现。简约模型是一种很好的替代,该方法省略了很多中间过程,只关心结果,通常在生物学和医学等自然科学中运用较多,特别是面对试验数据或拟试验数据时,该方法对于政策效果的评估有不可替代的优越性。该方法注重结果的评估,分析结果具有很高的内部有效性,但外部有效性较低,很难将分析结果推广。Heckman(2007,2010)、Chetty(2009)建议采用两种方法结合的方式,部分地估计参数,并获得评估信息。

3. 异质性

异质性分为选择异质性和反应异质性两类(Xie,2008、2012;Heckman,2006、2007)。选择异质性主要体现在参与项目的选择上,不同个体对于项目的选择存在差异,例如,对积极就业政策进行评估时,选择参与项目的人和不参与项目的人存在差异,这种差异称为选择性差异。反应差异主要是指不同项目参加者会存在不同的效果,还是以积极就业政策为例,年龄27岁的参与者A相对于年龄45岁的参与者B取得了更好的效果。在很长一段时间,政策评估分析将重点放在了选择性差异上,而忽略了反应差异。本研究将利用动态数据综合考虑选择性差异和反应差异即本质异质性。

6.4.2 基于微观数据的绩效评估方法的理论基础

1. Rubin 因果模型

Rubin 因果模型是一种专门用来估计"潜在结果"的模型,例如在评估当中我们主要关注的效果是对于同一个体参与项目与不参与项目的差别,事实上对同一个体而言参与项目和不参与项目只有一种可能发生,那么其中一种情况就被称为潜在情况,两种情况之间的差异被称为潜在结果差异。

具体模型如下:

$$Y_i = \begin{cases} Y_i^1 \ if\ D_i = 1, \\ Y_i^0 \ if\ D_i = 0. \end{cases}$$

其中 Y_i^1 表示参加项目观察结果,Y_i^0 表示未参加项目观察结果。Rubin 把因果效应定义如下: $\Delta_i = Y_i^1 - Y_i^0$,代表了第 i 个单位的效应变化。这个公式提供了为因果推断的理论模型。在 Rubin 因果模型的框架下已经发展出一套统计技术去近似地对"潜在结果"进行估计的方法。

传统方法比较的是参加过项目的组与未参加过项目的组之间的差异。不同于传统分析方法的是本文所观察的样本均参加过项目,但其所处时期不一样。因此,本文所采用方法比较的是参加过项目的企业在不同时期参加项目的效果差异。两种方法都涉及组与组之间的比较问题,都能纳入到 Rubin 因果模型的框架中来,仅仅是比较的对象不同。

本课题研究定义 D = 1 代表在时期"1"参加项目,D = 0 代表在时期"0"参加项目;对同一企业假设有两个观察结果(Y_i^1, Y_i^0),其中 Y_i^1 代表企业 i 在时期"1"参加过项目后的结果;Y_i^0 代表企业 i 在时期"0"参加过项目后的结果;$\Delta_i = Y_i^1 - Y_i^0$ 代表企业 i 不同时期参加过项目后所产生的效果差异。社会科学中同一个体不可能同时出现 Y_i^1 和 Y_i^0,因此不能观察和测量 $\Delta_i = Y_i^1 - Y_i^0$,这被 Holland(1986)称为因果推断的基础性问题。针对该问题产生了很多有效的估计量来测量 $\Delta_i = Y_i^1 - Y_i^0$,本课题研究将充分吸收和借鉴国外一些成熟做法,来评估时期之间政策绩效。

2. Rubin 因果模型的估计

政策评估者可以通过比较同一企业接受过干预和未接受干预实现的不同结果来进行评估。事实上,任何企业都不可能同时经历干预和非干预两种历程,这将会对评估带来巨大困难。

理想状态下进行绩效评估主要是根据以下思路,详见(Sebstad

etal,1995;David,1997):

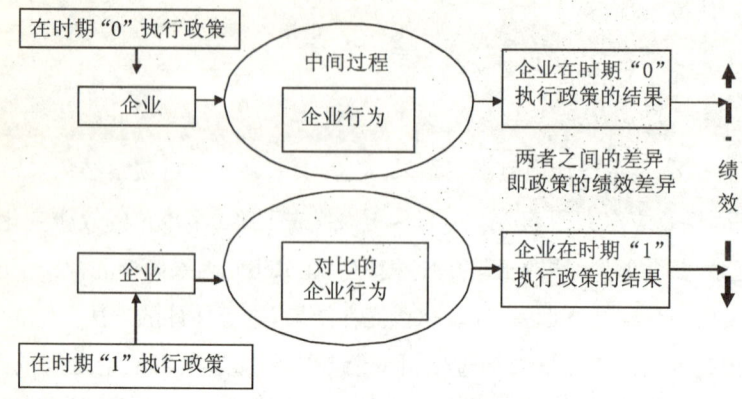

图6.1 评估理论框架示意图

如图 6.1 所示,通过观察同一企业在不同时期执行信息披露政策,然后比较同一企业因为行为受到影响所产生结果的差异,以进行绩效评估,这是通常所说的"控制组"与"对照组"方法的基本原则与思路。从图 6.1 可以清楚地看到当前主流绩效评估的基本思路,以及真实评估的基本原则。国外主流的评估方法主要是希望将社会科学中的评估设计成类似于自然科学中的评估。但是该差异的估算在现实中往往不能或很难实现,确切地说,国外主流项目评估方法问题被看作一个解决数据缺失的问题。

接下来,将给出国内外主流绩效评估方法所关心的评估指标。它们分别是总体平均处理差异、样本平均处理差异。总体平均处理差异刻画了对于所有企业在时期"1"执行信息披露政策的效果与在时期"0"执行信息披露政策的企业的效果差异的平均值,在现实当中往往很难获取所有企业的数据,因此我们主要是通过抽样的方法获得样本平均处理差异,样本平均处理差异刻画的是对抽样调查所获样本而言对于企业在时期"1"执行信息披露政策的效果与在时期"0"执行信息披露政策的企业的效果差异的平均值。本课题研究与国内外主流研究类似,主要是期望采取最优的方法对样本平均差异进行估算,通过对样本的估算获得关于总体的效果差异。

(1) 平均处理差异(ATE)

总体平均处理差异(PATE)

$$\tau_p = E[Y_i^1 - Y_i^0]$$

样本平均处理差异(SATE)

$$\tau_s = \frac{1}{N} \sum_{i=1}^{N} [Y_i^1 - Y_i^0]$$

由于存在因果推断的基础性问题不可能得到以上结果的精确值,主要是因为在现实生活中,对于所有执行信息披露政策的企业只能观察到它在其中一个时期执行信息披露政策的结果,不可能观察到同一个企业在不同时期执行信息披露政策所得到的结果。本研究将采用国际惯例运用非实验方法,对总体平均处理差异进行估计,接下来的分析将给出具体的估计方法,主要思路是将总体平均处理差异的估计问题转化成微观计量经济学模型[①]的参数估计问题,然后再结合经济理论

---

① 世纪之交的诺贝尔经济学奖授予了两位美国经济学家詹姆士·赫克曼(James J1 Heckman)教授和丹尼尔·麦克法登(DanieI L1 McFadden)教授以表彰他们对微观计量经济学所做出的杰出贡献,前者的贡献"是发展了选择性样本数据分析的理论和方法",后者的贡献"是发展了对自选择行为进行分析的理论和方法"。微观计量经济学是介于经济学和统计学之间的边缘科学,它是研究微观数据——即大量个人、家庭或企业的经济信息的经济理论和统计方法。微观数据可以是某一时点的横向数据,也可以是相同观测对象的系列时间序列数据。在过去的三十年里,有两个重要因素使微观计量经济学得以迅速发展。一个因素是能容纳大量微观数据的数据库的创立为微观计量经济学奠定了坚实的研究基础,并使微观计量经济学领域得到迅速扩展;另一个因素是计算机运行速度的不断提升以及计算方法的不断改进为微观计量经济学的研究提供了快速而有效的手段,使得对微观经济理论作实证分析成为可能。20世纪后半叶经济学的一个明显趋势是数量分析方法的加强,即计量经济学重要性的提高。微观计量经济学的发展为经济学家们研究微观主体的经济活动提供了有效的实证分析方法,而且这些方法也同样适合于其他重要社会问题的研究。瑞典皇家科学院指出:"赫克曼和麦克法登所开发的微观计量经济学方法,现已成为经济学家和其他社会科学家进行研究所使用的'标准工具箱'中的工具"。

与数据特性构建具体的微观计量经济学模型,这也是国外主流评估方法的基本思路。

(2)绩效评估理论模型

为了理论上处理的方便,用 $\Delta_i = Y_i^1 - Y_i^0$ 代表同一企业在不同时期执行信息披露政策后所造成的差异,则 $\tau_P = E[\Delta_i]$ 就是总体平均处理差异。采用类似于(Blundell&Costa,2002)的方法我们将 $\tau_P = E[\Delta_i]$ 这个在现实中很难估计的问题转化成回归模型参数估计问题,该方法部分地解决了因果推断的基础性问题。回归模型方法是绩效评估中的主要方法(Marco,2006)。

定义如下方程:

$$Y_i^1 = g^1(x_i) + U_i^1$$
$$Y_i^0 = g^0(x_i) + U_i^0$$

则 $\Delta_i(x_i) = Y_i^1 - Y_i^0 = [g^1(x_i) - g^0(x_i)] + [U_i^1 - U_i^0]$

$$\tau_p = E[\Delta_i(x_i)] = g^1(x_i) - g^0(x_i)$$

$$\begin{aligned}Y_i &= D_i Y_i^1 + (1 - D_i) Y_i^0 \\ &= D_i [g^1(x_i) + U_i^1] + [1 - D_i][g^0(x_i) + U_i^0] \\ &= g^0(x_i) + D_i [g^1(x_i) - g^0(x_i) + U_i^1 - U_i^0] + U_i^0 \\ &= g^0(x_i) + \Delta_i(x_i) D_i + U_i^0 \\ &= g^0(x_i) + \tau_p D_i + [U_i^0 + D_i(U_i^1 - U_i^0)]\end{aligned}$$

$\tau_P = E[\Delta_i]$ 就是估计即总体平均处理差异。以上推导的简化形式为

$$\begin{aligned}Y_i &= D_i Y_i^1 + (1 - D_i) Y_i^0 \\ &= D_i [g^1(x_i) + U_i^1] + [1 - D_i][g^0(x_i) + U_i^0] \\ &= g^0(x_i) + D_i [g^1(x_i) - g^0(x_i) + U_i^1 - U_i^0] + U_i^0 \\ &= g^0(x_i) + \Delta_i(x_i) D_i + U_i^0 \\ &= g^0(x_i) + \Delta_i(x_i) D_i + [U_i^0 + D_i(U_i^1 - U_i^0)]\end{aligned}$$

其中 Y 是结果变量,X 是影响结果变量的一些可观测变量。运用控制变量主要是利用了回归模型的实验特性[1],回归系数反映的是其余变量不变,关注的变量发生改变对结果变量的影响,在本研究中我们期望估算平均而言企业在时期"1"执行信息披露政策和在时期"0"执行信息披露政策的效果差异,通过控制其余变量近似做到"同一企业"的要求,这也是主流绩效评估方法的思路之一[2];ε 是不可观测解释变量。

接下来,我们将进一步阐释运用回归分析来近似实验的原理。

对同一解释变量在简单回归和多元回归中用最小二乘法估计的回归系数,一般说来结果是不相同的,在含不同解释变量的多元回归中,这个估计值也是不同的,除非数据矩阵是正交的(例如按正交表安排试验)。在一个线性多元回归中应含多少个解释变量就是一个控制问题,把某一个解释变量放到回归方程中,根据最小二乘法原理,就说是对该变量作了控制。这正是把解释变量叫做控制变量的原因。

当解释变量作为一个政策变量时,人们都想知道这个政策的效果,这个效果将体现在受政策影响的企业和不受政策影响的企业在政策实施后的差别,那么这两企业需要有可比性,也就是这两企业除了接受和

---

[1] 实验设计曾是数理统计学的一个分支,它的创始人 Fisher 早已定下实验设计的三大原理,即局部控制(local control)、随机化(randomization)和重复(replication),至今被科学实验工作者奉为圭臬。这三大原理的核心在于控制,对计量经济学来说尤其如此。为了做好政策评价或事件研究,需要找出变量之间的因果关系。这时往往要求设法控制除一个因素(变量)外其余因素均保持不变。最小二乘多元回归之所以被普遍应用,其主要原因之一也就在此,即用统计方法保持其余因素不变。(至于"其余因素"具体指什么因素,既是常识问题,但也可能涉及较深层的理论,如由通胀预期扩大的菲力普曲线。)

[2] 还有其他的绩效评估估算方法,主要是一种称为 matching 的方法,该方法的基本思路是通过找到近似的配对,找到与观察者各方面差异很小的对照者,进行比较计算差异,但是该方法对样本质量及样本个数要求都比较高,因此成本也很高,考虑到中国的实际情况我们没有采用该方法。

不接受政策影响外,在其他多个方面都应该是相同的(或者说越相似越好)。因此,控制好调查(或观测)对象的分配,使得"处理组(受政策影响者)"和"对照组(不受影响者)"有可比性,是重要的。执行信息披露政策效果如何?一条法律的颁布,一项措施的执行,一桩事件的发生在哪些方面发生影响?都需要在处理组和对照组之间进行比较。用回归的术语来描述,可用一个虚拟变量的取值来区分处理组和对照组。

在本研究中不同时期的同一企业实际上已经不是真正意义上的"同一企业"了,因为随着时间的推移企业的内外因素都发生了改变。必须控制好其他因素,只考虑政策对企业社会责任信息披露行为的影响效果。前述模型已经将时期间的绩效评估问题转化为回归模型 $Y = X\beta + \tau_p D + \varepsilon$,引入适当的时期示性变量 D 后就能够准确估计参数 $\tau_P = E[\Delta_i]$,即相应的时期之间政策实施的效果差别,其中 Y 是结果变量, X 是影响结果变量的一些必须被控制的变量。

基于以上严格的理论分析本研究在信息披露政策绩效评估中我们将分别利用二元选择模型(Binary Outcome Model)、多分有序模型(Ordered Outcome Model)估算出时期间政策效果差异,进行政策绩效评估。

以上这些模型主要是根据采用的经济理论和抽样数据的特征选择使用的,这也是微观计量经济学的基本理念。

(3)外生性条件

假设 (Y_i^1, Y_i^0) 为结果变量, D_i 为示性变量, X_i 为代表企业差异的控制变量,例如:规模、盈利水平、行业等。Rosenbaum&Rubin(1983)与Lechner(1999,2002)称该条件为条件独立性,在传统的评估模型中 X_i

往往会对选择变量 D_i 产生影响,该问题被称为"自选择问题"①,虽然该问题已有很多解决办法但在实务操作中很难实施(Benu 等,2005)。本研究建立模型直接估算不同时期之间的绩效差异,该模型有效地避免了自选择问题,因为时期示性变量天然外生,因此外生性假设无条件满足。

6.4.3　方法的科学性和现实意义

(1)该方法吸收和借鉴了国外成熟的评估方法,特别是借鉴 Rubin 因果模型和微观计量经济学原理,将两者有机的结合起来,有坚实的理论基础和现实可操作性。

(2)本研究所构建方法相对于传统方法而言,有效地规避了模型的自选择问题,节约了抽样调查成本,大大提高了估计精确程度。

(3)该方法具有与实验方法非常接近的评估效果,而且更具操作性,本研究还编出了相应的程序,方便了广大评估者使用。

---

①　劳动市场计划的评估:诸如在职训练、就业辅助、员工津贴等劳动市场辅导计划,在许多国家都行之有年,评估这类计划的效益当然是一个很重要的问题,自选择问题的存在便会导致估计结果不准确:当我们试图测量某一劳动市场辅导计划对参与者的帮助有多大时,我们只能比较计划参与者和非参与者之间的差异。但是由之前对自选择问题的讨论中我们应可了解,每一个计划参与者之所以加入计划都是经过一番评估的,只有在认定对自己有帮助时才会选择加入,也就是说,是否要参与计划绝不是随机决定的,所以计划参与者和非参与者的样本资料都有自选择问题,要比较两者之间的差异必须采用类似赫克曼两阶段法的计量处理方式。赫克曼在一连串的研究中指出,一般处理自选择问题的计量方式,可能还都不能完全消除计划评估的样本选择误差,他因此曾建议采用实验方式收集资料以根本地避免自选择问题,并对此建议进行详尽的理论分析。

6.4.4 基于微观数据绩效评估的指标体系

表 6.1 绩效评估指标体系

评估内容	评估指标
τ_1:规范性与丰富性	内容的丰富性、形式的规范性、报告参数信息披露的规范程度、报告参数内容的丰富性
τ_2:规划与设置完整性	是否有关于社会责任的内容、已经纳入的管理考核指标、社会责任管理机构设置情况、防治商业腐败及贿赂的措施等
τ_3:可信性、可读性、可比性	负面信息披露、中立客观表达、利益相关方评价、企业社会责任专家评价等
τ_4:核心内容完备性	出资人、员工、客户、环境、社区、政府、供应商、同行、社会组织、媒体、金融机构以及监管机构
τ_5:利益相关者——员工	劳动合同签订情况、工资支付情况、薪酬增加制度建设情况、员工薪酬合理规划倡导情况等
τ_6:客户	产品和服务、产品/服务质量、产品/服务价格、产品/服务质量的制度体系、营销信息、提供产品/服务信息的情况、营销成本情况、信息的渠道情况
τ_7:环境	环境管理、实施环境影响评价、实施环境成本核算、建立环境管理体系等
τ_8:政府	遵守法律法规及政策情况、纳税情况、响应政府倡导的产业投资活动、响应政府号召的慈善公益活动
τ_9:社会组织	行业标准与规范的遵守情况、实施行业标准与规范的预算、行业标准与规范制定的参与情况、促进行业发展的活动情况、回应民间组织的诉求、与民间组织合作

6.5 国有企业社会责任信息披露政策有效性评估实证分析

6.5.1 政策实施对规范性与丰富性的效果

由表 6.2(见附录,下同)可以看出,Pseudo R^2 表明变量的选择比较合理,模型整体拟合效果比较好,但仍存在一些不可观测的影响因素。当其余因素保持不变时,2009—2010 年政策实施后,国有企业 SRD 的规范性与丰富性提升较大,取得了正向的政策效果,企业倾向于较高质量的社会责任信息披露。成本、所属行业(消费者靠近型)、编制依据、反馈意见和经济环境对国有企业 SRD 的规范性与丰富性的影响是正面的,且影响程度分别为 130.55%、167.80%、164.46%、381.94% 和 116.61%。因此,相对于成本、所属行业(消费者靠近型)、编制依据、反馈意见等影响因素,政策实施对国有企业 SRD 规范性与丰富性的影响较弱。

由表 6.3 可以看出,Pseudo R^2 表明变量的选择比较合理,模型整体拟合效果比较好,但仍存在一些不可观测的影响因素。当其余因素保持不变时,2009—2011 年政策实施后,国有企业 SRD 的规范性与丰富性提升较大,取得了正向的政策效果,企业倾向于较高质量的社会责任信息披露。成本、所属行业(消费者靠近型)和反馈意见对国有企业 SRD 的规范性与丰富性的影响是正面的,且影响程度分别为 124.77%、177.50% 和 560.02%。因此,相对于成本、所属行业(消费者靠近型)、反馈意见等影响因素,政策实施对国有企业 SRD 规范性与丰富性的影响较弱。

比较表 6.2 和表 6.3 可知,以 2009 年为参照,政策实施后,2011 年国有企业 SRD 的规范性与丰富性较 2010 年提升较大,取得了正向的政策效果,企业更加倾向于更高质量的社会责任信息披露。

6.5.2 政策实施对规划与设置完整性的效果

由表 6.4 可以看出，Pseudo R^2 表明变量的选择比较合理，模型整体拟合效果比较好，但仍存在一些不可观测的影响因素。当其余因素保持不变时，2009—2010 年政策实施后，可以取得正向的政策效果，使企业倾向于较高质量的社会责任信息披露，但国有企业 SRD 的规划与设置完整性提升并不显著。所属行业（消费者靠近型）、企业规模、编制依据和反馈意见对国有企业 SRD 的规划与设置完整性的影响是正面的，且影响程度分别为 273.57%、160.74%、282.33% 和 324.37%。因此，相对于所属行业（消费者靠近型）、企业规模、编制依据、反馈意见等影响因素，政策实施对国有企业 SRD 规划与设置完整性的影响较弱。

由表 6.5 可以看出，Pseudo R^2 表明变量的选择比较合理，模型整体拟合效果比较好，但仍存在一些不可观测的影响因素。当其余因素保持不变时，2009—2011 年政策实施后，国有企业 SRD 规划与设置完整性的提升较大，取得了正向的政策效果，企业倾向于较高质量的社会责任信息披露。所属行业（消费者靠近型）、企业规模、编制依据和反馈意见对国有企业 SRD 的规划与设置完整性的影响是正面的，且影响程度分别为 311.49%、169.98%、304.96% 和 304.44%。相对于所属行业（消费者靠近型）、企业规模、编制依据、反馈意见等影响因素，政策实施对国有企业 SRD 规划与设置完整性的影响较弱。

比较表 6.4 和表 6.5 可知，以 2009 年为参照，政策实施后，2011 年企业 SRD 的规划与设置完整性较 2010 年提升较大，由不显著变为显著，取得了正向的政策效果，企业更加倾向于更高质量的社会责任信息披露。

6.5.3 政策实施对可信性、可读性、可比性的效果

由表 6.6 可以看出,Pseudo R^2 表明变量的选择比较合理,模型整体拟合效果比较好,但仍存在一些不可观测的影响因素。当其余因素保持不变时,2009—2010 年政策实施后,可以取得正向的政策效果,使企业倾向于较高质量的社会责任信息披露,但对国有企业 SRD 可信性、可读性、可比性的提升并不显著。独立董事人数、成本、编制依据和反馈意见对国有企业 SRD 的可信性、可读性、可比性的影响是正面的,且影响程度分别为 122.26%、123.71%、190.64% 和 193.03%。因此,相对于独立董事人数、成本、编制依据、反馈意见等影响因素,政策实施对国有企业 SRD 可信性、可读性、可比性的影响较弱。

由表 6.7 可以看出,Pseudo R^2 表明变量的选择比较合理,模型整体拟合效果比较好,但仍存在一些不可观测的影响因素。当其余因素保持不变时,2009—2011 年政策实施后,可以取得正向的政策效果,使企业倾向于较高质量的社会责任信息披露,但国有企业 SRD 可信性、可读性、可比性的提升并不显著。编制依据和反馈意见对国有企业 SRD 的可信性、可读性、可比性的影响是正面的,且影响程度分别为 230.62% 和 264.24%。因此,相对于编制依据、反馈意见等影响因素,政策实施对国有企业 SRD 可信性、可读性、可比性的影响较弱。

比较表 6.6 和表 6.7 可知,以 2009 年为参照,政策实施后,虽然对可信性、可读性、可比性的影响都不显著,但 2011 年国有企业 SRD 的可信性、可读性、可比性较 2010 年提升较大,取得了正向的政策效果,企业更加倾向于更高质量的社会责任信息披露。

6.5.4 政策实施对核心内容完备性的效果

由表 6.8 可以看出,Pseudo R^2 表明变量的选择比较合理,模型整体拟合效果比较好,但仍存在一些不可观测的影响因素。当其余因素保

持不变时,2009—2010年政策实施后,可以取得正向的政策效果,使企业倾向于较高质量的社会责任信息披露,但国有企业SRD核心内容完备性的提升并不显著。成本、所属行业(消费者靠近型)、所属行业(环境敏感型)、企业规模、编制依据、报告审验和反馈意见对国有企业SRD核心内容完备性的影响是正面的,且影响程度分别为125.65%、198.71%、191.63%、178.51%、264.53%、163.59%和294.26%。因此,相对于成本、所属行业(消费者靠近型)、所属行业(环境敏感型)、企业规模、编制依据、报告审验、反馈意见等影响因素,政策实施对国有企业SRD核心内容完备性的影响较弱。

由表6.9可以看出,Pseudo R^2表明变量的选择比较合理,模型整体拟合效果比较好,但仍存在一些不可观测的影响因素。当其余因素保持不变时,2009—2011年政策实施后,可以取得正向的政策效果,使企业倾向于较高质量的社会责任信息披露,但国有企业SRD核心内容完备性的提升并不显著。所属行业(消费者靠近型)、企业规模、编制依据和反馈意见对国有企业SRD核心内容完备性的影响是正面的,且影响程度分别为162.11%、200.21%、264.75%和311.40%。因此,相对于所属行业(消费者靠近型)、企业规模、编制依据、反馈意见等影响因素,政策实施对国有企业SRD核心内容完备性的影响较弱。

比较表6.8和表6.9可知,以2009年为参照,政策实施后,虽然对核心内容完备性的影响都不显著,但2011年国有企业SRD核心内容完备性较2010年提升较大,取得了正向的政策效果,企业更加倾向于更高质量的社会责任信息披露。

6.5.5 政策实施对员工信息披露质量的效果

由表6.10可以看出,Pseudo R^2表明变量的选择比较合理,模型整体拟合效果比较好,但仍存在一些不可观测的影响因素。当其余因素保持不变时,2009—2010年政策实施后,可以取得正向的政策效果,使企业倾向于较高质量的社会责任信息披露,但员工信息披露质量的提升并不显著。所属行业(消费者靠近型)、企业规模、报告审验和经济环境对国有企业SRD员工信息披露质量的影响是正面的,且影响程度分别为181.39%、196.23%、175.84%和131.02%。因此,相对于所属行业(消费者靠近型)、企业规模、报告审验、经济环境等影响因素,政策实施对员工信息披露质量的影响较弱。

由表6.11可以看出,Pseudo R^2 表明变量的选择比较合理,模型整体拟合效果比较好,但仍存在一些不可观测的影响因素。当其余因素保持不变时,2009—2011年政策实施后,可以取得正向的政策效果,使企业倾向于较高质量的社会责任信息披露,但员工信息披露质量的提升并不显著。企业规模和报告审验对国有企业SRD员工信息披露质量的影响是正面的,且影响程度分别为175.84%和232.31%。因此,相对于企业规模和报告审验等影响因素,政策实施对员工信息披露质量的影响较弱。

比较表6.10和表6.11可知,以2009年为参照,政策实施后,虽然对员工信息披露质量的影响都不显著,但2011年国有企业SRD中员工信息披露质量较2010年提升较大,且取得了正向的政策效果,企业更加倾向于更高质量的社会责任信息披露。

6.5.6 政策实施对客户信息披露质量的效果

由表6.12可以看出,Pseudo R^2 表明变量的选择比较合理,模型整体拟合效果比较好,但仍存在一些不可观测的影响因素。当其余因素保持不变时,2009—2010年政策实施后,可以取得正向的政策效果,使企业倾向于较高质量的社会责任信息披露,但客户信息披露质量的提升并不显著。所属行业(消费者靠近型)、企业规模、编制依据、反馈意见和经济环境对国有企业SRD客户信息披露质量的影响是正面的,且影响程度分别为152.20%、186.99%、150.56%、155.30%和122.42%。

因此，相对于所属行业（消费者靠近型）、企业规模、编制依据、反馈意见、经济环境等影响因素，政策实施对国有企业 SRD 中客户信息披露质量的影响较弱。

由表 6.13 可以看出，Pseudo R^2 表明变量的选择比较合理，模型整体拟合效果比较好，但仍存在一些不可观测的影响因素。当其余因素保持不变时，2009—2011 年政策实施后，可以取得正向的政策效果，使企业倾向于较高质量的社会责任信息披露，但客户信息披露质量的提升并不显著。监事会人数、所属行业（消费者靠近型）、企业规模和编制依据对国有企业 SRD 客户信息披露质量的影响是正面的，且影响程度分别为 116.63%、196.66%、196.31% 和 195.38%。因此，相对于监事会人数、所属行业（消费者靠近型）、企业规模、编制依据等影响因素，政策实施对客户信息披露质量的影响较弱。

比较表 6.12 和表 6.13 可知，以 2009 年为参照，政策实施后，虽然对客户信息披露质量的影响都不显著，但 2011 年客户信息披露质量较 2010 年提升较大，取得了正向的政策效果，企业更加倾向于更高质量的社会责任信息披露。

6.5.7 政策实施对环境信息披露质量的效果

由表 6.14 可以看出，Pseudo R^2 表明变量的选择比较合理，模型整体拟合效果比较好，但仍存在一些不可观测的影响因素。当其余因素保持不变时，2009—2010 年政策实施后，可以取得正向的政策效果，使企业倾向于较高质量的社会责任信息披露，但环境信息披露质量的提升并不显著。成本、所属行业（环境敏感型）、编制依据和反馈意见对国有企业 SRD 环境信息披露质量的影响是正面的，且影响程度分别为 149.35%、187.27%、180.51% 和 353.25%。因此，相对于成本、所属行业（环境敏感型）、编制依据、反馈意见等影响因素，政策实施对环境信息披露质量的影响较弱。

由表 6.15 可以看出，Pseudo R^2 表明变量的选择比较合理，模型整体拟合效果比较好，但仍存在一些不可观测的影响因素。当其余因素保持不变时，2009—2011 年政策实施后，国有企业 SRD 中环境信息披露质量的提升较大，取得了正向的政策效果，企业倾向于较高质量的社会责任信息披露。成本、所属行业（环境敏感型）和反馈意见对国有企业 SRD 环境信息披露质量的影响是正面的，且影响程度分别为 142.22%、191.32%、180.51% 和 327.63%。因此，相对于成本、所属行业（环境敏感型）、反馈意见等影响因素，政策实施对环境信息披露质量的影响较弱。

比较表 6.14 和表 6.15 可知，以 2009 年为参照，政策实施后，2011 年环境信息披露质量较 2010 年提升较大，由不显著变为显著，取得了正向的政策效果，企业更加倾向于更高质量的社会责任信息披露。

6.5.8 政策实施对政府信息披露质量的效果

由表 6.16 可以看出，Pseudo R^2 表明变量的选择比较合理，模型整体拟合效果比较好，但仍存在一些不可观测的影响因素。当其余因素保持不变时，2009—2010 年政策实施后，取得了负向的政策效果，使企业倾向于较低质量的社会责任信息披露，但政府信息披露质量的下降并不显著。第一大股东持股比例和经济环境对国有企业 SRD 政府信息披露质量的影响是正面的，且影响程度分别为 101.83% 和 124.45%。董监事及高管总人数和成本对国有企业 SRD 政府信息披露质量的影响是负面的，且影响程度分别为 85.59% 和 76.58%。因此，相对于第一大股东持股比例、董监事及高管总人数、成本、经济环境等影响因素，政策实施对政府信息披露质量的影响较弱。

由表 6.17 可以看出，Pseudo R^2 表明变量的选择比较合理，模型整体拟合效果比较好，但仍存在一些不可观测的影响因素。当其余因素保持不变时，2009—2011 年政策实施后，可以取得正向的政策效果，使企业倾向于较高质量的社会责任信息披露,但对政府信息披露质量的提升并不显著。经济环境对国有企业 SRD 政府信息披露质量的影响是正面的,且影响程度为 126.06%。因此,相对于经济环境,政策实施对政府信息披露质量的影响较弱。

比较表 6.16 和表 6.17 可知,以 2009 年为参照,政策实施后,2011 年国有企业 SRD 中政府信息披露质量较 2010 年提升较大,由负向的政策效果变为正向的政策效果,企业更加倾向于更高质量的社会责任信息披露。

6.5.9 政策实施对社会组织信息披露质量的效果

由表 6.18 可以看出,Pseudo R^2 表明变量的选择比较合理,模型整体拟合效果比较好,但仍存在一些不可观测的影响因素。当其余因素保持不变时,2009—2010 年政策实施后,可以取得一定的正向政策效果,使企业倾向于较高质量的社会责任信息披露,但社会组织信息披露质量的提升并不显著。所属行业(消费者靠近型)、编制依据和反馈意见对国有企业 SRD 社会组织信息披露质量的影响是正面的,且影响程度分别为 306.91%、357.12% 和 491.21%。因此,相对于所属行业(消费者靠近型)、编制依据、反馈意见等影响因素,政策实施对国有企业 SRD 中社会组织信息披露质量的影响较弱。

由表 6.19 可以看出,Pseudo R^2 表明变量的选择比较合理,模型整体拟合效果比较好,但仍存在一些不可观测的影响因素。当其余因素保持不变时,2009—2011 年政策实施后,国有企业 SRD 社会组织信息披露质量提升较大,取得了正向的政策效果,企业倾向于较高质量的社会责任信息披露。所属行业(消费者靠近型)、编制依据和反馈意见对国有企业 SRD 社会组织信息披露质量的影响是正面的,且影响程度分别为 316.01%、495.35% 和 382.06%。因此,相对于所属行业(消费者靠近型)、编制依据、反馈意见等影响因素,政策实施对社会组织信息披露质量的影响较弱。

比较表 6.18 和表 6.19 可知,以 2009 年为参照,政策实施后,2011 年社会组织信息披露质量较 2010 年提升非常大,取得了正向的政策效果,且由不显著变为显著,企业更加倾向于更高质量的社会责任信息披露。

6.6 结论及建议

通过前文模型的构建以及相应的实证分析,我们大致了解了政策实施对企业社会责任信息披露各综合指标的影响,并与其他影响因素进行了比较。2010—2011 年政策评估折线图从 coef. 和显著性角度直观反映模型结果所展现的政策效果,如图 6.2 和图 6.3 所示,有助于深入解析政策法规的出台对国有企业社会责任信息披露质量的影响。

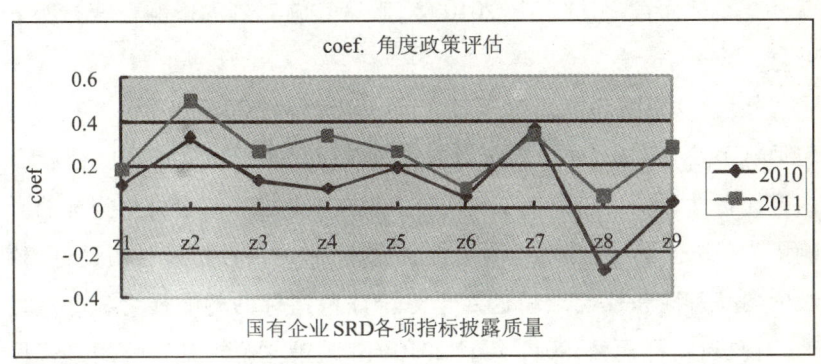

图 6.2　coef. 角度政策评估

首先,观察图 6.2,从 coef. 上看,2011 年较 2010 年,政策实施对包括规范性与丰富性、规划与设置完整性、可信性可读性可比性、核心内容完备性、员工、客户、社会组织在内的七个综合评价指标的影响程度更大,且取得了正向的政策效果。其中,其对规划与设置完整性、可信

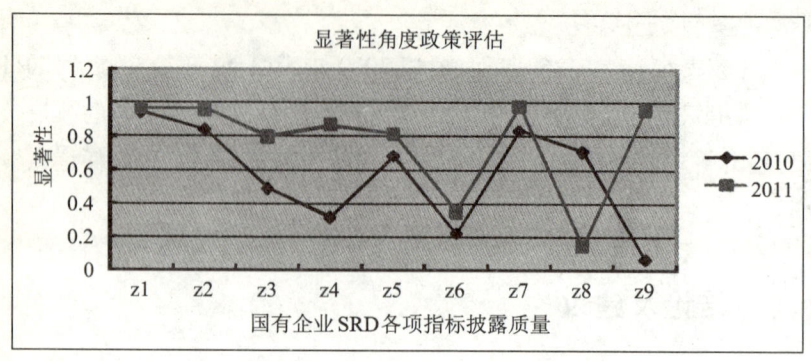

图 6.3 显著性角度政策评估

注：显著性由 $1-P$ 值调整而得

性可读性可比性、核心内容完备性、社会组织这四个综合评价指标的影响程度尤其大。另外，政策实施对政府指标的影响从负向转为正向。就环境指标而言，2011 年较 2010 年，政策实施对其的影响程度有所下降。

然后，观察图 6.3，从显著性来看，2011 年较 2010 年，政策实施对包括规范性与丰富性、规划与设置完整性、可信性可读性可比性、核心内容完备性、员工、客户、环境、社会组织在内的八个综合评价指标的影响更为显著。其中，其对规划与设置完整性、可信性可读性可比性、核心内容完备性和社会组织这四个综合评价指标的影响最为显著。另外，就政府指标而言，2011 年较 2010 年，政策实施对其影响的显著性虽然有所下降。

综合图 6.2 和图 6.3，由 coef. 和显著性可知，政策实施后，从整体上观察，2011 年国有企业 SRD 的质量较 2010 年提升较大，企业更加倾向于更高质量的社会责任信息披露。

具体而言，政策实施对包括规范性与丰富性、规划与设置完整性、可信性可读性可比性、核心内容完备性、员工、客户、社会组织在内的七个综合评价指标的影响程度更大、更显著,且取得了正向的政策效果。其中,其对规划与设置完整性、可信性可读性可比性、核心内容完备性和社会组织这四个综合评价指标的影响程度最大,最为显著。

另外,2011年较2010年,政策实施对环境指标的影响程度虽然有所下降,但影响的显著性明显增强,政策实施对其的影响基本上保持持平。类似地,政策实施对政府指标影响的显著性虽然有所下降,但政策实施对其的影响从负向转为正向,政策实施对其的影响亦基本上保持持平。因此,我们暂且忽略政策实施对环境和政府指标的影响。

图形结果有其深刻的现实原因:

从整体上观察,2011年国有企业社会责任信息披露的质量较2010年提升较大,企业更加倾向于更高质量的社会责任信息披露。说明政策导向对企业的社会责任实践有着深刻的影响,企业无论从战略与治理方面,还是对利益相关方履行责任来看,在政策实施后都有良好表现。这是因为政策规范使企业更深刻地认识到,加强企业社会责任披露对改善其公众形象、提高竞争力和经济效益有重要促进作用。

政策的实施对信息披露合规性、合法性指标作用较大,而对多目标决策指标的作用相对较小。这是因为政策规范更多地是对基本信息披露的指引,也只能对基本信息披露提出要求,更高层次的信息披露是企业的自愿行为。国有企业不同于一般企业的是其社会责任除经济目标外,应更多地着眼于非经济目标的实现,倾向于披露更高质量的多目标决策层面的社会责任信息。因此,国有企业应树立明确的社会责任观念与企业核心价值观,进一步加强社会责任管理体系建设,加强道德或自愿责任的履行。

具体而言,政策实施对规划与设置完整性、可信性可读性可比性、核心内容完备性这三个综合评价指标产生影响大,显著性强是因为:国有企业的社会责任作为国家代表公众利益参与和干预经济的有效手段而存在,作为参与经济的重要手段,国有企业的目的之一即获得更多盈利。尤其是新型国有企业,作为国有企业的盈利主体,位于竞争性市场环境中,具有现代企业产权制度和市场化企业管理体系。而规划与设置完整性、可信性可读性可比性、核心内容完备性属于企业的基础信息披露层次,国有企业在该层次上社会责任普遍履行得较好,通过向外界发送该层次上社会责任履行情况的信号,使市场获取信息,增强对企业的投资信心。因此,政策一经出台便得到了国有企业的积极贯彻落实。

社会组织综合评价指标中外显指标包括行业标准与规范的遵守情况、实施行业标准与规范的预算、行业标准与规范制定的参与情况、促进行业发展的活动情况、回应民间组织的诉求、与民间组织合作。行业协会制定的社会责任信息披露规范对社会组织综合评价指标中的众多指标进行了专门规定,因此,对其影响很大。

另外,虽然政策实施对企业社会责任披露中包括规范性与丰富性、利益相关者—员工、客户、环境、政府在内的五个综合评价指标影响不大,显著性亦较小,但总归是取得了正向的政策效果。

要增强国有企业管理层的社会责任意识和履行能力仅仅提出一套完善的国有企业社会责任体系是远远不够的,还必须建立起完善、有效的国有企业履行社会责任的监督机制。国有企业社会责任监督机制建设包括两方面:(1)建立国有企业履行社会责任的法律、法规约束体系;(2)建立、健全国有企业履行社会责任的目标评价体系。

现有的引导性政策法规主要规范了国有企业的社会责任行为,对其履行社会责任提出了明确的要求,但从所规定的社会责任内容看,并没有完全涵括国有企业应该履行的社会责任,有必要作进一步的补充与完善。政府部门、监管机构、行业组织和研究机构等各方力量要及时了解中国企业社会责任报告的真实发展状况,有针对性地制定政策、采取措施引导和帮助企业发布高质量社会责任报告,不断提升社会责任绩效。尤其是作为国有企业投资与监督主体的政府,应以政策要求或指导性文件的形式向国有企业明确提出需要承担和履行的社会责任内容,将国有企业社会责任的履行制度化、规范化,有意识、系统性地构建动态的企业社会责任信息披露评估监控体系和企业履行社会责任的整体框架。

附录　信息披露模型估计结果

表6.2　2010年信息披露规范性与丰富性有序概率模型估计结果($sj=6$)

信息披露的规范性与丰富性($z1$)	Coef.	标准差	Z值	P值
发布报告的时间(sj)	0.1041	0.0655	1.5900	0.0553**
独立董事人数($x13$)	0.0632	0.1018	0.6200	0.5340
成本($x201$)	0.2666	0.0705	3.7800	0.0000***
上市时间(age)	0.0005	0.0003	1.4700	0.1420
所属行业(消费者靠近型)($I22a$)	0.5176	0.2506	2.0700	0.0390**
所属行业(环境敏感型)($I22b$)	0.0203	0.2122	0.1000	0.9240
企业规模($I23$)	-0.1482	0.2333	-0.6400	0.5250
编制依据($I32a$)	0.4975	0.2568	1.9400	0.0530**
报告审验($I33$)	0.4979	0.3736	1.3300	0.1830
反馈意见($I34$)	1.3401	0.2856	4.6900	0.0000***
经济环境($I211a$)	0.1537	0.0841	1.8300	0.0680*
/cut1	7.0893	1.6484		
/cut2	7.7768	1.6587		
Number of obs	218.0000			
LR chi2(11)	94.7600			
Prob > chi2	0.0000			
Log likelihood	-172.2011			
Pseudo R^2	0.2158			

注:＊＊＊:在1%水平上显著;＊＊:在5%水平上显著;＊:在10%水平上显著。

表 6.3　2011 年信息披露规范性与丰富性有序概率模型估计结果（sj = 7）

信息披露的规范性与丰富性（z1）	Coef.	标准差	Z 值	P 值
发布报告的时间（sj）	0.1734	0.0912	1.9000	0.0368**
独立董事人数（x13）	0.0530	0.1198	0.4400	0.6580
成本（x201）	0.2213	0.0778	2.8500	0.0040***
上市时间（age）	0.0005	0.0004	1.4100	0.1590
所属行业（消费者靠近型）（I22a）	0.5738	0.2599	2.2100	0.0270**
所属行业（环境敏感型）（I22b）	0.2264	0.2217	1.0200	0.3070
企业规模（I23）	-0.1084	0.2541	-0.4300	0.6700
编制依据（I32a）	0.2716	0.2987	0.9100	0.3630
报告审验（I33）	0.4075	0.4426	0.9200	0.3570
反馈意见（I34）	1.7228	0.3194	5.3900	0.0000***
经济环境（I211a）	0.0780	0.0915	0.8500	0.3940
/cut1	6.3361	1.7390		
/cut2	7.0085	1.7492		
Number of obs	203.0000			
LR chi2(11)	99.6100			
Prob > chi2	0.0000			
Log likelihood	-146.5684			
Pseudo R^2	0.2536			

注：***：在1%水平上显著；**：在5%水平上显著；*：在10%水平上显著。

表 6.4　2010 年信息披露规划与设置完整性有序概率模型估计结果（sj = 6）

信息披露的规划与设置完整性（z2）	Coef.	标准差	Z 值	P 值
发布报告的时间（sj）	0.3239	0.2308	1.4000	0.1610
独立董事人数（x13）	-0.0438	0.1272	-0.3400	0.7310
所属行业（消费者靠近型）（I22a）	1.0064	0.3017	3.3400	0.0010***

信息披露的规划与设置完整性（z2）	Coef.	标准差	Z值	P值
所属行业（环境敏感型）（I22b）	-0.5197	0.2754	-1.8900	0.0590*
企业规模（I23）	0.4746	0.2536	1.8700	0.0610*
编制依据（I32a）	1.0379	0.2827	3.6700	0.0000***
报告审验（I33）	-0.0916	0.3706	-0.2500	0.8050
反馈意见（I34）	1.1767	0.2967	3.9700	0.0000***
经济环境（I211a）	0.0502	0.1068	0.4700	0.6390
/cut1	1.3449	0.6924		
Number of obs		221.0000		
LR chi2(9)		94.3300		
Prob > chi2		0.0000		
Log likelihood		-78.9978		
Pseudo R^2		0.3738		

注：＊＊＊：在1%水平上显著；＊＊：在5%水平上显著；＊：在10%水平上显著。

表6.5　2011年信息披露规划与设置完整性有序概率模型估计结果(sj＝7)

信息披露的规划与设置完整性（z2）	Coef.	标准差	Z值	P值
发布报告的时间（sj）	0.4924	0.2429	2.0000	0.0390**
独立董事人数（x13）	0.1987	0.1535	1.2900	0.1960
所属行业（消费者靠近型）（I22a）	1.1362	0.3218	3.5300	0.0000***
所属行业（环境敏感型）（I22b）	-0.4821	0.2914	-1.6500	0.0980*
企业规模（I23）	0.5305	0.2545	2.0800	0.0370**
编制依据（I32a）	1.1150	0.3181	3.5100	0.0000***
报告审验（I33）	-0.0969	0.4553	-0.2100	0.8310
反馈意见（I34）	1.1133	0.3183	3.5000	0.0000***
经济环境（I211a）	0.0477	0.1107	0.4300	0.6660
/cut1	2.3246	0.8035		
Number of obs		205.0000		

信息披露的规划与设置完整性（z2）	Coef.	标准差	Z 值	P 值
LR chi2(9)			89.9900	
Prob > chi2			0.0000	
Log likelihood			-74.2250	
Pseudo R^2			0.3774	

注：＊＊＊:在1%水平上显著；＊＊:在5%水平上显著；＊:在10%水平上显著。

表 6.6　2010年信息披露可信性、可读性、可比性有序概率模型估计结果(sj＝6)

信息披露可信性、可读性、可比性（z3）	Coef.	标准差	Z 值	P 值
发布报告的时间(sj)	0.1272	0.1946	0.6500	0.5130
独立董事人数(x13)	0.2010	0.1215	1.6500	0.0980＊
监事会人数(x15)	0.0441	0.0689	0.6400	0.5220
成本(x201)	0.2128	0.0774	2.7500	0.0060＊＊＊
所属行业（消费者靠近型）(I22a)	0.3915	0.3009	1.3000	0.1930
所属行业（环境敏感型）(I22b)	0.0566	0.2420	0.2300	0.8150
企业规模(I23)	0.2957	0.2442	1.2100	0.2260
编制依据(I32a)	0.6452	0.2812	2.2900	0.0220＊＊
报告审验(I33)	0.1378	0.4157	0.3300	0.7400
反馈意见(I34)	0.6577	0.3015	2.1800	0.0290＊＊
经济环境(I211a)	0.0861	0.0937	0.9200	0.3580
/cut1	-6.3998	1.8501		
Number of obs			224.0000	
LR chi2(11)			84.2800	
Prob > chi2			0.0000	
Log likelihood			-112.8046	
Pseudo R^2			0.2720	

注：＊＊＊:在1%水平上显著；＊＊:在5%水平上显著；＊:在10%水平上显著。

表6.7　2011年信息披露可信性、可读性、可比性有序概率模型估计结果(sj=7)

信息披露可信性、可读性、可比性（z3）	Coef.	标准差	Z值	P值
发布报告的时间(sj)	0.2591	0.2038	1.2700	0.2040
独立董事人数(x13)	0.1916	0.1336	1.4300	0.1520
监事会人数(x15)	0.0498	0.0725	0.6900	0.4920
成本(x201)	0.1322	0.0805	1.6400	0.1000 *
所属行业(消费者靠近型)(I22a)	0.3564	0.2990	1.1900	0.2330
所属行业(环境敏感型)(I22b)	0.2361	0.2467	0.9600	0.3390
企业规模(I23)	0.3213	0.2507	1.2800	0.2000
编制依据(I32a)	0.8356	0.3291	2.5400	0.0110 * * *
报告审验(I33)	0.3635	0.4807	0.7600	0.4490
反馈意见(I34)	0.9717	0.3582	2.7100	0.0070 * * *
经济环境(I211a)	0.0050	0.0977	0.0500	0.9590
/cut1	-4.9256	1.8072		
Number of obs	208.0000			
LR chi2(11)	73.8500			
Prob > chi2	0.0000			
Log likelihood	-107.2104			
Pseudo R^2	0.2562			

注：* * *:在1%水平上显著；* *:在5%水平上显著；*:在10%水平上显著。

表6.8　2010年信息披露核心内容完备性有序概率模型估计结果(sj=6)

信息披露核心内容完备性（z4）	Coef.	标准差	Z值	P值
发布报告的时间(sj)	0.0874	0.2147	0.4100	0.6840
第一大股东持股比例(x5)	0.0014	0.0076	0.1900	0.8530
董监事及高管总人数(x7)	0.0094	0.0300	0.3100	0.7530
董事会人数(x8)	0.0149	0.0814	0.1800	0.8540

信息披露核心内容完备性(z4)	Coef.	标准差	Z值	P值
独立董事人数(x13)	0.2833	0.2112	1.3400	0.1800
监事会人数(x15)	0.0817	0.0883	0.9300	0.3550
盈利(x17)	-0.0023	0.0056	-0.4200	0.6770
成本(x201)	0.2283	0.0902	2.5300	0.0110***
上市时间(age)	0.0004	0.0004	0.8600	0.3900
所属行业(消费者靠近型)(I22a)	0.6867	0.3205	2.1400	0.0320**
所属行业(环境敏感型)(I22b)	0.6504	0.2987	2.1800	0.0290**
企业规模(I23)	0.5795	0.3349	1.7300	0.0840**
编制依据(I32a)	0.9728	0.2766	3.5200	0.0000***
报告审验(I33)	0.4922	0.3189	1.5400	0.1230*
反馈意见(I34)	1.0793	0.2746	3.9300	0.0000***
经济环境(I211a)	0.0947	0.1060	0.8900	0.3720
/cut1	5.0842	2.0614		
/cut2	5.8539	2.0684		
Number of obs	221.0000			
LR chi2(16)	88.4300			
Prob > chi2	0.0000			
Log likelihood	-112.2531			
Pseudo R^2	0.2826			

注:***:在1%水平上显著;**:在5%水平上显著;*:在10%水平上显著。

表6.9　2011年信息披露核心内容完备性有序概率模型估计结果(sj=7)

信息披露核心内容完备性(z4)	Coef.	标准差	Z值	P值
发布报告的时间(sj)	0.3310	0.2215	1.4900	0.1350
第一大股东持股比例(x5)	0.0030	0.0075	0.4000	0.6860
董监事及高管总人数(x7)	0.0158	0.0348	0.4500	0.6500
董事会人数(x8)	0.0514	0.0803	0.6400	0.5220

信息披露核心内容完备性（z4）	Coef.	标准差	Z值	P值
独立董事人数(x13)	0.0153	0.1851	0.0800	0.9340
监事会人数(x15)	0.1289	0.0913	1.4100	0.1580
盈利(x17)	-0.0045	0.0086	-0.5200	0.6040
成本(x201)	0.2131	0.0936	2.2800	0.0230**
上市时间（age）	0.0002	0.0005	0.5200	0.6070
所属行业（消费者靠近型）(I22a)	0.4831	0.3144	1.5400	0.1240*
所属行业（环境敏感型）(I22b)	0.3851	0.2786	1.3800	0.1670
企业规模(I23)	0.6942	0.3338	2.0800	0.0380**
编制依据(I32a)	0.9736	0.2787	3.4900	0.0000***
报告审验(I33)	0.1218	0.3530	0.3500	0.7300
反馈意见(I34)	1.1359	0.2820	4.0300	0.0000***
经济环境(I211a)	0.0038	0.1088	0.0400	0.9720
/cut1	5.6191	2.0350		
/cut2	6.4498	2.0440		
Number of obs		205.0000		
LR chi2(16)		78.2100		
Prob > chi2		0.0000		
Log likelihood		-112.4154		
Pseudo R^2		0.2581		

注：＊＊＊:在1%水平上显著；＊＊:在5%水平上显著；＊:在10%水平上显著。

表6.10 2010年员工信息披露质量有序概率模型估计结果(sj=6)

员工信息披露质量（z5）	Coef.	标准差	Z值	P值
发布报告的时间(sj)	0.1831	0.1826	1.0000	0.3160
第一大股东持股比例(x5)	0.0153	0.0064	2.3800	0.0170**
董监事及高管总人数(x7)	0.0291	0.0260	1.1200	0.2620
董事会人数(x8)	0.0474	0.0640	0.7400	0.4590

员工信息披露质量（z5）	Coef.	标准差	Z值	P值
独立董事人数（x13）	0.1566	0.1638	0.9600	0.3390
监事会人数（x15）	0.0837	0.0711	1.1800	0.2390
盈利（x17）	0.0110	0.0062	1.7800	0.0740*
成本（x201）	0.1118	0.0739	1.5100	0.1300
上市时间（age）	0.0003	0.0004	0.9800	0.3270
所属行业（消费者靠近型）（I22a）	0.5955	0.2716	2.1900	0.0280**
所属行业（环境敏感型）（I22b）	0.1453	0.2318	0.6300	0.5310
企业规模（I23）	0.6741	0.2397	2.8100	0.0050***
编制依据（I32a）	0.2992	0.2717	1.1000	0.2710
报告审验（I33）	0.5644	0.3583	1.5800	0.1150*
反馈意见（I34）	0.3756	0.2820	1.3300	0.1830
经济环境（I211a）	0.2702	0.0914	2.9600	0.0030***
/cut1	5.1158	1.6629		
Number of obs	221.0000			
LR chi2(16)	40.5000			
Prob > chi2	0.0007			
Log likelihood	-132.6625			
Pseudo R^2	0.1324			

注：***：在1%水平上显著；**：在5%水平上显著；*：在10%水平上显著。

表6.11　2011年员工信息披露质量有序概率模型估计结果（sj=7）

员工信息披露质量（z5）	Coef.	标准差	Z值	P值
发布报告的时间（sj）	0.2562	0.1939	1.3200	0.1870
第一大股东持股比例（x5）	0.0167	0.0066	2.5200	0.0120***
董监事及高管总人数（x7）	0.0372	0.0281	1.3200	0.1850
董事会人数（x8）	0.0244	0.0660	0.3700	0.7120
独立董事人数（x13）	0.0861	0.1616	0.5300	0.5940

员工信息披露质量（z5）	Coef.	标准差	Z 值	P 值
监事会人数(x15)	0.0837	0.0760	1.1000	0.2710
盈利(x17)	0.0145	0.0087	1.6600	0.0970*
成本(x201)	0.0433	0.0776	0.5600	0.5770
上市时间（age）	0.0006	0.0004	1.3500	0.1760
所属行业（消费者靠近型）(I22a)	0.2347	0.2680	0.8800	0.3810
所属行业（环境敏感型）(I22b)	0.0152	0.2308	0.0700	0.9470
企业规模(I23)	0.5644	0.2449	2.3000	0.0210**
编制依据(I32a)	0.4324	0.3015	1.4300	0.1510
报告审验(I33)	0.8429	0.4129	2.0400	0.0410**
反馈意见(I34)	0.2522	0.3002	0.8400	0.4010
经济环境(I211a)	0.1996	0.0944	2.1200	0.0340**
/cut1	3.1588	1.6734		
Number of obs		205.0000		
LR chi2(16)		31.7800		
Prob > chi2		0.0107		
Log likelihood		-125.9108		
Pseudo R^2		0.1121		

注：＊＊＊:在1%水平上显著；＊＊:在5%水平上显著；＊:在10%水平上显著。

表6.12　2010年客户信息披露质量有序概率模型估计结果(sj=6)

客户信息披露质量（Z6）	Coef.	标准差	Z 值	P 值
发布报告的时间(sj)	0.0503	0.1799	0.2800	0.7800
第一大股东持股比例(x5)	0.0060	0.0062	0.9600	0.3360
董监事及高管总人数(x7)	-0.0056	0.0281	-0.2000	0.8420
董事会人数(x8)	0.0581	0.0670	0.8700	0.3860
独立董事人数(x13)	-0.0755	0.1631	-0.4600	0.6430
监事会人数(x15)	0.0882	0.0718	1.2300	0.2190

客户信息披露质量（Z6）	Coef.	标准差	Z 值	P 值
盈利（x17）	0.0003	0.0051	0.0700	0.9480
成本（x201）	-0.0661	0.0737	-0.9000	0.3700
上市时间（age）	-0.0001	0.0003	-0.4600	0.6460
所属行业（消费者靠近型）（I22a）	0.4200	0.2584	1.6300	0.1040*
所属行业（环境敏感型）（I22b）	-0.2946	0.2208	-1.3300	0.1820
企业规模（I23）	0.6259	0.2499	2.5000	0.0120***
编制依据（I32a）	0.4092	0.2441	1.6800	0.0940*
报告审验（I33）	-0.0423	0.2966	-0.1400	0.8870
反馈意见（I34）	0.4402	0.2589	1.7000	0.0890*
经济环境（I211a）	0.2023	0.0893	2.2700	0.0230**
/cut1	0.7416	1.6264		
/cut2	1.5992	1.6256		
Number of obs	221.0000			
LR chi2(16)	41.2500			
Prob > chi2	0.0005			
Log likelihood	-162.3678			
Pseudo R^2	0.1127			

注：＊＊＊：在1%水平上显著；＊＊：在5%水平上显著；＊：在10%水平上显著。

表 6.13　2011年客户信息披露质量有序概率模型估计结果（sj=7）

客户信息披露质量（Z6）	Coef.	标准差	Z 值	P 值
发布报告的时间（sj）	0.0878	0.1943	0.4500	0.6510
第一大股东持股比例（x5）	0.0073	0.0066	1.1000	0.2730
董监事及高管总人数（x7）	-0.0141	0.0308	-0.4600	0.6460
董事会人数（x8）	-0.0052	0.0686	-0.0800	0.9400
独立董事人数（x13）	0.1476	0.1596	0.9300	0.3550
监事会人数（x15）	0.1538	0.0765	2.0100	0.0440**

客户信息披露质量（Z6）	Coef.	标准差	Z值	P值
盈利(x17)	-0.0011	0.0078	-0.1400	0.8860
成本(x201)	-0.1203	0.0794	-1.5100	0.1300
上市时间（age）	-0.0003	0.0004	-0.6600	0.5100
所属行业（消费者靠近型）(I22a)	0.6763	0.2561	2.6400	0.0080***
所属行业（环境敏感型）(I22b)	-0.2478	0.2273	-1.0900	0.2760
企业规模(I23)	0.6745	0.2586	2.6100	0.0090***
编制依据(I32a)	0.6698	0.2676	2.5000	0.0120***
报告审验(I33)	0.2627	0.3408	0.7700	0.4410
反馈意见(I34)	0.4067	0.2700	1.5100	0.1320
经济环境(I211a)	0.0983	0.0955	1.0300	0.3030
/cut1	0.0388	1.6733		
/cut2	0.9508	1.6705		
Number of obs	205.0000			
LR chi2(16)	49.5800			
Prob > chi2	0.0000			
Log likelihood	-147.8446			
Pseudo R^2	0.1436			

注：***:在1%水平上显著；**:在5%水平上显著；*:在10%水平上显著。

表6.14　2010年环境信息披露质量有序概率模型估计结果(sj=6)

环境信息披露质量（Z7）	Coef.	标准差	Z值	P值
发布报告的时间(sj)	0.3578	0.2576	1.3900	0.1650
第一大股东持股比例(x5)	-0.0027	0.0088	-0.3100	0.7560
董监事及高管总人数(x7)	0.0448	0.0349	1.2800	0.1990
董事会人数(x8)	0.1202	0.0862	1.3900	0.1630
独立董事人数(x13)	0.1441	0.2117	0.6800	0.4960
监事会人数(x15)	-0.0263	0.0992	-0.2700	0.7910

环境信息披露质量（Z7）	Coef.	标准差	Z值	P值
盈利（x17）	0.0070	0.0109	0.6500	0.5180
成本（x201）	0.4011	0.1113	3.6000	0.0000***
上市时间（age）	0.0000	0.0005	-0.0100	0.9930
所属行业（消费者靠近型）（I22a）	-0.1792	0.3728	-0.4800	0.6310
所属行业（环境敏感型）（I22b）	0.6274	0.3128	2.0100	0.0450**
企业规模（I23）	0.3916	0.3082	1.2700	0.2040
编制依据（I32a）	0.5906	0.3438	1.7200	0.0860*
报告审验（I33）	0.1656	0.4295	0.3900	0.7000
反馈意见（I34）	1.2620	0.3238	3.9000	0.0000***
经济环境（I211a）	0.0872	0.1205	0.7200	0.4690
/cut1	10.8102	2.7107		
Number of obs	221.0000			
LR chi2(16)	133.4400			
Prob > chi2	0.0000			
Log likelihood	-67.1598			
Pseudo R^2	0.4984			

注：＊＊＊：在1%水平上显著；＊＊：在5%水平上显著；＊：在10%水平上显著。

表6.15　2011年环境信息披露质量有序概率模型估计结果（sj=7）

环境信息披露质量（Z7）	Coef.	标准差	Z值	P值
发布报告的时间（sj）	0.3312	0.1465	2.2600	0.0209**
第一大股东持股比例（x5）	-0.0008	0.0088	-0.0900	0.9300
董监事及高管总人数（x7）	0.0492	0.0383	1.2800	0.1990
董事会人数（x8）	-0.1255	0.0874	-1.4400	0.1510
独立董事人数（x13）	0.1758	0.2095	0.8400	0.4010
监事会人数（x15）	-0.0486	0.1054	-0.4600	0.6450
盈利（x17）	-0.0036	0.0098	-0.3700	0.7140

环境信息披露质量（Z7）	Coef.	标准差	Z 值	P 值
成本(x201)	0.3522	0.1154	3.0500	0.0020***
上市时间（age）	-0.0001	0.0005	-0.2100	0.8370
所属行业(消费者靠近型)(I22a)	0.0748	0.3574	0.2100	0.8340
所属行业(环境敏感型)(I22b)	0.6488	0.3140	2.0700	0.0390**
企业规模(I23)	0.3793	0.3273	1.1600	0.2460
编制依据(I32a)	0.5637	0.3802	1.4800	0.1380
报告审验（I33）	0.1833	0.4752	0.3900	0.7000
反馈意见（I34）	1.1867	0.3398	3.4900	0.0000***
经济环境（I211a）	0.1387	0.1288	1.0800	0.2810
/cut1	10.1378	2.6875		
Number of obs	205.0000			
LR chi2(16)	107.0900			
Prob > chi2	0.0000			
Log likelihood	-65.6737			
Pseudo R^2	0.4491			

注：***:在1%水平上显著；**:在5%水平上显著；*:在10%水平上显著。

表6.16 2010年政府信息披露质量有序概率模型估计结果(sj=6)

政府信息披露质量（Z8）	Coef.	标准差	Z 值	P 值
发布报告的时间(sj)	-0.2844	0.2695	-1.0600	0.2910
第一大股东持股比例(x5)	0.0181	0.0097	1.8700	0.062*
董监事及高管总人数(x7)	-0.1556	0.0755	-2.0600	0.039**
董事会人数(x8)	0.0955	0.1587	0.6000	0.5470
独立董事人数(x13)	0.2990	0.2588	1.1600	0.2480
监事会人数(x15)	0.1692	0.1304	1.3000	0.1940
盈利(x17)	-0.0003	0.0061	-0.0500	0.9570
成本(x201)	-0.2668	0.1177	-2.2700	0.023**

政府信息披露质量（Z8）	Coef.	标准差	Z 值	P 值
上市时间（age）	-0.0016	0.0203	-0.0800	0.9380
所属行业（消费者靠近型）（I22a）	0.0373	0.4369	0.0900	0.9320
所属行业（环境敏感型）（I22b）	-0.0495	0.3783	-0.1300	0.8960
企业规模（I23）	-0.1196	0.3393	-0.3500	0.7250
编制依据（I32a）	-0.8367	0.6040	-1.3900	0.1660
报告审验（I33）	3.7104	372.2378	0.0100	0.9920
反馈意见（I34）	-4.1494	315.5254	-0.0100	0.9900
经济环境（I211a）	0.2187	0.1414	1.5500	0.122*
/cut1	-0.5245	372.2446		
Number of obs		221.0000		
LR chi2(16)		46.0000		
Prob > chi2		0.0001		
Log likelihood		-57.0503		
Pseudo R^2		0.2873		

注：＊＊＊:在1%水平上显著；＊＊:在5%水平上显著；＊:在10%水平上显著。

表6.17 2011年政府信息披露质量有序概率模型估计结果（sj=7）

政府信息披露质量（Z8）	Coef.	标准差	Z 值	P 值
发布报告的时间（sj）	0.0480	0.2643	0.1800	0.8560
第一大股东持股比例（x5）	0.0220	0.0099	2.2200	0.0260**
董监事及高管总人数（x7）	-0.1354	0.0690	-1.9600	0.0500**
董事会人数（x8）	0.0460	0.1448	0.3200	0.7510
独立董事人数（x13）	0.0870	0.2671	0.3300	0.7440
监事会人数（x15）	0.1140	0.1271	0.9000	0.3700
盈利（x17）	-0.0047	0.0083	-0.5700	0.5710
成本（x201）	-0.2156	0.1126	-1.9200	0.0550**
上市时间（age）	-0.0177	0.0341	-0.5200	0.6030

政府信息披露质量（Z8）	Coef.	标准差	Z值	P值
所属行业（消费者靠近型）（I22a）	-0.0997	0.4267	-0.2300	0.8150
所属行业（环境敏感型）（I22b）	-0.0430	0.3543	-0.1200	0.9030
企业规模（I23）	-0.0653	0.3181	-0.2100	0.8370
编制依据（I32a）	-0.1546	0.5103	-0.3000	0.7620
报告审验（I33）	4.5283	386.9511	0.0100	0.9910
反馈意见（I34）	-4.4728	304.3055	-0.0100	0.9880
经济环境（I211a）	0.2316	0.1299	1.7800	0.0740*
/cut1	0.3223	386.9566		
Number of obs	205.0000			
LR chi2(16)	46.1000			
Prob > chi2	0.0001			
Log likelihood	-62.2922			
Pseudo R^2	0.2701			

注：＊＊＊：在1%水平上显著；＊＊：在5%水平上显著；＊：在10%水平上显著。

表6.18　2010年社会组织信息披露质量有序概率模型估计结果（sj=6）

社会组织信息披露质量（Z9）	Coef.	标准差	Z值	P值
发布报告的时间（sj）	0.0247	0.3057	0.0800	0.9360
第一大股东持股比例（x5）	0.0145	0.0105	1.3700	0.1690
董监事及高管总人数（x7）	-0.0160	0.0439	-0.3600	0.7150
董事会人数（x8）	-0.0268	0.1110	-0.2400	0.8090
独立董事人数（x13）	0.0093	0.2781	0.0300	0.9730
监事人数（x15）	-0.0742	0.1193	-0.6200	0.5340
盈利（x17）	0.0156	0.0159	0.9800	0.3260
成本（x201）	-0.0169	0.1195	-0.1400	0.8880
上市时间（age）	0.0003	0.0006	0.5000	0.6150
所属行业（消费者靠近型）（I22a）	1.1214	0.4307	2.6000	0.0090＊＊＊

社会组织信息披露质量（Z9）	Coef.	标准差	Z值	P值
所属行业（环境敏感型）(I22b)	-0.6912	0.3989	-1.7300	0.0830*
企业规模(I23)	0.3056	0.4611	0.6600	0.5070
编制依据(I32a)	1.2729	0.3463	3.6800	0.0000***
报告审验(I33)	-0.1636	0.3906	-0.4200	0.6750
反馈意见(I34)	1.5917	0.3719	4.2800	0.0000***
经济环境(I211a)	-0.2506	0.1657	-1.5100	0.1300
/cut1	1.2053	2.6890		
Number of obs		221.0000		
LR chi2(16)		120.1100		
Prob > chi2		0.0000		
Log likelihood		-45.9495		
Pseudo R^2		0.5665		

注：＊＊＊:在1%水平上显著；＊＊:在5%水平上显著；＊:在10%水平上显著。

表6.19　2011年社会组织信息披露质量有序概率模型估计结果(sj=7)

社会组织信息披露质量（Z9）	Coef.	标准差	Z值	P值
发布报告的时间(sj)	0.2743	0.1499	1.8300	0.0405**
第一大股东持股比例(x5)	0.0191	0.0114	1.6700	0.0940*
董监事及高管总人数(x7)	-0.0332	0.0511	-0.6500	0.5160
董事会人数(x8)	0.0006	0.1169	0.0100	0.9960
独立董事人数(x13)	-0.0146	0.2893	-0.0500	0.9600
监事会人数(x15)	-0.0647	0.1321	-0.4900	0.6240
盈利(x17)	0.0103	0.0179	0.5700	0.5650
成本(x201)	0.0276	0.1336	0.2100	0.8360
上市时间(age)	0.0002	0.0006	0.3900	0.6980
所属行业（消费者靠近型）(I22a)	1.1506	0.4176	2.7600	0.0060***
所属行业（环境敏感型）(I22b)	-0.4494	0.3958	-1.1400	0.2560

社会组织信息披露质量（Z9）	Coef.	标准差	Z 值	P 值
企业规模（I23）	0.0285	0.4945	0.0600	0.9540
编制依据（I32a）	1.6001	0.3777	4.2400	0.0000***
报告审验（I33）	0.0073	0.4657	0.0200	0.9870
反馈意见（I34）	1.3404	0.3907	3.4300	0.0010***
经济环境（I211a）	-0.2355	0.1816	-1.3000	0.1950
/cut1	2.3682	2.8449		
Number of obs	205.0000			
LR chi2(16)	101.5700			
Prob > chi2	0.0000			
Log likelihood	-42.9088			
Pseudo R^2	0.5420			

注：＊＊＊:在1%水平上显著；＊＊:在5%水平上显著；＊:在10%水平上显著。

参考文献

中文部分

[1] 陈留彬:《我国企业社会责任理论与实证研究》,2006年山东大学博士学位论文。

[2] 陈玉清、马丽丽:《我国上市公司社会责任会计信息市场反映实证分析》,《会计研究》,2005年11期。

[3] 陈政:《上市公司社会责任报告解读与完善建议》,《证券市场导报》,2007年8月。

[4] 洪剑肖、李志文:《会计学理论——信息经济学的理论性突破》,清华大学出版社,2004年版。

[5] 张维迎:《詹姆期·莫里斯论文精选》,商务印书馆,1998年版。

[6] 迟德强:《海外企业社会责任信息披露制度及借鉴》,《证券市场导报》,2008年第8号。

[7] 龚明晓:《企业社会责任信息决策价值研究》,2007年暨南大学博士学位论文。

[8] 郭红玲:《基于消费者需求的企业社会责任供给与财务绩效的关联性究》,2006年西南交通大学博士学位论文。

[9] 黄晓波:《泛资本会计理论研究》,中南财经政法大学2007年博

士学位论文。

[10] 黎精明:《关于我国企业社会责任会计信息披露问题的研究》,《武汉科技大学学报》(社会科学版),2004年第3期。

[11] 李洪光、孙忠强:《我国环境会计信息披露模式研究》,《审计与经济研究》,2002年第6期。

[12] 李立清、李燕凌:《企业社会责任研究》,人民出版社,2005年8月版。

[13] 李勇:《中国证券市场"内部人"交易的信息披露模式研究》,2003年厦门大学博士学位论文。

[14] 李正、向锐:《我国企业社会责任信息披露的内容界定、计量方法和现状研究》,《会计研究》,2007年第7期。

[15] 李正:《构建我国企业社会责任信息披露体系研究》,《经济经纬》,2006年第6期。

[16] 李正:《企业社会责任信息披露的国际经验与借鉴——以德国、法国为例》,中国会计学会高等工科院校分会2007年学术年会暨第十四届年会论文集。

[17] 李正:《企业社会责任信息披露影响因素实证研究》,《特区经济》,2006年第8期。

[18] 刘长翠、孔晓婷:《社会责任会计信息披露的实证研究——来自沪市2002—2004年度的经验数据》,《会计研究》,2006年第10期。

[19] 刘红霞:《中国企业社会责任成本支出研究》,《中央财经大学学报》,2008年第6期。

[20] 刘立燕:《企业社会责任会计:内涵、目标与计量》,《财会通讯·学术版》,2006年第7期。

[21] 龙云安:《跨国公司社会责任研究》,2007年四川大学博士学位论文。

[22] 卢代富:《企业社会责任的经济学与法学分析》,法律出版社,2002年10月版。

[23] 马学斌、徐岩:《企业社会责任评价技术应用研究》,《系统工程理论与实践》,1995年第2期。

[24] 仁可:《在上市公司率先引入企业社会责任机制》,证券时报,2005年11月23日。

[25] 上海证券交易所:《上海证券交易所上市公司环境信息披露指引》,2008年。

[26] 深圳市劳动保障局、深圳市委政研室:《深圳应推进企业履行社会责任——全球企业社会责任运动对深圳影响与对策》,《经济前沿》,2006年第1期。

[27] 深圳证券交易所:《深圳证券交易所上市公司社会责任指引》,2006年。

[28] 沈宏涛、杨熠、吴奕彬:《公司治理、合规性与社会责任信息披露》,我国会计学会2008年学术年会论文集。

[29] 沈洪涛、金婷婷:《我国上市公司社会责任信息披露的现状分析》,《审计与经济研究》,2006年第3期。

[30] 沈洪涛、沈艺峰:《公司社会责任思想起源与演变》,上海人民出版社,2007年1月版。

[31] 沈洪涛、杨熠:《公司社会责任信息披露的价值相关性研究》,《当代财经》,2008年第3期。

[32] 沈洪涛:《公司社会责任与公司财务业绩关系分析——基于相关利益者理论的分析》,2005年厦门大学博士学位论文。

[33] 舒强兴、王红英:《企业社会责任信息披露问题的探讨》,《财经理论与实践》(双月刊),2006年第144期。

[34] 宋献中、龚明晓:《社会责任信息的质量与决策价值评价——上市公司会计年报的内容分析》,《会计研究》,2007年第2期。

[35] 宋献中、李皎予:《企业社会责任会计》,中国财政经济出版社,1992年版。

[36] 宋献中:《论社会责任会计的目标》,《财会通讯》,1997年第7期。

[37] 田虹:《企业社会责任及其推进机制》,经济管理出版社,2006年版。

[38] 沈志渔、刘兴国、周小虎:《基于社会责任的国有企业改革研究》,《中国工业经济》,2008年9月,第1~12页。

[39] 王立彦、冯子敏:《企业环境会计与环境信息披露管理机制》,2001年《第二届环境保护市场化暨资本运营与环保产业发展高级研讨会论文集》。

[40] 王雪芳、殷筱琴:《我国社会责任会计体系的理论框架研究》,《财会通讯》(学术),2004年第8期。

[41] 王则斌:《社会责任会计与企业可持续发展》,《经济管理》,2006年第23期。

[42] 温素彬、方苑、王洁:《企业社会责任与财务绩效关系的实证研究——利益相关者视角》,中国2008年会计学术年会论文。

[43] 我国企业家调查系统:《企业家对企业社会责任的认识与评价》,《管理世界》,2006年第6期。

[44] 肖正再、王平:《市场导向型会计信息披露模式构建》,《会计研究》,2007年第5期。

[45] 阳秋林、陈秀梅:《我国实施社会责任会计的难点分析和对策》,《南华大学学报(社会科学版)》,2004年第2期。

[46] 阳秋林、李冬生:《社会责任审计探析》,《财会月刊》,2004年第23期。

[47] 阳秋林:《构我国社会责任会计信息披露的指标分析体系》,《审计与经济研究》,2005年第2期。

[48] 阳秋林:《我国社会责任会计信息披露模式的架构》,《当代财

经》,2005年第6期。

[49] 杨熠、沈洪涛:《我国企业对社会责任信息披露的认识和实践》,《审计与经济研究》,2008年第4期。

[50] 岳彦芳、袁晋芳:《循环经济下社会责任成本信息揭示》,《中央财经大学学报》,2005年第8期。

[51] 张楚堂、杨志强:《新会计准则与社会责任会计创新》,2008年中国会计学会年会参会交流论文。

[52] 张明:《入世后我国企业社会责任研究——基于和谐的观点》,2007年复旦大学博士学位论文。

[53] 赵颖、马连福:《海外企业社会责任信息披露研究综述及启示》,《证券市场导报》2007年8月号。

[54] 郑海东:《企业社会责任行为表现:测量维度、影响因素及对企业绩效的影响》,2007年浙江大学博士学位论文。

[55] 中国纺织工业协会:《我国纺织服装企业社会责任报告纲要(2008年版)》。

[56] 中国劳动科学研究所课题组:《企业社会责任运动应对策略研究》,《中国劳动》,2004年第9期。

[57] 中国证监会:《公开发行股票公司信息披露的内容与格式准则第六号(法律意见书的内容与格式)修订》,2004年。

[58] 中国证监会:《公开发行证券的公司信息披露内容与格式准则第一号——招股说明书》,2003年。

[59] 中国证监会和国家经贸委制定并颁布:《上市公司治理准则》,2002年。

[60] 周南:《企业社会责任与企业竞争力》,2007年厦门大学博士学位论文。

[61] 谢康:《阿克罗夫、斯彭斯、斯蒂格利茨论文精选》,商务印书馆,2002年版。

英文部分

[1] Abbott, W. F., & Monsen, R. J. On the measurement of corporate social responsibility: Self-report disclosure as a method of measuring social involvement. Academy of Management Journal, 1979, 22, 501~515.

[2] ADL, Arthur D Little Limited 2003, *The Business Case for Corporate Responsibility*, December, Cambridge.

[3] Anne Marie Francesco, Barry Allen Gold. Ethics and Social Responsibility. International Organizational Behavior. 2003.10.

[4] Archie B Carroll, 2000. A Commentary and An Overview of Key Questions on Corporate Social Performance. Business and Society, 39:466~478.

[5] Aupperle, K. E., A. B. Carroll, and J. D. Hatfield. 1985. "An empirical examination of the relationship between corporate social responsibility and profitability." Academy of Management Journal, 28(2): 446~463.

[6] Ball, E., Fare, R., Grosskopf, S. and O. Zaim. 2005. "Accounting for Externalities in the Meaurement of Productivity Growth: The Malmquist Cost Productivity Measure," Structural Change and Economic Dynamics, 16(3): 374~394.

[7] Ball, E., Fare, R., Grosskopf, S. and O. Zaim. 2005. "Accounting for Externalities in the Meaurement of Productivity Growth: The Malmquist Cost Productivity Measure," Structural Change and Economic Dynamics, 16(3): 374~394.

[8] Bai, Chong En, Jiangyong Lu, and Zhigang Tao, 2006, "The Multi-

task Theory of State Enterprise Reform: Empirical Evidence from China. "American Economic Review, pp. 353 ~357.

[9] Bai, Chong En, David DLi, Zhigang Tao and Yijiang Wang, 2000, "AMultitask Theory of State Enterprise Reform."Journal of Comparative Economics, pp. 716~738.

[10] Belkaoui, A. and P. G. Karpik: 1989, 'Determinants of the Corporate Decision to Disclose Social Information', Accounting, Auditing and Accountability Journal 2(1), 36~51.

[11] Barnett, Michael L., and Robert M. Salomon. 2006, Beyond dichotomy: Thecurvilinear relationship between social responsibility and financial perfor-mance, Strategic Management Journal 27, p1101~1122.

[12] Baron, D. 2001. "Private politics, corporate social responsibility and integrated strategy," Journal of Economics and Management Strategy, 10:7~45.

[13] Berger,P., Hann, R. 2007. Segment profitability and the proprietary and agency costs ofdisclosure. The Accounting Review (forthcoming).

[14] Bivins, T. H. (1989). Ethical implications of the relationship of purpose to role and function in public relations. Journal of Business Ethics,8,65~73.

[15] Blackburn, V, Doran, M and Shrader, C 1994, 'Investigating the Dimensions of Social Responsibility and the Consequences for Corporate Financial Performance', *Journal of Managerial Issues*, vol 6, no. 2, 195~218.

[16] Bowen, Howard R. 1953. Social Responsibilities of the Businessman, New York: Harper & Row, 6.

[17] Bowen, Howard R. 1978. Rationality, Legitimacy, Responsibility: Search for New Directions in Business and Society, Epstein, D. M. & Votaw, D. (ed.)

[18] Carroll, A. B. (1979). A three-dimensional conceptual model of corporate performance. Academy of Management Review, 4(4), 497~505.

[19] Carroll, A. B. (1998). The four faces of corporate citizenship. Business and Society Review, 100(1), 1~7.

[20] Carroll, A. B. (1999). Corporate social responsibility. Business and Society, 38(3), 268~296.

[21] Chapple, W., Morrison Paul, C. J., and R. Harris. 2005. Manufacturing and Corporate Environmental Responsibility: Cost Implications of Voluntary Waste Minimisation," Structural Change and Economic Dynamics, 16(3):347~373.

[22] Clark, C. E. (2000). Differences between public relations and corporate social responsibility: An analysis. Public Relations Review, 26(13), 363~381.

[23] Cochran, P. L., and R. A. Wood. 1984. "Corporate social responsibility and financial performance." Academy of Management Journal, 27 (1): 42~56.

[24] Corporate Social Responsibility and Financial Performance: Correlation or Misspecification? Abagail McWilliams; Donald Siegel Strategic Management Journal, Vol. 21, No. 5. (May, 2000), 603~609.

[25] Davidson, J. (1994). The case for corporate cooperation community affairs. Business and Society Review, 90, 29~30.

[26] Davis, K., & Blomstrom, R. L. (1975). Business and Society:

Environment and Responsibility. New York: McGraw-Hill.

[27] Davis, Keith. 1967. Understanding the Social Responsibility Puzzle: What Dose the Businessman Owe to Society? Business Horizon, Winter, 45~50, p46.

[28] Deborah Leipiger, SA8000, The Definitive Guide To The New Social Standard, Financial Times Hall, 2001.

[29] Diane L. Swanson . Toward an Integrative Theory of Business and Society: A Research Strategy for CorporateSocial Performance. The Academy of Management Review, Vol. 24, No. 3, (Jul. , 1999), pp. 506~521 Published by: Academy of Management.

[30] Dowell, G. , Hart, S. and B. Yeung. 2000. Do Corporate Global Environmental Standards Create or Destroy Market Value? Management Science, 46(8):1059~1074.

[31] Epstein, E. M. 1987. The corporate social policy process: Beyond business ethics, corporate social responsibility, and corporate social responsiveness. California Management Review, 29(3): 99~114.

[32] Ernst and Ernst, Beresford, D. R. 1976. Social responsibility disclosure-1976survey of Fortune 500 annual reports.

[33] Esrock, S. L. , & Leichty, G. B. (1998). Social responsibility and corporate Web pages: Self-presentation or agenda-setting? Public Relations Review, 24(3), 305~319.

[34] Eveline Van de Velde; Wim Vermeir; Filip Corten Corporate Governance; 2005; 5, 3; ABI/INFORM Global . 129.

[35] Finding strategic corporate citizenship: a new game theoretic view. (2004). Harvard Law Review, 117(6), 1957~1980.

[36] Friedman, M. (1962). Capitalism and Freedom. Chicago: Uni-

versity of Chicago Press.

[37] Friedman, M. The social responsibility of business is to increase profits. The New York Times Magazine, September 13, 1970, 32~33.

[38] Gibbins, M., Richardson, A., & Waterhouse, J. 1990. The management of corporate financial disclosure: opportunism, ritualism, policies and processes. Journal of Accounting Research. 28(1). 121~143.

[39] Global Reporting Initiative . 2002. Sustainability reporting guidelines. Boston: GRI.

[40] Gray, R., R. Kouhy and S. Lavers: 1995a, 'Corporate Social and Environmental Reporting: A Review of the Literature and A Longitudinal Study of UK Disclosure', Accounting, Auditing and Accountability Journal 8(2), 47~77.

[41] Gray, R., R. Kouhy and S. Lavers: 1995b, 'MethodologicalThemes: Constructing a Research Database of Social and Environmental Reporting by UK Companies', Accounting, Auditing and Accountability Journal 8(2), 78~101.

[42] Griffin, J. J. and J. F. Mahon. 1997. "The Corporate Social Performance and Corporate Financial PerformanceDebate: Twenty-Five Years of Incomparable Research," Business and Society, 36(1), 5~31.

[43] Haigh, M. 2005. What counts in social investment: evidence from an international survey. Advances in Public Interest Accounting Journal, forthcoming.

[44] Heath, R. L., & Ryan, M. (1989). Public relations' role in defining corporate social responsibility. Journal of Mass Media Ethics,

4(1), 21~38.

[45] Heinze, D. C. Financial correlates of a social involvement measure. Akron Business and Economic Review, 1976, 7(1), 48~51.

[46] Hendry, John, 2001: "Economic Contracts Versus Social Relationships as a Foundation for Normative Stakeholder Theory". Business Ethics: A European Review, vol. 10, no. 3, 223~232.

[47] Hicks, J., Wan, H., & Pfau, M. (1999). Corporate social responsibility: Do people really hold corporations responsible for their actions? Paper presented at the annual conference of AEJMC, New Orleans.

[48] Hill and Knowlton 2006, Return on Reputation: Corporate Reputation Watch 2006, March, New York.

[49] James R. Martin: "World Competitiveness Reports Summary", http://www.imd.ch/wcy.

[50] Joyner, B. E., & Payne, D. (2002). Evolution and implementation: A study of values, business ethics and corporate social responsibility. Journal of Business Ethics, 41(4), 297~312.

[51] Kaplan, R. S. and Norton, D. P. (2001), The Strategy-Focused Organization, Harvard Business School Press, Boston, MA.

[52] Keith Davis and Robert L. Blomstrom, Business and society: Environment and Responsibility, 3rd ed. (New york: McGraw-Hill, 1975), 39.

[53] Kolk, A. 2003. Trends in sustainability reporting by the For-tune Global 250. Business Strategy and the Environment, 12(5),279~91.

[54] KPMG,2005. KPMG International survey of corporate responsi-bili-

ty reporting.

[55] Luijk, Henk J. L. van, 1997: "Business Ethics in Western and Northern Europe: A Search for Effective Alliances". Journal of Business Ethics, vol. 9,1579~1587.

[56] Margolis,Joshua D. , and Walsh, James . 2001. "Social Enterprise Series No. 19—Misery Loves Companies, Whither Social Initiatives by Business?" Harvard Business School Working paper Series,01~058.

[57] Mathews, M. R. 1997. 'Twenty-five years of social and environmental accounting research, is there a silver jubilee to celebrate?' Accounting, Auditing and Accountability, 10:4, 481~531.

[58] McGuire, J, Sundgren, A and Schneeweis, T 1988, 'Corporate social responsibility and firm financial performance', *The Academy of Management Journal*, vol 31, no. 4,85472.

[59] McWilliams, A and Siegel, D 2000, 'Research notes and communications. Corporate social responsibility and financial performance: correlation or misspecification?', *Strategic Management Journal*, vol 21, 6039.

[60] Milton Friedman. 1970. The Social Responsibility of Business is to Increase Its Profits. The New York Times Magazine 13 September. 32~33,122~126.

[61] Milton Friedman. Capitalism and freedom. 1962,Chicago:University of Chicago Press,133.

[62] Moskowitz, M. Choosing socially responsible stocks. Business and Society Review, 1972, 1,71~75.

[63] Oliver Sheldon. The Philosophy of Management[M]. London, Sir I-

saac Pitman and Sons Ltd. , first published 1924, reprinted 1965, 70~79.

[64] Orlitzky, M. , Schmidt, F. L. , and S. L Rynes. 2003. Corporate Social and Financial Performance: A Meta-Analysis. Organization Studies, 24(3):403~441.

[65] Pava,M. L. and J. Krausz. 1996. "The Association Between Corporate Social-Responsibility and Financial Performance: The Paradox of Social Cost", Journal of Business Ethics 15(3), 321~357.

[66] Patten, D. M. : 1991, 'Exposure, Legitimacy, and Social Disclosure', Journal of Accounting and Public Policy 10(4) ,297~308.

[67] Power, Gavin, 2005: "Advancing Corporate Citizenship in China". CSR & Accountability, Thirteenth Edition, February 2005, pp. 21~22.

[68] Ramanathan, K. V. 1976. Toward a theory of corporate social accounting. The Accounting Review,51(3), 516~518.

[69] Roman, R. M. , S. Hayibor, and B. R. Agle . 1999. "The relationship between social and financial performance." Business & Society, 38: 109~125.

[70] Simon Zadak, Peter Pruzan, Richard Evans. 1997. Buliding Corporate Account Ability. New Economic Foundation, London.

[71] Spence, Michael, Market Signaling: Informational Transfer in Hiring and Related Processes, Cambridge: Harvard University Press, 1974 。Spence, Michael, "Job Market Signaling," Quarterly Journal of Economics, August 1973.

[72] Tilt, C. A. 1994. 'The infiuence of external pressure groups on corporate social disclosure, some empirical evidence'. Account-

ing, Auditing and Accountability Journal.

[73] Trevinio, L. , & Weaver, G. 1994. Business ethics: One field or Weiner, N. 1961. Cybernetics. Cambridge, MA: MIT Press. two? Business Ethics Quarterly, 4: 111~125.

[74] Tsoutoura, M 2004, *Corporate Social Responsibility and Financial Performance*, University of California at Berkeley, March.

[75] US Department of Commerce. 1979. Corporate social reporting in the United States and Western Europe. Washington: Task Force on Corporate Social Performance.

[76] Utting, P. (2005). Corporate responsibility and the movement of business. Development in Practice, 15 (3/4), 375~388.

[77] Vance, S. C. Are socially responsible corporations good investment risks? Management Review, 1975, 64(8), 18~24.

[78] Waddock, S and Graves, S 1997, 'The Corporate Social PerformanceFinancial Performance Link', *Strategic Management Journal*, vol 18, no. 4, 30319.

[79] Waddock, S. A. , and Samuel B. Graves . 1997. "The corporate social performance-financial performance link." Strategic Management Journal, 18 (4): 303~319.

[80] Wartick, S. L. and P. L. Cochran. 1985. "The Evolution of the Corporate Social Performance Model", Academy of Management Review 10(4), 758~769.

[81] Wood, D. J. (1991a). Corporate social performance revisited. Academy of Management Review, 16(4), 691~718.

[82] Wood, D. J. (1991b). Social issues in management: Theory and research in corporate social performance. Journal of Management,

17(2), 383~406.

[83] Wulfson, M. (2001). The ethics of corporate social responsibility and philanthropic ventures. Journal of Business Ethics, 29(1/2), 135~145.

致谢

学业既终。在本书完成之时，心中感慨万千。

在从事博士后研究期间，最令我难以忘怀的是导师罗飞教授对我的严格要求与谆谆教诲。很幸运能有这样一位为人谦逊、学识渊博的长者作为自己的导师。导师不仅履行着传道、授业、解惑的神圣职责，更教会我许多做人的道理，这对于一个科研工作者尤为重要。他宽容地让我选择了自己喜爱的研究方向，并帮我从国外搜集了大量的研究资料。在本书的写作过程中，他不断鼓励我，不厌其烦地指导我有关管理学论文的写作规范与技巧，对论文初稿反复仔细地修正。导师深厚的学术底蕴、敏锐的学术见解和严谨的治学风格亦让我获益匪浅。这一切都将使我终生受益。

感谢我的研究生们从事了大量的基础性工作，从数据的搜集到文献的检索，他们付出了巨大的劳动，尤其要感谢杨鹏、赵妍、侯菁，没有他们，很难想象这份研究能顺利完成。

感谢我的父母和妻子，他们始终如一的理解和支持，是我学业顺利完成的重要保证。

本书尚有不足之处，敬请各位师长指正。

李 锐

2014 年 2 月